Herderbücherei INITIATIVE

Jubiläums-Digest aus Anlaß des 50. Bandes

Was anders werden muß

Stichworte
für eine politische Alternative

Herausgegeben von
Gerd-Klaus Kaltenbrunner

Jubiläums-Digest aus Anlaß des 50. Bandes
der Herderbücherei INITIATIVE

Erstmals veröffentlicht als Herder-Taschenbuch
Alle Rechte vorbehalten – Printed in Germany
© Herder München 1982
Verlag Herder Freiburg · Basel · Wien
Herstellung: Freiburger Graphische Betriebe 1982
ISBN 3-451-19741-3

Inhalt

Vorwort des Herausgebers

Ein Gespenst geistert seit einigen Monaten durch die politische Landschaft der Bundesrepublik.

Bundeskanzler, Gewerkschaftsfunktionäre und SPD-Ideologen warnen vor ihm. Das Gespenst heißt: *„Neo-Konservatismus"*.

Das bedeutet: Ideen haben Konsequenzen.

Denn von allem Anfang an galt das Taschenbuch-Magazin INITIATIVE, von dem in diesem Sommer 50 Bände vorliegen, bei Freunden wie bei Verächtern, als das führende Sprachrohr der deutschen Neo-Konservativen.

Jahr für Jahr, Band für Band haben hier, unabhängig von Parteien und Interessenverbänden, einzig dem Ethos kritischer Vernunft und europäischer Überlieferung verpflichtet, an die vierhundert Autoren durch ihre Diagnosen, Analysen und Entwürfe zu der längst fälligen Renaissance eines zukunftsoffenen und schöpferischen Konservatismus maßgebend beigetragen. Wenn heute allenthalben in Deutschland von den Neo-Konservativen gesprochen wird, dann handelt es sich hier nicht um einen Import aus den USA oder Großbritannien, sondern um eine geistespolitische Tendenz, die in der Bundesrepublik selbst entstanden und gewachsen ist.

Die Neo-Konservativen haben mehr zu bieten als vage Stimmungen oder sterile Polemik.

Mögen die Gefühle mancher Bürger weiterhin nach links neigen; die Vernunft ist heute: neo-konservativ.

Mit anderen Worten: Wer heute für Wandel und Veränderung
eintritt, ist neo-konservativ.

Die Alt-Konservativen – das sind heute die Sozialisten in allen
Parteien. Niemand scheut mehr jede Bewegung und jede Dynamik als die Kräfte, die einst mit der Parole „Mehr Demokratie wagen" den Illusionen eines Aufbruchs in paradiesische
Zeiten Vorschub geleistet haben.

Die Linke, daran ist kein Zweifel möglich, ist heute die Partei
des Immobilismus, die Partei der Stagnation, der Bewahrung
um jeden Preis. Jede Veränderung, jede neue Idee, jeder Vor-
schlag zu einer Kurskorrektur erscheint ihr geradezu als Atten-
tat.

Gestalten wie Bismarck, Adenauer oder auch Margaret That-
cher wirken geradezu als Berufsrevolutionäre umstürzlerische
Pioniere, wenn man sie mit deutschen Linkspolitikern und
Linksideologen vergleicht.

„Keine Experimente", „keine neuen Ideen" – mögen diese
auch noch so vernünftig sein –: dies ist die Philosophie der
tonangebenden Linken.

Wer aber sind die Neo-Konservativen, die sich nicht scheuen,
die verkrusteten Strukturen sozialistischer Rückständigkeit in
Frage zu stellen?

Es sind dies alle diejenigen, die davon überzeugt sind, daß Traditionen nicht bloß fortzuschleppen, sondern auch immer wieder kritisch zu überprüfen sind.

Die Neo-Konservativen haben auf bisweilen schmerzliche
Weise von alt-konservativen Illusionen Abschied genommen.
Sie haben sich nüchtern und unsentimental den erbarmungslo-
sen Herausforderungen des zu Ende gehenden 20. Jahrhunderts gestellt. Sie wissen, daß jeder Versuch einer Restauration
vergeblich wäre, ja die Krise unseres Zeitalters noch vergrößern würde.

Die Neo-Konservativen haben daraus die Konsequenzen gezogen. Sie haben angesichts des Zerfalls fast aller überlieferten

Lebensformen begriffen, daß es nicht um die Rückkehr zu vergangenen Zuständen gehen kann, sondern um die Schaffung neuer überlieferungsfähiger Modelle menschlichen Zusammenlebens und menschlichen Umgangs mit der Natur.

Traditionen werden vererbt. Doch Erbe gibt es nur dort, wo es Schöpfung gibt. Wer etwas überliefern will, muß Bedingungen schaffen, unter denen tradierbare Werte und Werke entstehen können.

Dazu bedarf es aber einiger Eigenschaften, die den in Amt und Würden sitzenden alt-konservativen Sozialisten abgehen: Phantasie, Sinn für neue Entwicklungen, Selbstkritik, Mut zum Risiko und Initiative.

Ein Leben ohne Tradition wäre gewiß etwas Armseliges. Aber unter lauter Mumien kann man auch nicht leben.

Es gibt Traditionen, die wir als Sackgassen ansehen müssen. Dazu gehört der linke Fortschrittsglaube ebenso wie die Idee einer bodenlosen Emanzipation. Dazu gehört der liederliche Brauch, die Staatsverschuldung von Jahr zu Jahr anwachsen zu lassen. Dazu gehört die Vernachlässigung des Primats der Außenpolitik und der Notwendigkeit nationaler Selbstbehauptung zugunsten kurzatmigen wohlfahrtsstaatlichen Wunschdenkens. Dazu gehört die sozialistische Tradition, der angeblichen Weisheit staatsbürokratischer Planer und Macher mehr zu vertrauen als der Intelligenz und Tatkraft ungegängelter mündiger Bürger.

Wer heute so tut, als hätte sich seit Rousseau oder Marx nichts geändert, ist, ob er es nun will oder nicht, ein Reaktionär.

Die Neo-Konservativen wissen, daß es so wie bisher nicht weitergehen kann. Und eben deshalb sind sie eine geistespolitische Herausforderung an die Mächte der Beharrung.

Doch wer sich von propagandistischer Verteufelung nicht anstecken läßt, kommt um die Einsicht nicht herum: wenn wir politisch, wirtschaftlich und kulturell nicht völlig stagnieren wollen, dann brauchen wir illusionslose, kritische und zukunftsoffene Neo-Konservative.

In acht Jahrgängen hat das Taschenbuch-Magazin „Initiative" bewiesen, daß die Neo-Konservativen nicht zu denen gehören, die vergangenen Zeiten nachtrauern. Sie haben Alternativen entwickelt, ohne Rücksicht auf demoskopische Umfragen, ohne Rücksicht auf parteipolitische Opportunität.

Eine unverdächtige Zeitschrift, der im Verlag Wagenbach erscheinende „Freibeuter", schrieb vor kurzem, daß der Herausgeber der „Initiative" und die ihm nahestehenden Schriftsteller, Publizisten und Wissenschaftler an einer „Konservativen Kulturrevolution" arbeiten.

Dem ist nichts hinzuzufügen.

Die Neo-Konservativen bekennen sich ohne Scheu zu dem, was Kant eine Revolution der Gesinnung genannt hat.

Ideen haben Konsequenzen.

Wer die Welt mit neuen Augen sieht, mit Hilfe neuer Kategorien interpretiert, im Lichte neuer Fragestellungen untersucht, der verändert auch die Welt.

Auf dieser Linie bewegte sich vom ersten Band an das Taschenbuch-Magazin Herderbücherei INITIATIVE.

Diesen Kurs wird es auch in den Jahren bis zum Erscheinen von Band 100 weiter verfolgen.

Der Herausgeber

GERHARD SZCZESNY
Wider das neutralistische Demokratieverständnis

Freiheit allein genügt nicht

Die Diskussion über die Frage, ob Mitgliedern der DKP der Eintritt in den öffentlichen Dienst zu verwehren sei, hat – wie vor Jahren die Debatte über die Wiederzulassung der KPD – erneut gezeigt, daß es in der Bundesrepublik zwei verschiedene Arten von Demokratieverständnis gibt. Dabei ist die Trennungslinie zwischen den beiden Lagern keineswegs identisch mit dem Frontverlauf zwischen dem mehr der SPD/FDP und dem mehr der CDU/CSU zuneigenden Teil der Bevölkerung; sie verläuft vielmehr quer durch diese politische Grundgruppierung. Bemerkenswert aber ist vor allem die Tatsache, daß – unabhängig vom zahlenmäßigen Stärkeverhältnis der beiden Lager – im allgemeinen Bewußtsein die Befürworter der Zulassung kommunistischer Parteien und der Verwendung ihrer Anhänger auch im Staatsdienst als die konsequenteren und besseren Demokraten erscheinen, während diejenigen, die das eine wie das andere ablehnen, sich in die „rechte Ecke" gedrängt finden.

Die Meinung des Grundgesetzes

Die verfassungsrechtliche Situation ist eindeutig. Das Grundgesetz verbietet Vereinigungen, die sich gegen die verfassungsmäßige

Ordnung richten (Art. 9); billigt demjenigen, der die Freiheit der
Meinungsäußerung, insbesondere die Pressefreiheit, die Lehrfrei-
heit, die Versammlungsfreiheit und die Vereinigungsfreiheit zum
Kampfe gegen die freiheitliche demokratische Grundordnung
mißbraucht, diese Grundrechte nicht mehr zu (Art. 18); bestimmt,
daß Parteien, die nach ihren Zielen oder nach dem Verhalten ihrer
Anhänger darauf ausgehen, die freiheitliche demokratische Grundordnung zu beeinträchtigen oder zu beseitigen, verfassungswidrig
sind (Art. 21/2) und hat die Unantastbarkeit der Menschenrechte,
den demokratischen Charakter der Bundesrepublik, die Prinzipien
der Rechtsstaatlichkeit und Gewaltenteilung ein für allemal jedem
parlamentarischen Zugriff entzogen (Art. 79/3).

Das Grundgesetz ist also von seinen Autoren bewußt und ausdrücklich nicht als Verfassung eines neutralistischen Staates, sondern einer Republik konzipiert worden, die verpflichtet ist, die
Substanz der freiheitlich-demokratischen Lebens- und Gesellschaftsordnung aktiv zu sichern. Gustav Heinemann hat dies als
Bundesjustizminister 1967 auf dem Höhepunkt des Streits um die
Wiederzulassung der KPD unmißverständlich formuliert, als er
sich dagegen wandte, „daß wir zu einer Demokratie Weimarer Art
zurückkehren und jegliche politische Zielsetzung bis hin zur
Umwandlung der Demokratie in eine Diktatur freigeben".

Wir erinnern an diese Fakten nicht, weil wir glauben, daß der Auftrag des Grundgesetzes, den Anfängen jeder totalitären Machtergreifung zu widerstehen, weiterer Erläuterungen oder Rechtferti-
gungen bedarf, sondern um ins Licht zu rücken, wie erstaunlich
es ist, daß trotz dieser klaren Aussage der Verfassung und trotz
der dahinter stehenden Weimarer Erfahrungen ein neutralistisches
Staatsverständnis heute wiederum als das „eigentlich" demokratische erscheinen kann. Die Gründe dafür müssen sehr tief sitzen.

Ein selbstmörderisches Demokratiemodell

Das Demokratiemodell westlicher Prägung ist auf zwei Ziele fi-
xiert: auf die Beseitung aller die freie Entfaltung des einzelnen be-
hindernden institutionellen und ideellen Zwänge (Selbstbestimmung) und auf die gleichberechtigte Mitwirkung aller bei der

Entscheidung über alle gesellschaftlich bedeutsamen Fragen (Mitbestimmung). Die Aufgabe freiheitlich-demokratischer Politik besteht demnach darin, jene rechtlichen, politischen und sozialen Bedingungen herzustellen, die es jedem Bürger gestatten, sein Leben frei von jedweder Weisung und Bevormundung nach Belieben zu gestalten. Ein solches Konzept erlaubt nicht nur die Zulassung jeder Art von Partei – es sei denn, sie propagiere Ziele, die gegen das geltende Strafrecht verstoßen –, sondern schließt damit auch die Möglichkeit ein, daß die Mehrheit der Wähler – aus Unwissenheit oder in einer Krisensituation oder weil sie getäuscht wurde – sich eines Tages durch die Begünstigung einer totalitären Bewegung in einem letzten Akt freier Entscheidung eben dieser freien Entscheidung selbst entledigt. Die Erfahrung hat gelehrt, daß dies kein bloßes Denkspiel ist, und die Erfahrung hat auch gelehrt, daß die so verlorene Freiheit nur unter sehr günstigen Umständen und mit sehr großen Opfern, wenn überhaupt, wiedererlangt werden kann.

Es ist schwer zu sagen, ob dieses selbstmörderische Demokratiemodell seinen Siegeszug vor allem der aufklärerischen Überschätzung menschlicher Einsichtsfähigkeit verdankt oder sich einfach deshalb durchgesetzt hat, weil die programmatische und praktische Konzentration aller fortschrittswilligen Politik auf den Kampf um Rechte und Freiheiten schließlich jede andere Zielsetzung verdrängen mußte. Die Eigengesetzlichkeit des Freiheitskampfes spielt wahrscheinlich die entscheidendere Rolle.

Dieser die Neuzeit bestimmende Freiheitskampf durchlief mehrere Phasen. Im ersten Anlauf ging es darum, die rechtliche Autonomie und Gleichbehandlung des einzelnen – unabhängig von Stand und Konfession – zu sichern. In der zweiten Phase wurde dann der menschliche Leistungswille freigesetzt: jeder sollte seine beruflichen und wirtschaftlichen Talente voll entfalten und den ungeschmälerten Ertrag seiner Tüchtigkeit in Anspruch nehmen können. Die dritte Befreiungswelle, deren Höhepunkt wir noch erleben, vollzog sich als Forderung nach subjektiver Selbstverwirklichung bis hin zum Abbau aller sexuellen Konventionen. Im Verlauf dieses jahrhundertelangen Kampfes gegen Unterdrückung, Reglementierung und Bevormundung geriet dabei ein Tatbestand immer mehr in Vergessenheit: daß es nämlich nicht nur die äußeren Zwänge gibt – verkörpert vom Staat, den Kirchen, den „Kapitalisten" –, sondern auch innere Zwänge. Die allgemeine „Natur" des Menschen, seine individuelle körperliche und seelische Konstitution schränken seine Entscheidungsfreiheit auch dann noch – und gerade dann – auf einen sehr kleinen Spielraum ein, wenn alle von außen kommenden Pressionen beseitigt sind. Das heißt, in dem Augenblick, in dem der Emanzipationsprozeß mit der Freisetzung der menschlichen Natur seiner Vollendung zustrebt, gerät der Mensch in die totale Abhängigkeit von dieser Natur, nämlich der ihn zwanghaft bestimmenden elementaren Triebe und Antriebe. Hat sich der Befreiungskampf des Menschen zunächst als ein Ringen dargestellt, das zwischen äußeren Mächten und den nach Autonomie strebenden Individuen ausgetragen wurde, verlagert er sich nun ins Innere der Individuen. Der Mensch ist gezwungen, sich zu spalten. Seinem „Selbst" als Summe aller spontan naturwüchsigen Anlagen und Bedürfnisse tritt ein „Ich" gegenüber, das versuchen muß, sich gegen dieses „Selbst" durchzusetzen, wenn es seine Entscheidungsfreiheit bewahren oder gar stärken will.

Nicht Selbst-Enthemmung, sondern Selbst-Beherrschung

Das Dilemma, in das der freiheitliche Demokratismus geraten mußte und geraten ist, ergab sich, weil seiner Optik der Unterschied zwischen der zu befreienden und der zu disziplinierenden Natur des Menschen und der Umschlag von der einen Aufgabe zur anderen entgeht. Die entschiedenen Liberalen und Demokraten sind auch dann noch mit leidenschaftlichen Selbstverwirklichungs- und Mitbestimmungsproklamationen und -aktionen beschäftigt, wenn es längst nicht mehr darum geht, das „Selbst" gewähren zu lassen, sondern es zu reglementieren. Es war – und ist – der Irrtum des Libertinismus (im Hinblick auf das Individuum) und des Demokratismus (im Hinblick auf die Gesellschaft), Selbst-Verwirklichung als Selbst-Enthemmung zu interpretieren und zu praktizieren. *Selbst-Verwirklichung ist aber nicht Selbst-Enthemmung, sondern – im genauen Wortsinn – Selbst-Beherrschung.*

Diese Selbstbeherrschung ergibt sich keineswegs schon aus der unaufhebbaren sozialen Gebundenheit des Menschen. Die Forderung, immer auch die Rechte und das Wohl des anderen zu bedenken, begrenzt nur das Ausmaß der „Selbst"-Sucht des einzelnen und der gesellschaftlichen Gruppen, stellt aber die prinzipielle Herrschaft dieser Selbstsucht nicht in Frage. Das ist erst dann der Fall, wenn das „Ich" sich vom „Selbst" distanziert und seine Entscheidungen aufgrund einer ideellen, nicht-naturgegebenen Rangordnung der menschlichen Fähigkeiten und Aufgaben trifft. Nun erst beherrscht der Mensch seine Bedürfnisse und ist nicht mehr nur der Kampfplatz, auf dem im Konfliktfall immer die vital stärksten, nicht die human höherwertigeren Interessen den Sieg davontragen.

Es geht bei der hier gemeinten ideellen Rangordnung nicht etwa um die speziellen Grundsätze dieses oder jenes religiösen oder philosophischen oder moralischen Glaubens, sondern um die Prioritäten, die sich ergeben, wenn man nach der humanen Leistungsfähigkeit der menschlichen Talente fragt. Nicht ein bestimmter Glaube oder ein bestimmter Geschmack machen den Menschen zum Menschen, sondern seine allgemeine Fähigkeit, sich an Überzeugungen und Werten zu orientieren und diese *gegen* die „natürlichen" Impulse durchzusetzen.

Solche Überzeugungen und Werte sind Allgemeinbesitz unserer Kultur, gleichgültig, ob man die antike, die christliche oder die humanistische Wurzel betont. Sie sind letztlich Allgemeinbesitz des Menschen, der immer schon wußte, daß er ein Bild von sich braucht, um sich zu dem zu machen, was er nicht schon ist, aber sein kann. Es ist aber die Suche nach einem verbindlichen Menschenbild, die so vielen Freiheitsgläubigen als Bedrohung der Freiheit erscheint. So finden sich denn die Menschen am Ende ihres Befreiungskampfes auch von allen Werten und Orientierungen befreit und versuchen vergeblich aus der Freiheit selbst ein Ziel und einen Maßstab zu machen. Vergeblich, weil das Befreitsein von allen Zwängen nur die Voraussetzung für die nun erst zu leistende Inhaltsbestimmung menschlichen Lebens sein kann. Wird eine solche Inhaltsbestimmung durch eine zum Selbstzweck erhobene Freiheit verhindert, macht sich das nun in den Freiheitsraum eindringende menschliche Selbst, „wie es ist", zum Inhalt.

Flucht in die totale Ordnung

Die an das Prinzip Freiheit gebundene Demokratie entwickelt sich folgerichtig zu einem System, dessen Aufgabe ausschließlich darin gesehen wird, die selbstsüchtigen Interessen der einzelnen Individuen und konkurrierenden Gruppen zu einem Ausgleich zu bringen und den Willen der jeweiligen Mehrheit dieser an ihrem Selbst orientierten Individuen und Gruppen zu vollziehen. Mit dem Resultat, vor dem wir heute stehen: das allgemeine Wertgefüge und Niveau der liberal-demokratischen Gesellschaften ist von der Durchsetzungskraft der elementaren menschlichen Triebe, vom Gewinn- und Machtstreben, vom Wunsch nach immer mehr Bequemlichkeit, Zerstreuung und Betriebsamkeit, vom Drang nach Pseudo-Lebensintensivierung durch Sex- und Crime-Sensation, von der durchgehenden Unfähigkeit zu Verzichtleistungen und zur Aneignung personaler und geistiger Werte bestimmt. Daß die freigesetzte Selbstsucht des Menschen ihn und seine Umwelt zu zerstören droht, ist inzwischen ein Allgemeinplatz geworden. Sie läßt auch das Risiko unaufhaltsam wachsen – daß die Menschen sich aus Angst vor dieser Selbstzerstörung oder aus Überdruß an einer ihnen unheimlich werdenden Freiheit eines Tages überhaupt gegen diese entscheiden könnten. Das Jahr 1933 war keineswegs nur ein deutsches Ereignis, sondern eine allgemeine, das Schicksal der westlichen Demokratien betreffende Vorwarnung. Überall sind potentielle Mehrheiten auf dem Sprung, bei der ersten ernstlichen Krise die Flucht in die totale Ordnung anzutreten.
Dafür ist vor allem die Renaissance des Marxismus seit den sechziger Jahren ein unübersehbares Zeichen. Wenn der Abneigung gegen die bestehende Form der parlamentarischen Demokratie tatsächlich der Wunsch nach noch mehr Freiheit, noch mehr Selbst- und Mitbestimmung zugrunde läge, würde die Linke nicht von Marxisten, sondern von philosophischen Anarchisten beherrscht. Soweit die lautstarke Verteidigung dieser und jener Freiheit durch radikale Gruppen nicht ohnhin nur den bewußt angestrebten Zweck hat, den Kollaps des freiheitlich-demokratischen Systems herbeizuführen, weist der außerordentliche Zulauf, den die verschiedenen marxistischen und neomarxistischen Heilsprogramme

seit etwa eineinhalb Jahrzehnten zu verzeichnen haben, darauf hin, daß die Demokratie einer wachsenden Zahl gerade derer, die sich für ihre entschiedensten Verteidiger halten, nicht etwa zu wenig liberal und antiautoritär, sondern ganz im Gegenteil zu unordentlich und undiszipliniert ist.

Verzichtet die Gesellschaft auf jede Orientierung und Weisung und ist der einzelne nicht imstande, sie sich aus eigener Kraft zu geben, wird er die überkommenen Autoritäten nur beseitigen, um sich um so rückhaltloser einer neuen zu unterwerfen. Das heißt, die ganz auf das Prinzip Freiheit eingeschworene Demokratie schafft durch das Gewährenlassen totalitärer Parteien nicht nur die politischen Voraussetzungen für die legale Beseitigung der Freiheit; ihre Wert-, Ordnungs- und Autoritätsfeindlichkeit verursacht auch ein ständig wachsendes, unkontrolliertes Verlangen nach einem Lebens- und Gesellschaftssystem, das endlich und gründlich „Ordnung" herstellt.

Würde als Disziplinierung der menschlichen Natur

Es gibt nur eine Chance, den so vorprogrammierten Umschlag der „radikalen" Demokratie in eine linke (oder rechte) Diktatur zu verhindern. Die Demokratie muß sich entschließen, das Prinzip Ordnung ausdrücklich in ihr Konzept mit hineinzunehmen und die Frage zu beantworten, was der in den Besitz aller nur denkbaren Lebensgüter und Rechte gelangte Bürger mit seinem vor Not und Unterdrückung gesicherten Dasein nun eigentlich beginnen soll. Wie das einzelne Individuum muß auch die Gesellschaft ihrem Selbst und ihrer Selbstsucht eine Instanz entgegensetzen, die die Autorität hat, eine humane, nicht-naturwüchsige Rangordnung der menschlichen Bedürfnisse und Aktivitäten für verbindlich zu erklären.

Das Grundgesetz spricht in seinem ersten Satz von der Unantastbarkeit der menschlichen Würde. Dies ist in der Tat jener oberste und allgemeinste Wert, den der Staat gegen alle gesellschaftlichen Interessen, gegen Mehrheitsmeinungen und Mehrheitsbestimmungen zu sichern und zu fördern hätte. Da der Begriff „Würde" nicht weiter erläutert wird, sondern die Verfassung sogleich dazu

übergeht, die zu garantierenden Menschen- und Grundrechte auf-
zuzählen, entsteht der Eindruck, „Würde" sei nichts weiter als ein
anderes Wort für den verbrieften Anspruch des einzelnen, sich in
Freiheit entfalten zu können. Im Begriff „Würde" steckt aber jene
anthropologische Dialektik, von der wir gesagt haben, daß sie der
demokratischen Emanzipationsphilosophie entgeht. „Würde"
meint keine beliebige, sondern eine humane Daseinsgestaltung; sie
ist nur in bezug auf ihre Voraussetzungen ein Akt der Befreiung,
im Hinblick auf ihren Inhalt ist sie ein Akt der Disziplinierung der
menschlichen Natur.

Die Tatsache, daß das Grundgesetz zur Inhaltsbestimmung der
Menschenwürde kein einziges Wort zu sagen weiß, ist gewiß kein
Versehen, sondern dokumentiert unsere These, daß die Demokratie westlicher Prägung sich ebenso zwanghaft an das Prinzip Freiheit gebunden hat wie die kommunistisch-totalitären „Volks-
Demokratien" an das Prinzip Ordnung. Sie beschäftigt sich so
ausschließlich mit einer der beiden Voraussetzungen menschenwürdigen Lebens, daß aus dieser Voraussetzung unversehens Ziel
und Inhalt eines menschenwürdigen Lebens wird.

Könnte man in der Bundesrepublik mit einem richtigen Verständnis von „Würde" rechnen, wäre das Grundgesetz auch ohne weitere Definition ein ausreichender Schutz vor allen Versuchen, die
Demokratie auf legalem Wege in eine Diktatur zu überführen. Da
dieses Verständnis jedoch eben denen abgeht, die für die demo-
kratischste Interpretation der Demokratie zuständig zu sein glauben, ist es nicht verwunderlich, daß jene Verfassungsartikel, die
die Freiheit vor ihren Feinden (und falschen Freunden) schützen
sollen, nicht als selbstverständlich und „system-immanent", sondern als repressiver Fremdkörper empfunden werden, den man zu
ignorieren und zu umgehen verpflichtet sei.

Wenn wir uns vergegenwärtigen, daß auch die kommunistischen
„Volks-Demokratien" ihre Existenz und Anziehungskraft einem
legitimen Impuls (nämlich dem Wunsch nach einer gerechten
Welt) verdanken und uns des naiven Vorurteils entledigen, daß
alle, die in einem kollektivistischen System die Rettung suchen,
böswillig und von vornherein auf Knechtschaft und Terror aus sind,
dann wird sichtbar, daß die totale Ordnung nur das Gegenstück zur
totalen Freiheit ist und sich das Bedürfnis nach der einen unmittel-

bar aus der Enttäuschung über die andere ergibt. Fassen wir beide
Demokratiemodelle zusammen ins Auge, erkennen wir, wie der
vermeintlich mündig gewordene Mensch, nachdem ihm mit der
Beseitigung aller Zwänge und Autoritäten der Sinn für die Unverzichtbarkeit einer verbindlichen humanen Inhaltsbestimmung
menschlichen Lebens abhanden gekommen ist, nun orientierungs-
los zwischen Freiheits- und Ordnungswahn hin und her gerissen
wird. Freiheit wie Ordnung verselbständigen sich nur dann nicht
zu zerstörerischen Prinzipien, wenn sie als gleicherweise notwendige Grundbedingungen individuellen und gesellschaftlichen
Daseins begriffen werden, deren Möglichkeiten und deren Grenzen nur von jener übergeordneten humanen Inhaltsbestimmung
her auszumachen sind.

Konservativ ist nicht gleich konservativ

Geht es also in den hier angestellten Überlegungen doch um eine
,,konservative Wendung"?
Nun – es ist unzweifelhaft, daß das Versagen einer nur auf das
Prinzip Freiheit setzenden Gesellschafts- und Wirtschaftspolitik
einerseits, der unverhüllt zutage getretene Terrorismus von Gruppen, die dies für den Weg zu einer konsequenten Demokratie halten, andererseits in allen politischen Lagern zu einer Rückbesin-
nung auf Werte wie Ordnung und Autorität, Stabilität und
Sicherheit geführt hat. Die Stimmung ist vom Optimismus zum
Pessimismus oder zumindest zur Skepsis umgeschlagen, und
gegenüber dem bisherigen Drang, allenthalben und unentwegt
Veränderungen und ,,Fortschritt" anzustreben, tritt nun die Frage
nach dem, was an vorhandenen und überkommenen Beständen
bewahrt zu werden lohnt, wieder in den Vordergrund.
Diese konservative Stimmung zeigt, daß der Mensch in dem
Augenblick, in dem er aus der blinden Geschäftigkeit und aus dem
rastlosen Eingespanntsein in die wirtschaftlichen, sozialen und zivilisatorischen Prozesse und Automatismen aufgeschreckt wird,
plötzlich wieder der Behelfsmäßigkeit und Widersprüchlichkeit,
Unsicherheit und Versehrbarkeit seines eigenen und des menschlichen Daseins überhaupt ansichtig wird und nun – ganz spontan –

nach den Dingen zu fragen beginnt, die für seine Existenz wesentlich und wichtig sind.

Wenn man den Begriff „konservativ" in unsere Diskussion einführen will, muß man jedoch die Haltung, die ich hier als konservative Wendung oder Grundstimmung charakterisiert habe, sehr deutlich von zwei Arten des ideologischen und – im engeren Sinne – politischen Konservativismus unterscheiden. Wir haben zunächst einmal jene Einstellung, die Ordnung, Stabilität und Sicherheit anstrebt und den Menschen in ein unverrückbares System von Institutionen und Verhaltensvorschriften hineinbinden will, weil sie an seine Fähigkeit, in Freiheit ein menschenwürdiges Leben zu führen, nicht glaubt. Dieser Konservativismus hat Angst vor jeder Art von Freiheit, er reagiert auf deren Risiken und mögliche Übel mit der schon vorhin geschilderten Flucht in die totale Ordnung. Zu diesem Typ eines reaktionären, die Freiheit fürchtenden Konservativismus gehören linke ebensosehr wie rechte Ordnungssysteme. Nicht etwa nur – wie es uns die professionellen Systemveränderer gerne glauben machen möchten – nationalistische und faschistische, sondern auch alle kommunistischen Regimes verabscheuen die Freiheit und bauen auf „law and order".

Es gibt sodann einen restaurativen Konservativismus, den ich deshalb restaurativ nenne, weil er vergangene, historisch überholte Lebensformen und Lebensinhalte wiederherstellen will. Auch er hält wenig von der Freiheit des Individuums, aber nicht, weil er dadurch die Stabilität und den Fortschritt der gesellschaftlichen Entwicklung gefährdet sieht, sondern weil er dem einzelnen zu seinem eigenen Nutzen die mühevolle und gefährliche Suche nach Zielen und Werten, die längst gefunden und bekannt sind, ersparen möchte. Natürlich soll der Mensch sich möglichst frei entscheiden, aber zu einer Wahrheit, zu der es irgendeine Alternative gar nicht gibt.

Zu jener konservativen Grundhaltung, die ich für legitim halte, gehört hingegen die Überzeugung von der Unverzichtbarkeit der Freiheit, und zwar der ganz konkreten Freiheit, ein kollektiv nicht vorgegebenes, individuelles Glaubens- und Lebensmodell zu verwirklichen.

Freiheit allein genügt nicht – aber sie ist auch nicht ein Prinzip, auf das man verzichten kann. Das von jedem wirklich humanen

Gesellschaftsmodell anzustrebende Ziel: aus einem menschlichen Selbst eine *Person* zu machen, ist nur erreichbar, wenn es dem einzelnen nicht aufgezwungen wird, sondern er sich damit identifiziert – wenn er es selbst, nach eigenem Ermessen, mit Inhalt füllt. Die geistige und moralische Kraft, die der einzelne nötig hat, um aus sich etwas zu machen, was er nicht schon ist, aber sein kann und sein soll, gewinnt er nur durch eine in voller Freiheit gewonnene Entscheidung. Eine Entscheidung, die ihm die von der Gesellschaft für verbindlich erklärte kategoriale Wertordnung keineswegs abnimmt, sondern – als Wahl zwischen sehr verschiedenen religiösen, philosophischen und moralischen Glaubensüberzeugungen und Lebenshaltungen – ausdrücklich zumutet. Wenn er dabei – um auf unser Ausgangsproblem zurückzukommen – auf die Schranke einer Bestimmung stößt, die es ihm beispielsweise verwehrt, von einem Staat, den er abgeschafft sehen möchte, beschäftigt, besoldet und ins Vertrauen gezogen zu werden, so behindert dies nicht seine moralische Entfaltung, sondern befördert sie: indem er davor bewahrt wird, sein berufliches Leben als Heuchler und Betrüger zu verbringen.

GÜNTER ZEHM

Der hohle Staat und der dicke Apparat

Nach allgemeiner Auskunft leben wir heute in der Dienstleistungsgesellschaft, aber dienen will niemand mehr. Es gibt kaum noch Hausdiener, und was die sich wie Kaninchen vermehrenden „Staatsdiener" betrifft, so muß man sich schon lange fragen, wozu sie eigentlich nützlich sind. Die Zahl der „Regierungsdirektoren" in Bonn hat sich während der letzten zehn Jahre nahezu verhundertfacht. Jeder dieser Funktionäre verdient viertausend Mark im Monat, doch niemand vermag anzugeben, warum man ihnen das viele Geld in den Rachen wirft. Die Verwaltung ist durch sie jedenfalls nicht elastischer geworden, im Gegenteil. Ähnliches wäre vom öffentlichen Dienst zu sagen: seine Leistungen nehmen im selben Maße ab, wie die Gehaltsansprüche seiner Angehörigen steigen.

Was passiert hier? Sind die Wucherungen im Staatsdienst und im öffentlichen Dienst notwendig, oder handelt es sich um krankhafte Metastasen, die die Gesellschaft eines Tages ins Chaos stürzen werden? Muß der Steuerzahler, der all diese Dienste finanziert, widerspruchslos die immer größeren Belastungen tragen, oder soll er nach den Vorstellungen des dänischen Oppositionspolitikers Glistrup in einen „aktiven Steuerstreik" treten, um eine drastische Reduzierung der Staatsdiener und der öffentlichen Diener durchzusetzen? Wer Antwort auf solche Fragen sucht, der wird von der modischen Allerweltswissenschaft Soziologie wieder einmal im Stich gelassen. Unsere marxistisch orientierten Soziologen starren nach wie vor gebannt auf das Verhältnis zwischen Industriearbeiter und Kapitaleigentümer, welches angeblich den Charakter der Gesellschaft bestimmt, und sie merken dabei nicht, daß sich längst andere, wichtigere Fronten aufgetan haben, daß, zum Beispiel, eben das Problem der Dienstleistung dringend der wissenschaftlichen Untersuchung und Klärung bedarf.

Was die Wissenschaft nicht leisten will, das leistet – wenigstens in Ansätzen – die Literatur, vor allem die Komödie: Seit den Tagen des Plautus gehört der Diener zum festen Inventar ihrer Standardfiguren; und wenn er nicht von vornherein die Hauptrolle spielt, so wächst sie ihm doch oft genug im Laufe der Handlung zu. Der Sklave wird zum Freigelassenen, der Freigelassene schwingt sich zum eigentlichen Herrn auf, wobei ihm trefflich zustatten kommt, daß er sich nicht an den Komment, an den Ehrenkodex der Herrschaft gebunden fühlt, sondern ganz nach eigenem Belieben und aus seiner intimen Kenntnis des Menschlich-Allzumenschlichen heraus schalten und walten darf. In Harold Pinters und Joseph Loseys Film „Der Diener" ist der allmähliche Positionswechsel zwischen Diener und Herr wohl am ausführlichsten und sarkastischsten dargestellt worden. Der Diener gleicht darin jener Schlupfwespenlarve, die von ihrer Mutter ins Fett einer ahnungslosen Schmetterlingsraupe gesetzt wurde und die nun die Raupe bei lebendigem Leibe von innen her auffrißt. Zum Schluß gibt der Herr nur noch die dünne Fassade her, spielt den Herrn nach außen, während sich im Innern alle Machtverhältnisse radikal umgekehrt haben.

Von der Würde des Dienens

Für den Kammerdiener gibt es keinen großen Mann, meinte Hegel. Der ständige intime Blick auf die großen und kleinen Absichten und Bedürfnisse des Herrn mache blind gegen dessen mögliches geistiges Format wie überhaupt gegen alles, was die Sphäre der Sinnenwelt übersteigt. Kein schlimmerer Materialist und Determinist als Diderots „Jacques le Fataliste", die ausführlichste Dienergestalt der Weltliteratur. Der Diener ist kein Produzent von Waren wie der Arbeiter; er erfährt nicht, daß sich seine Leistung vergegenständlicht und ein Eigenleben zu führen beginnt. Befriedigung findet er einzig im anerkennenden Wort des Herrn, und schon eine üble Laune des Herrn kann alle objektiven Leistungsmaßstäbe dahinschwinden lassen. Das macht den Diener so empfindlich für die wechselnden Stimmungen der Herrschaft, so biegsam und kompromißbereit; man kann auch sagen, charakterlos. Kein Zweifel, diese Weise des sozialen Daseins wirft beträchtliche Schatten.

Andererseits kann auch gar kein Zweifel darüber bestehen, daß es eine spezifische Würde des Dienens gibt, eine Kultur des Dienens, die tiefe Spuren in der allgemeinen Geschichte der Kultur hinterlassen hat. Hebbels böses Wort von den südosteuropäischen „Dienstbotenvölkern" fällt auf den Urheber selbst zurück, verrät es doch Ignoranz gegenüber kardinalen Tugenden, die in den betreffenden Völkern ungleich lebendiger sind als bei uns: Freundlichkeit und Dezenz des täglichen Umgangs, Bescheidenheit, Fähigkeit, sich auf den anderen einzulassen, Gelassenheit. Nicht zufällig drückt sich Gastfreundschaft, eine der großartigsten Regungen, zu denen der Mensch fähig ist (und für die es keine Parallele im Tierreich gibt), in erster Linie darin aus, daß man sich zum Diener seines Gastes macht, daß man ihn zeitweise zum absoluten Herrn seines eigenen Hauses macht.

Goethe hätte nicht Goethe sein können ohne seinen treuen Diener Paul Götz – von Eckermann ganz zu schweigen. Die hochgezüchtete, in der Rückschau faszinierend schillernde Kultur der amerikanischen Südstaaten vor dem Bürgerkrieg ist nicht denkbar ohne „Onkel Tom" und ohne die „Mami", die ihren festen, oft sehr bedeutenden Platz in der Pflanzerfamilie hatten. Über die kultivierende Rolle des sprichwörtlichen britischen Butlers in der Geschichte des Inselreiches braucht kein Wort verloren zu werden. Alle diese Phänotypen oder realen Gestalten sind von Glanz umgeben. Sie bleiben freilich sämtlich einer voraufklärerischen Epoche verhaftet, die noch ganz von der Existenz eines höchsten Wesens durchdrungen war, in dessen „Dienst" es sich zu stellen galt.

Etwas von der auf eine Transzendenz hin gestaffelten Diensthierarchie kennzeichnet auch noch den modernen Staat und seinen Beamtenapparat. Das Volk als oberster Souverän ist eine transzendente, unüberschreitbare Größe. Hoheitsakte werden ausschließlich in seinem Namen vollzogen, die Staatsfunktionäre deklarieren sich als Diener (Minister heißt bekanntlich nichts weiter als Diener), und selbst Rebellen wider den Staat respektieren das Schema und rufen zur Revolution „im Namen des Volkes". Revolten „im Namen der Freiheit" oder gar „im Namen des heiligen Egoismus" kommen heute nicht mehr vor, dafür ist das Bewußtsein von der Übermacht der Dienstleistungsgesellschaft schon zu weit fortgeschritten. Das Individualistischste, was zum Beispiel die rebellierenden Studenten im Mai 1968 in Paris riskierten, war die Parole „Im Namen der Phantasie!".

Phantasie nicht gefragt

Phantasie ist allerdings das letzte, was von einem Diener verlangt wird. Man erwartet von ihm nicht die Erfindung neuer Lebensverhältnisse, sondern die Reproduktion der alten; nicht Produktion, sondern Organisation. Insofern war der Diener geradezu der Kontrapunkt zum liberalen, produktionsbesessenen und erfindungsfreudigen neunzehnten Jahrhundert, in dessen Literatur er allenfalls noch als Karikatur vorkommt. Man denke nur an die schauerlich geduckten Kanzleiräte und Beamten zwölfter Klasse bei Maupassant oder bei Tschechow, man höre Theodor Fontane, der über den Staatsdiener im heimatlichen Preußen notiert: „Ein Beamter lebt lange. Solange er lebt, hat er ein auskömmliches Gehalt. Ist er krank, wird er vertreten. Je öfter, desto besser. Badereisen sind garantiert. Arbeit Schimäre. Fehler sind gleichgültig, solange nur nach außen hin die eigene und des Standes Unfehlbarkeit gewahrt bleibt..."
Von einem Staatsdiener erwartete (und erwartet) man also keine Phantasie. Erwartet man heute aber überhaupt noch Phantasie, was den menschlichen Fortschritt und die Gestaltung des sozialen Lebens betrifft? Seit die Grenzen des Wachstums in Sicht gekommen sind, hat der Respekt vor der Expansionskraft und dem Erfindungsreichtum der Industrie sehr gelitten. Man möchte lieber den

Status quo erhalten als das Risiko eines Aufbruchs zu neuen Ufern eingehen. Die Sphäre der Güterproduktion und der technischen Innovationen wird zudem immer menschenleerer, Automaten und Taktstraßen übernehmen die Rolle des Arbeiters, der seinerseits in Verwaltung und Dienstleistung abwandert. Der Schrittmacher bei den alljährlichen Tarifabschlüssen der Gewerkschaften ist nicht mehr die Gewerkschaft der Metallarbeiter, sondern die Gewerkschaft des öffentlichen Dienstes, deren Tarifpartner nicht mehr der freie Unternehmer ist, sondern der Staat, der die staatlichen und öffentlichen Diener mit dem Geld des Steuerzahlers entlohnt. In dieser nur scheinbar unscheinbaren Tatsache tritt der fundamentale Wandel zutage, der sich an der Basis unserer Gesellschaft vollzieht. Wir sind endgültig in die Phase der nachindustriellen Dienstleistungsgesellschaft eingetreten. Streiks treffen uns hier härter als früher, da wir uns noch dem Glauben hingeben konnten, es gehe ausschließlich um die Revenue der freien Unternehmer; jetzt ist jeder Steuerzahler unmittelbar betroffen.

Überwuchern uns die Unproduktiven?

Schon der Fluglotsenstreik hatte seinerzeit die neue Situation deutlich gemacht: Wenn Diener den Dienst verweigern, gibt es nicht nur weniger Güter wie beim Arbeiterstreik, sondern die Freiheit eines jeden einzelnen wird eingeschränkt, auch und gerade die Freiheit desjenigen, der gar nicht direkt an dem Streik beteiligt ist und keinen Einfluß auf seinen Verlauf hat. Der Streik wird zur Erpressung seitens der Streikenden, die die Allgemeinheit gleichsam in Geiselhaft nehmen. Die Kompliziertheit der modernen Binnenstrukturen bringt es mit sich, daß verschiedene Dienste – und die Fluglotsen waren da ein nachgerade klassischer Fall – so weitgehend spezialisiert sind, daß sie zumindest für einen längeren Zeitraum nicht ersetzt werden können. Ihnen wächst folgerichtig eine ungeahnte Macht über die Gesellschaft zu. Die Schreckensvision Harold Pinters vom dämonischen Butler, der den Herrn unterjocht und aussaugt, wird allgemeines Schicksal.
Das „Aussaugen" ist dabei recht wörtlich zu nehmen. Beamte und öffentliche Angestellte haben sich in den letzten Jahren in der

Bundesrepublik Deutschland drastisch vermehrt, ihre Gehälter
wurden gewaltig angehoben, ihre Privilegien ausgebaut, ohne daß
eine Steigerung ihrer Leistung spürbar geworden wäre, im Gegenteil. Hermann Marcus hat über dieses Phänomen ein äußerst auf-
schlußreiches Buch veröffentlicht, das mit nackten Zahlen auf-
wartet und eben deshalb alarmierender wirkt als manches einschlägige Pamphlet. In einem Gespräch mit der Zürcher „Weltwo-
che" meinte Marcus, der Zeitpunkt sei bereits absehbar, „wo das
Überwuchern der Unproduktiven zur Lahmlegung der gesamten
Volkswirtschaft führt", und er prophezeit bei einer weiteren
Expansion des öffentlichen Dienstes im bisherigen Tempo einen
baldigen Kollaps im Gefüge unserer Gesellschaft.

Vor zehn Jahren, so erfährt man bei Marcus, gab es im Bonner
Innenministerium keinen einzigen „leitenden Ministerialrat",
heute gibt es dort deren über fünfzig. 1960 kostete dem Staat sein
Dienerheer insgesamt 14,4 Milliarden Mark, während 17 Milliarden an Einkommen- und Lohnsteuern eingenommen wurden.
1970 mußte der Staat schon 61,4 Milliarden an seine Diener zahlen, obwohl er nur 61,8 Milliarden an Einkommen- und Lohnsteuern einnahm. Die Rede vom „Einkommensrückstand" der
Staatsdiener wird von Marcus ins Reich der Legende verwiesen;
eventuelle Differenzen im Nominaleinkommen zuungunsten der
Staatsdiener würden durch ihre wachsenden Privilegien mehr als
ausgeglichen. Hätte beispielsweise ein leitender Angestellter der
Privatwirtschaft, der etwa soviel verdient wie ein Ministerialdiri-
gent, den Wunsch, auch ein gleich hohes Ruhegeld wie der Mini-
sterialdirigent zu beziehen, dann müßte er dafür 47 Prozent seines
Monatsgehalts zurücklegen – dem Ministerialdirigenten kostet es
keinen Pfennig, er bekommt statt dessen noch durchschnittlich
1000 Mark Krankenversicherungsbeihilfe, zinsgünstige Kredite
und verbilligte Einkaufsmöglichkeiten im Beamtenwirtschaftsring,
einer Warenhauskette mit Großhandelspreisen.

Kein Wunder, daß die zukunftsbewußte deutsche Jugend mit
Vehemenz in den höheren Staatsdienst drängt. Der Apparat sorgt
kräftig für die Reproduktion seiner selbst auf immer höherer Stu-
fenleiter, Tausende von linken bis linksradikalen Soziologie- und
Politologiestudenten sehen sich bereits als Staatsdiener, und sie
wissen genau, was sie zu kriegen haben. Was sie zu leisten haben,

das wissen sie weniger genau. Bei vielen scheint die Meinung vorzuherrschen, die vornehmste Aufgabe eines Staatsdieners bestehe heute darin, „den Staat zu zerschlagen", worunter sie freilich nicht eine Abschaffung ihrer Privilegien verstehen, sondern eine Ausdehnung der Staatsherrschaft auf alle noch verbliebenen privaten Bereiche der Gesellschaft. Der Staat soll mit der Gesellschaft identisch werden.

Bemerkenswerterweise wird das anschwellende Verlangen nach einer totalen Verstaatlichung der Gesellschaft nicht begleitet von der Festigung des traditionellen Staatsbewußtseins. Es gibt in Westdeutschland keine Staatsidee mehr, von der her der Staatsdiener seine Dienstbarkeit ethisch rechtfertigen könnte. „Wohlstand für alle" ist keine Staatsidee, sondern ein Wahlslogan. „Recht und Ordnung", die Formel für das Minimum staatlicher Daseinsberechtigung, ist in den letzten Jahren zum Hohnwort auch und gerade im Munde vieler Staatsdiener geworden. Der Staat macht sich ganz klein, wenn er zur Aufrechterhaltung von Recht und Ordnung gerufen wird; er will nicht einmal mehr die Nachtwächterfunktion ausüben, die ihm das liberale Zeitalter zugewiesen hatte. Was von ihm übrigbleibt, ist ein bloßer Apparat zur Umverteilung von Volksvermögen, wobei die Zielrichtung der Umverteilungsmaßnahmen klar erkennbar wird: Profitieren will in erster Linie die wuchernde Kaste der Staatsdiener selbst – mögen die staatlichen und öffentlichen Dienste auch noch so unzulänglich sein.

Das „Kartell der Angst"

Für Deutschland, zumindest für Preußen, war bis zum Beginn des Ersten Weltkriegs charakteristisch, daß die Machtinstrumente der staatlichen Exekutive im wesentlichen in der Hand einer sozial zwar zerfallenden, geistig aber höchst selbstbewußten und von Korpsgeist erfüllten Militär- und Adelskaste lagen. Weltkrieg, Naziherrschaft, erneuter Weltkrieg nebst Zusammenbruch und anschließender „Reeducation" haben diese deutsche „Rückständigkeit" derart radikal verschwinden lassen, daß nach 1945 ein Machtvakuum klaffte wie wohl noch nie und nirgendwo in der

Geschichte der Staaten. Noch 1965 konstatierte Ralf Dahrendorf
nach einer umfänglichen empirischen Untersuchung über deutsche
Machteliten, daß die Bundesrepublik Deutschland von einem
„Kartell der Angst" regiert werde, nämlich von zufällig zusam-
mengewürfelten, sozial nicht ortbaren Funktionsgruppen, von denen sich eine hinter der anderen verstecke, um nur ja nicht in den
Verdacht zu geraten, hier werde über das bloße Produzieren und
Verwalten hinaus irgendwie Macht in Anspruch genommen.
Wie richtig eine solche Beobachtung war, erwies sich zwei Jahre
später bei Ausbruch der Kulturrevolution, als zunächst antiautori-
täre, später orthodox-kommunistische Gruppen den Rechtsstaat
herausforderten und ihm „Freiräume" der Gesetzlosigkeit und
Gruppenwillkür abrangen. Das angeblich so festgefügte „Estab-
lishment" offenbarte sich als eine Ansammlung eingeschüchter-
ter Opportunisten; Universitäten, Massenmedien, gesetzgebende
Körperschaften und eingetragene Vereine jeglicher Bestimmung
strichen fast widerstandslos die Flagge, und wenn die Bewegung
schließlich vor den Fabriken zunächst zum Stehen kam, so nicht
wegen der Macht der Fabrikanten, sondern wegen des Widerstands
der Arbeiter selbst.

Alles kontrollieren, aber nichts verantworten

Doch jetzt beginnen sich in der Bundesrepublik die Konturen einer
neuen politischen Klasse abzuzeichnen. Es handelt sich dabei
keineswegs um einen „industriell-militärischen Komplex", wie
Galbraith ihn für die USA diagnostizieren zu müssen glaubte, sondern eher um einen „bürokratisch-gewerkschaftlichen Komplex".
Im Gegensatz zum Militär, das in Deutschland keine Rolle mehr
spielt, und zur Industrie, deren politische Artikulationswilligkeit
und -fähigkeit stets wenig entwickelt war, verfügen Staatsbeamten-
tum und Gewerkschaftsbürokratie nicht nur über einen dynamischen politischen Willen, sondern auch über die materiellen Mittel,
ihn Wirklichkeit werden zu lassen. Beide Gruppierungen gebieten
über relativ leicht zu mobilisierende Hilfstruppen (das Heer der
kleinen Beamten beziehungsweise der Gewerkschaftsmitglieder),
beide Gruppen sind exklusiv insofern, als sie sich über langwierige

„Laufbahnen" („Ochsentour", Gewerkschaftsschulen usw.) selbst
ergänzen. Funktionell im Hinblick auf das Gesamtsystem genießen
beide eine parasitäre Existenz, das heißt, sie tragen nichts zu Produktion und Dienstleistung bei, sie haben faktisch nichts zu verantworten, aber alles mögliche zu kontrollieren.

Zur Zeit sieht sich das Beamtentum noch vom Staatsganzen formal
in Pflicht genommen. Sein finanziell hochprivilegierter Status der
lebenslangen Anstellung ist der Preis für Streikverbot und unbe-
dingte Loyalität gegenüber der Verfassung. Doch das schöne Bild
bröckelt bekanntlich. Immer mehr radikale Verfassungsfeinde
strömen in den höheren Staatsdienst, und es ist nur noch eine Frage
der Zeit, bis das Streikrecht für Beamte eingeführt wird. Beamte
und Gewerkschaftsfunktionäre können sich auch (bei Fortdauer
der Bezüge) jederzeit für die Politik beurlauben lassen. Sie sind
im Grunde die einzigen, die Zeit für die Politik haben. So füllen
sie die Sesselreihen des Bundestages und die Minister- und Staats-
sekretärposten in der Regierung. Bald werden sie im Zeichen der
„Mitbestimmung" auch die Aufsichtsratsposten der Industrie besetzen. Die sozialdemokratische Regierungspartei ist zwar noch
nicht im gleichen Maße von den Gewerkschaften abhängig wie die
Labour Party in England, aber auch das ändert sich schon. Es entsteht jene unauflösbare Personalunion zwischen Regierungsmit-
glied, beurlaubtem Staatsbeamten, Gewerkschaftsfunktionär,
Parteiführer und Industriekontrolleur, die dem Betreffenden eine
gewaltige Machtfülle in die Hände spielt, ohne daß er optimal kontrolliert werden kann.

Um den Krug vollzumachen, streckt der bürokratisch-gewerk-
schaftliche Komplex seine Finger auch nach den Universitäten und
den Massenmedien aus. Über die GEW regiert er schon kräftig
mit in den „Reformuniversitäten"; die elektronischen Massenmedien sind ohnehin nach seinen Bedürfnissen zurechtgeschnitten
und propagieren seine Interessen. Ein repressives Pressegesetz soll
möglichst auch die Zeitungen unter seine Botmäßigkeit zwingen.
Tausende von Ideologen sind damit beschäftigt, den allgemeinen
Demokratiebegriff umzumodeln, um die neue Herrschaft mit dem
Öl des Demokratismus salben zu können. War das klassische
Demokratieverständnis des neunzehnten Jahrhunderts noch ganz
inspiriert von der Vorstellung, sich durch Delegierung eines Abge-

ordneten Teilhabe an der Politik zu sichern und die bürgerliche Gesellschaft gleichzeitig von ihr zu entlasten, so soll jetzt der Arbeitsbürger mittels „Demokratisierung" in allen Lebensbereichen mit politischen Entscheidungen konfrontiert werden. Das heißt nichts anderes, als daß auch hier die Funktionshierarchie durch die Herrschaft der politischen Klasse abgelöst werden soll.

Damit ist nun freilich ein Punkt erreicht, wo die Herrschaft der politischen Klasse – wie in den kommunistischen Staaten – total zu werden beginnt. Darüber nachzudenken, wie das zu verhindern sei, ist allen freiheitlich Denkenden aufgegeben. Wahrscheinlich liegt eine große Chance darin, daß diejenigen, die wirklich etwas leisten und verantworten (die Gesamtheit der „industriellen Klasse" also), sich erneut zusammenschließen und immer dann unmittelbar und kräftig zu Wort und Tat melden, wenn die Anmaßungen der gegenwärtigen politischen Klasse allzu offensichtlich werden.

HENNING JÄDE

Der Staat und das „Soziale"

Bemerkungen zur Sozialstaats-Diskussion

Im Scheidewasser des Anekdotischen löst sich alle Politik in beliebig Okkasionelles auf[1]. So ist denn auch für den – leidlich praktisch erfahrenen – Verwaltungsjuristen die Versuchung nicht zu unterschätzen, die im Titel dieses Bandes der INITIATIVE liegt. Mancherlei Erfahrungen und etliches Erfahrene ließen sich zu dem Thema ausbreiten, ob und inwieweit der Sozialstaat[2] eine parasitäre Gesinnung seiner Bürger bewirke oder doch fördere. Als Rechtsreferendar hat der Verfasser einige Tage im Sozialhilfe-Sachgebiet am Landratsamt hospitiert. Über die damals erhobenen (und überwiegend erfüllten) Ansprüche, betreffend Kleidung und Schuhwerk, kam er auch heute noch nur staunen. So viele und solche Stiefel, wie sie ein Sozialhilfeempfänger zur Sicherung des Minimums einer menschenwürdigen Existenz unabdingbar benötigt, besaß er nie und besitzt er nicht. Die Kleideranschaffungen – natürlich (anderes ist nicht zumutbar) in einem der ersten Häuser am Platze – bewegten sich bisweilen in Dimensionen, die auch einem wohlbestallten Regierungsrat fremd sind. Am Landratsamt begegnete der Verfasser auch jenem bemitleidenswerten Opfer des Spätkapitalismus, das im (angeblich unverkäuflichen) Mercedes vorfuhr, um sich seine Sozialhilfeleistungen abzuholen. Die Beispiele dieser Art ließen sich vermehren. Der Erkenntniswert daran geknüpfter Betrachtungen bliebe indessen gering: Sicherlich bringt das perfektionierte Leistungssystem des Sozialstaates auch solche Auswüchse einer Anspruchs- und Versorgungsmentalität hervor, die man – mit Recht! – als Ärgernis empfindet. Verallgemeinerungsfähige Aussagen aber lassen sich darauf nicht stützen: Denn das Gedächtnis ist immer selektiv, und die Ausnahme des Mißbrauchs und der (Über-)Strapazierung von Rechtspositionen hat so stets die größere Chance, in der Erinnerung aufbewahrt zu werden als der Normalfall der wirksamen Hilfe in wirklicher Not. Ganz abgesehen davon, daß gerade im Bereich der immer noch mit dem Ruch der Armenfürsorge behafteten Sozialhilfe nicht selten eben jene Schicksale gänzlich unbekannt und unbeachtet bleiben, bei denen Hilfe unerläßlich wäre, aber – aus welchen Gründen auch immer – gar nicht gewollt wird.

Gleichwohl sind diese Vorüberlegungen nicht nutzlos, zeigen sie doch, von welchen Details das Bild der Wirklichkeit und der rechtlichen Ordnung des Sozialstaats selbst dort geprägt wird, wo eher überlegene Sachkunde und abgewogener Überblick zu vermuten wären. Verständlich wird daraus auch, weshalb vielfach der Vollzug des Sozialrechts als die rechtlich sanktionierte Praxis der Privilegierung jener Dummen und Faulen angesehen wird, deren Dummheit und Faulheit ihre Grenze allerdings dort haben, wo es um das Auffinden und Durchsetzen wirklicher oder auch nur vermeintlicher Leistungsansprüche gegen den Staat geht. Das führt zu einer bemerkenswerten Polarisierung des Verhältnisses zu sozialen Gewährleistungen und Rechten: entweder löst sich jede nüchterne Betrachtung im Pathos sozialer Gerechtigkeit auf – oder sie reduziert sich auf den Versuch, durch rigoros restriktive Interpretation mit der exekutivischen Hand zu nehmen, was die legislatorische gegeben hat. Daß das eine wie das andere Verfahren auf das jeweils angesprochene Publikum ebenso wirksam wie sachlich unbrauchbar ist, bedarf nicht weiterer Darlegung. Wenn aber heute – und das ist angesichts der im übrigen durchaus perfektionistischen Aufarbeitung der dogmatischen Probleme des Staatsrechts der Bundesrepublik Deutschland durchaus singulär – nicht nur die politische Diskussion in der Öffentlichkeit mit solchen simplifizierenden Gegensätzen operiert, sondern auch die in der Staatsrechtslehre vertretenen kontroversen Positionen sich weit-

gehend – seit 1949 unverändert – auf dieses Grundschema zurückführen lassen, so sollte dies zumindest zur Nachdenklich-
keit, wenn nicht zu Besorgnis Anlaß genug geben. Denn die Formel
vom sozialen Rechtsstaat (Art. 20 Abs. 1 GG) bzw. vom sozialen
Bundesstaat (Art. 28 Abs. 1 Satz 1 GG) als den Staatstyp der Bundesrepublik beschreibende und kennzeichnende Wendung mag
staatsrechtlich und -praktisch wie auch immer zu interpretieren
sein – jedenfalls ist sie eine Äußerung des Verfassunggebers und
bedarf als solche einer in das Verfassungssystem integrierten, wenigstens um Integration bemühten Verarbeitung. Mit anderen
Worten: Wer versucht, der Sozialstaatsproblematik dadurch den
Garaus zu machen, daß er sie unter die Kuratel einer betont indivi-
dualistischen Grundrechtsinterpretation stellt[3], tut der Verfassungsauslegung ebensowenig einen guten Dienst wie derjenige, der
die zweimalige Verwendung des Adjektivs „sozial" zum Dreh- und
Angelpunkt des Verfassungsverständnisses erhebt[4] und auf diese
Weise sich einen Archimedischen Punkt verschafft, von welchem
aus sich schlechthin jegliche andere Verfassungsaussage aushebeln
läßt.

Damit soll nicht jenem bequemen Optimismus das Wort geredet
werden, der meint, wenn nur für Unvereinbares eine sprachlich
glatte Formulierung, eine verfassungstextliche complexio opposi-
torum, gewonnen sei, so werde sich das übrige schon finden. Selbst
wenn es sich bei den Sozialstaatsklauseln des Grundgesetzes um
dilatorische Formelkompromisse[5] handeln sollte, so wären es doch
Kompromisse zwischen Rechts- und Verfassungsprinzipien – und
nicht bloß ein leeres, einfallslos-geschwätziges Gerede des Verfassunggebers. Worauf es also ankommt, ist das Ernstnehmen des
Grundgesetzes, wie es ist, anstatt des Unterfangens, oberlehrerhaft
und ex post in die Verfassung hinein-oder hinauszudeuten, was sie
„eigentlich" hätte sagen wollen – wobei sich hinter solchem her-
ausgefundenen Wollen nur zu leicht ein hineinprojiziertes Sollen
verbergen kann.

Die Sachlogik der Verfassungsauslegung

Dabei hat die Auslegung von Verfassungsrecht durchaus ihre
eigene und spezifische Logik und Systematik, die sich nicht in den
herkömmlichen und üblichen Techniken der Gesetzesanwendung
erschöpft, so unverzichtbar diese auch für die Verfassungsinter-
pretation sein mögen[6]. Denn die Verfassung geht nicht auf in ihrer
Funktion als mit erhöhter Geltungskraft ausgestattetes Gesetz;
sie ist darüber hinaus auch politische Grundentscheidung[7]. Daraus
folgt zwar sicherlich nicht, daß eine Verfassung nahtlos in Übereinstimmung mit den politischen Realfaktoren des Gemeinwesens
stehen müßte – eine Identität zwischen Verfassung und Verfassungswirklichkeit gibt es ebensowenig wie überhaupt eine Übereinstimmung von Sein und Sollen.[8] Aber eine Verfassung bliebe
bloßes Wort, an der Wirklichkeit vorbeigesprochen, wenn sie nicht
auch die für das staatliche Ganze maßgeblichen Kräfte anspräche;
die bloße Wiederholung tradierter Formulierungen, die nur for-
melhafte Wiedereinsetzung überlebter Institutionen in den vorigen
Stand bewirkt insoweit nichts. Die Forderung an die Verfassungsauslegung, sie müsse die Verfassung zur höchstmöglichen Wirksamkeit entfalten, kann also nicht nur elfenbeinturmhaft „rein juristisch", sie muß auch politisch verstanden werden, und zwar
dahin, daß politischer Entscheidungswille und politische Gestal-
tungskraft nicht nur nicht a limine zurückgewiesen werden dürfen,
sondern auch von der juristischen Interpretation zu respektieren
sind. Hat sich also eine Verfassung einer bestimmten Situation angenommen, so kann und darf diese Lageerkenntnis nicht zerredet
oder gar weggeredet werden. Das muß hervorgehoben werden.
wenn man sich sinn- und sachgerecht mit dem Sozialstaatsprinzip
des Grundgesetzes befassen will. Dabei ist – statt ebenso vollmun-
dig wie beziehungslos darüber zu philosophieren, was „sozial" im
Sinn des Grundgesetzes heißen könnte – von der konkreten Lage[9]
auszugehen, die sich dem industriegesellschaftlichen Staat im allgemeinen und der Bundesrepublik Deutschland im besonderen
stellte und stellt.

Sozialstaatliche Wirklichkeit und sozialstaatliche Verfassung

Der Sozialstaat ist eine Realität. Das heißt zwar keineswegs, daß
– etwa im Sinne der oft mißverstandenen und mißbrauchten
Formel von der normativen Kraft des Faktischen – der Sozialstaat schon wegen dieses wirklichen Vorhandenseins allein zu
rechtlich, insbesondere verfassungsrechtlich erheblichen Konsequenzen führe. Wohl aber kann man einen zutreffenden Zugang
zu den – für sich allein und wörtlich genommen, alles und nichts
sagenden – Sozialstaatsklauseln der Verfassung nur vor dem Hintergrund dieses Sachverhalts gewinnen, will man sich nicht auf
fruchtlose Begriffsjurisprudenz einlassen. Anders gewendet: ob
ein konkreter Staat Sozialstaat ist oder nicht, stellt zunächst ein
Urteil dar, das auf einem empirischen Befund beruht und gänzlich
unabhängig davon ist, ob überhaupt und, wenn ja, was das jeweilige
Verfassungsrecht über diesen Umstand aussagt; die Eigenschaft
eines Staates als Sozialstaat hat also unmittelbar nichts damit zu
tun, ob sich dieser Staat in seiner Verfassungsurkunde eine solche
Selbstqualifikation beilegt oder nicht. Erst eine faktisch fundierte
Aussage über die Sozialstaatlichkeit eines Staates eröffnet den
Weg dahin, nach der Bedeutung – und zwar der rechtlichen Be-
deutung – einer Äußerung der Verfassung zu diesem Thema zu
fragen[10]. Jede andere Methode führt notwendig entweder zum
Rückzug auf Leerformeln oder in eine dezisionistische[11], nicht
selten nur ideologisch motivierte Beliebigkeit, die den Sinn der
Verfassung nicht ermitteln, sondern an die Verfassung vorgefaßte
Absichten herantragen will – Indoktrination statt Interpretation.
Üblicherweise wird die historische Scheidelinie zwischen Rechtsstaat und Sozialstaat dort gezogen, wo sich der Schwerpunkt der
staatlichen Tätigkeit von der Eingriffs- auf die Leistungsverwal-
tung verlagert. Das beruht sicherlich auf einer durchaus zutreffenden Beobachtung, darf aber nicht zu der weiteren Annahme führen, die Unterscheidung zwischen Rechtsstaat und Sozialstaat lasse
sich zurückführen allein auf die Kontrastierung eines gegenüber
den Belangen des nichtstaatlichen Teils des sozialen Ganzen „neutralen" und eines diese Verhältnisse bewußt gestaltenden Staates.
Damit würde zunächst die Problematik verkannt, die in einer Neutralität des Staates gegenüber den nicht von ihm in sein Regime

aufgenommenen Sachlagen liegt: Neutralität[12] kann insoweit vielerlei bedeuten, insbesondere kann sie – verstanden als Nichtintervention – gerade eine De-facto-Intervention zugunsten des jeweils sozial Mächtigeren darstellen. Daneben hat gerade die neuere staatstheoretische Diskussion[13] gezeigt, daß die bewußt sozial gestaltende staatliche Aktivität keineswegs ein Privileg und ein notwendiges Kriterium des Sozialstaates darstellt. Vielmehr finden sich derartige Gedanken und Handlungen bereits in Staatslehre und -praxis des 17. und 18. Jahrhunderts, wobei, erstaunlich genug, der Zugang zu den zur Sozialstaatlichkeit durchaus vorhandenen strukturellen Übereinstimmungen über lange Frist hinweg lediglich durch die irreführende Typusbestimmung des „Polizeistaats" verstellt war. Erst mußte wieder der Vergessenheit entrissen werden, daß „Polizei" im alten und überkommenen Sinne gerade nicht den – allerlei Freiheitsgebrauch unterbindenden – Polizisten mit der Pickelhaube meint, sondern die „gute Policey" – die umfassende staatliche Wohlfahrtspflege in ökonomischer wie sittlicher Hinsicht. In der Tat kann es nur in die Irre führen, wenn man – nach Aufdeckung derartiger Ähnlichkeiten und Reminiszenzen – schlichtweg Merkantilismus, aufgeklärten Absolutismus und den Sozialstaat der Industriegesellschaft in einen Topf wirft und zu der Schlußfolgerung gelangt, es sei sowohl möglich als auch erforderlich, zum „preußischen Sozialstaat" zurückzukehren[14]. So interessant und aufschlußreich geschichtliche Analogien und daraus gezogene Schlüsse auch sein mögen – ihre Reichweite ist zwingend dadurch begrenzt, daß zwar die Zusammenordnung von Menschen in geschlossenen Gemeinwesen in aller geschichtlicher Zeit immer wieder dieselben Grundfragen aufgeworfen hat, daß aber die konkreten Antworten auf diese Grundfragen immer in der Abhängigkeit von den zur Ordnung anstehenden sozialen Sachverhalten gesehen werden müssen. Soweit es sich nicht bloß um allgemein akzeptable abstrakte Allgemeinheiten handelt, verflüchtigen sich derlei Parallelen zu nur mehr zufälligen Assoziationen, sobald der historische Konnex nicht mehr gewahrt ist.

Rechtsstaat und Sozialstaat – historisch gesehen

Wenn mithin sinnvoll über den Sozialstaat gesprochen werden soll,
so bedarf vorab der besonderen Betonung, daß es sich dabei um
eine spezifische Hervorbringung, um eine typische und den Staatstyp bestimmende Antwort des bürgerlichen Rechtsstaates auf die
industriegesellschaftliche Herausforderung handelt[15]. Der bürgerliche Rechtsstaat beruht auf der Unterscheidung von Staat und
Gesellschaft[16]. Dabei mag hier offenbleiben, wie das Verhältnis
beider Größen zueinander im einzelnen staatstheoretisch zu beurteilen ist. Entscheidend für unseren Zusammenhang ist vielmehr
folgendes: Im deutschen Sprachraum ist das 19. Jahrhundert von
dem Ineinsgehen nationaler und demokratischer Forderungen geprägt. Die gegen Napoleon gerichteten Befreiungskriege hatten
– aus der Perspektive der unmittelbar Beteiligten gesehen – zugleich das Ziel, die nationale und nationalstaatliche Identität zu
gewinnen, als auch dasjenige, durch den nachweislichen Einsatz
des ganzen Volkes unabhängig von der Zugehörigkeit zu Stand und
Schicht zugleich die Berechtigung des Anspruchs auf rechtlich
– durch Verfassung – gesicherte Teilhabe an der staatlichen Willensbildung darzutun. Beide Hoffnungen hatte der Wiener Kon-
greß enttäuscht, indem er einerseits nach Möglichkeit die vornapo-
leonische Staatenwelt in Mitteleuropa wiederherstellte, andererseits die konstitutionellen Forderungen des Bürgertums mit
Entschiedenheit zurückwies – sieht man von dem vieldeutigen
Versprechen „landständischer Verfassungen" ab, das in der Folge
eher reaktionär als auch nur restriktiv ausgelegt wurde. Daraufhin
zog sich das Bürgertum auf sich selbst zurück und konstituierte
sich – gegenüber und entgegen dem Staat – als Gesellschaft[17].
Nur unter diesen Voraussetzungen konnten die ideologischen
Konstruktionen der Gesellschaft, wie sie vor allem in Frankreich
ausgeformt worden waren, maßgeblichen Einfluß auch auf die
deutschen Verhältnisse gewinnen. Dabei beruht das Bild der
Gesellschaft als Gegensatz zum Staat auf der Vorstellung, daß der
Mensch von Natur aus gut sei – gut aber nicht verstanden im Sinne
der moralischen Güte, sondern dahin, daß die dem Menschen mit-
gegebenen Anlagen schlechthin – ganz unabhängig von ihrer sittlichen Qualifikation – in einem freien Spiel der Kräfte automatisch

das bestmöglich denk- und wünschbare Ergebnis hervorbrächten. Soweit staatliche Herrschaft auf diesen natürlichen Optimierungs- mechanismus Einfluß nehme, vermöge sie die prästabilierte Har- monie dieses Prozesses nur zu stören, sein Resultat nachteilig zu beeinflussen. Unentbehrlich freilich bleibt auch für diese Sicht- weise des sozialen Ganzen der Staat, insoweit nämlich, als er die äußeren Funktionsbedingungen der Gesellschaft sicherstellt, ins- besondere für den Schutz des Gemeinwesens vor äußeren Feinden und die Einhaltung der in Gesetzesform gegossenen gesellschaftli- chen Spielregeln sorgt – der Staat als „Nachtwächterstaat" also. Jedenfalls: der bürgerliche Rechtsstaat beschränkt sich in seiner ordnenden Funktion auf die verfahrensförmlich gewährleistete staatsbürgerliche Gleichheit als notwendige Entsprechung und fortdauernde Voraussetzung der gesellschaftlichen Ungleichheit, die ihrerseits das freie Spiel der Kräfte antreibt und in Gang hält. Während der Bereich des Staates derjenige der gerechtfertigt durchsetzbaren unwiderstehlichen Zwangsgewalt ist, stellt die Gesellschaft den Raum der freien, allein auf die individuellen Anlagen und Strebungen gestellten sozialen Betätigung dar. Damit ist aber zugleich klar, daß das dargestellte Verteilungsprinzip zwi- schen Staat und Gesellschaft nur so weit und so lange funktionsfä- hig bleibt, wie sich die Gesellschaft ihrem idealtypischen Bilde ge- mäß verhält, also insbesondere der Bereich der Freiheit bleibt, als welcher sie in dieses Modell eingesetzt worden ist, und aus diesem von staatlichem Zugriff freigestellten Wettbewerb das erwartete und für das soziale Ganze notwendige Resultat hervorgeht.

Erweist sich die Gesellschaft als hierzu außerstande, so muß die Garantiefunktion des Staates gegenüber ihr aktualisiert und akti- viert werden. Diesen unauflöslichen Zusammenhang verzeichnet zumindest das erwähnte Schlagwort vom liberalen Nachtwächter- staat; denn auf diese Rolle kann sich der Staat nur in dem Maße zurückziehen, in welchem die Gesellschaft ihrer Selbständigkeit wegen seiner zu entbehren vermag. Erweist sich demgegenüber die gesellschaftliche Optimierungsautomatik als unzureichend, ent- steht statt der individuell-freien eine kollektiv-vermachtete Gesellschaft, die zudem zur Bereithaltung und Darbietung der un- erläßlichen Lebensgrundlagen nicht imstande ist, so muß der Staat, gerade wenn und weil er freiheitlich bleiben, die Unterscheidung zwischen Staat und Gesellschaft, Zwang und Freiheit, Gleichheit und Ungleichheit aufrechterhalten will, in die gesellschaftlichen Verhältnisse intervenieren, um die skizzierten Voraussetzungen des staatlich-gesellschaftlichen Verteilungsprinzips zu restaurieren.

Diese Zusammenhänge sind zumindest der deutschen Staatslehre des bürgerlichen Rechtsstaats geläufig und gegenwärtig gewesen; sie finden sich schon bei Hegel und vor allem bei Lorenz von Stein[18]. Das ist angesichts der historischen Phasenverschiebung zwischen den staatlichen und sozialen Verhältnissen in Deutschland einerseits, im übrigen Westeuropa andererseits auch nicht verwunderlich. Denn als sich in Deutschland der Konstitutionalismus und mit ihm der bürgerliche Rechtsstaat Bahn gebrochen hat, als die Freiheit der bürgerlichen Gesellschaft zu einem der tragenden Prinzipien der Realverfassung des sozialen Ganzen rechtlich anerkannt ist, zeichnen sich bereits die gesellschaftlichen Funktionsdefizite gegenüber der industriellen Herausforderung ab. Jedenfalls in der deutschen Konzeption des bürgerlichen Rechtsstaats ist also von Anfang an bereits der Sozialstaat mitgedacht, nicht – und zwar gerade nicht – als Gegensatz und als Umkehrung des staatlich-gesellschaftlichen Verteilungsprinzips, sondern als dessen notwendige Ergänzung, ja unerläßliche Konsequenz.

Die rechtliche Anerkennung der bürgerlichen Gesellschaft als eines Konstituens der sozialen Gesamtordnung setzt zunächst der altständischen Sozialverfassung ein Ende, in der in einer je konkreten Bündelung von Berechtigungen und Verpflichtungen dem einzelnen ein bestimmter Status zugewiesen war[19]. Die Befreiung des Individuums aus diesen konkreten Ordnungen und Bindungen stellt dieses auf sich selbst allein und ist mit keiner neuen Zuweisung eines festumrissenen sozialen Orientierungsrahmens verbunden; das versteht sich von selbst, wenn man berücksichtigt, daß die bürgerliche Gesellschaft ihrer Grundkonzeption nach ja gerade auf Dynamik und damit prinzipieller Statuslosigkeit des einzelnen beruht. Zwar scheint sich für den verlorenen, rechtlich gesicherten Status ein Ausgleich in der verbandsförmigen gesellschaftlichen Kollektivorganisation zu finden, doch vermag die damit verbundene Ersetzung des vorgestellten individuellen Wettbewerbs der Gesellschaftsglieder durch einen Wettbewerb der Kollektive nicht die erwarteten Leistungen zu erbringen. Die durch die Industrialisierung bewirkten massenhaften Wanderungsbewegungen und Bevölkerungszusammenballungen führen zur Abhängigkeit Millionen einzelner von den Darbietungen elementarster Lebensbedürfnisse, deren ausreichende Verfügbarkeit nicht mehr von der Gesellschaft selbst gewährleistet werden kann, sondern in die Hände des Staates – im weitesten Sinne, also unter Einschluß der Kommunen – genommen werden muß, zur Notwendigkeit mithin der staatlichen Daseinsvorsorge[20]. Zwei Weltkriege haben diese Sachzwänge in unerwartetem Umfang potenziert und letztlich jene sozialstaatliche Wirklichkeit hervorgebracht, die der Verfassunggeber des Grundgesetzes vorgefunden hat.

Was kann demgegenüber und – vor allem – darüber hinaus die Wendung vom sozialen Rechtsstaat bzw. vom sozialen Bundesstaat im Grundgesetz über die Sozialstaatlichkeit der Bundesrepublik Deutschland besagen?

Das Entscheidungsdefizit des Grundgesetzes

Wenig ergiebig ist insoweit die Entstehungsgeschichte[21]. Sie erlaubt allenfalls, einige – allerdings bedeutsame – negative Abgrenzungen des Sozialstaatsgedankens[22] gegenüber ihm nachträglich beigelegten rechtserheblichen Bedeutungen. Dabei muß davon ausgegangen werden, daß die Entscheidungsmöglichkeiten des Verfassunggebers sowohl objektiv als auch subjektiv beschränkt waren: objektiv, weil das Grundgesetz insgesamt nicht das Resultat einer politischen Dezision, sondern dasjenige einer vorgegebenen Situation war, in welcher sich die Siegermächte des Zweiten Weltkrieges die Grundfragen von politischer Bedeutung vorbehalten hatten[23]; subjektiv, weil der Parlamentarische Rat in seiner Gesamtheit maßgeblichen Wert auf den provisorischen Charakter des Grundgesetzes legte und es deshalb bewußt unterließ, sich angesichts der damals noch für demnächst überwindbar gehaltenen deutschen Teilung über die Prinzipien einer künftigen Gesellschaftsordnung auszusprechen, die ja letztlich auch von dem machtpolitischen Grundsatz des *cuius regio, eius economia*[24] beeinflußt wäre. Hinzu kamen die wenig anspornenden Erfahrungen

mit dem in der Weimarer Reichsverfassung unternommenen Versuch, über die durch die klassischen Grundrechte bezeichnete
Scheidelinie von Staat und Gesellschaft hinaus die gesellschaftliche Integration durch soziale Status- und Teilhaberechte zu bewirken. Denn alsbald hatte sich deren Eigenschaft als bloße Pro-
grammsätze[25] erwiesen, aus denen sich unmittelbare Rechte nicht
herleiten ließen, ein Manko, das zudem auch auf die Geltungskraft
der herkömmlichen Freiheitsrechte nicht ohne Wirkung blieb, weil
es das Rüstzeug dazu lieferte, auch deren Verbürgungen auszu-
höhlen. Endlich blieb der Umstand nicht ohne Folgen, daß die
Unüberschaubarkeit der künftigen Entwicklung Festlegungen als
wenig tunlich erscheinen ließ; soweit die schon verabschiedeten
Landesverfassungen gleichwohl sich auf das Experiment einer
rechtlichen Regelung und Verankerung der Gesellschaftsordnung
eingelassen hatten, wurde ihnen der Vorwurf der Vermessenheit[26]
nicht erspart.

Dieses erkennbar teils gewollte, teils von den Umständen erzwun-
gene Entscheidungsdefizit des Grundgesetzes ist aber gleichwohl
nicht ohne interpretatorische Konsequenz. Einerseits muß daraus
entnommen werden, daß, sosehr man sich auch immer wieder
darum bemüht hat, aus den Sozialstaatsklauseln sich weder ein
Modell noch ein Programm der vom Grundgesetz intendierten
Gesellschaftsordnung herauspräparieren läßt, die Frage, wie die
Gesellschaft auszugestalten ist, vielmehr in die Kompetenz des
Gesetzgebers fällt. Andererseits kann das Grundgesetz nicht ohne
Berücksichtigung seines sozialen Bekenntnisses zutreffend ausgelegt werden; das heißt vor allem, daß die Bundesrepublik Deutschland kein – im oben kritisierten statischen Sinne verstandener –
Nachtwächterstaat sein soll, sondern die vorgefundene Herausforderung zu gesellschaftsgestaltender und -ordnender Betätigung
aufnimmt und annimmt[27]. Endlich zeigt schon die quantitative
Verteilung zwischen den detailliert ausgearbeiteten, ja geradezu
perfektionierten rechtsstaatlichen Gewährleistungen des Grundgesetzes und der beiläufigen Erwähnung sozialer Staatszielsetzun-
gen, daß eine prinzipielle Strukturveränderung in der Zuordnung
von Staat und Gesellschaft nicht angestrebt, vielmehr an die dargestellte Prämisse angeknüpft wird, sozialstaatliche Intervention sei
nur dann und nur insoweit zulässig, wie dies erforderlich ist, um

die freiheitlichen Voraussetzungen des Rechtsstaates zu restitu-
ieren[28].

Berücksichtigt man diesen Entscheidungsrahmen, so bleibt der
Ertrag der sachbezogenen Diskussion um das Sozialstaatsprinzip
gering[29]. Das Bundesverfassungsgericht hat sich zwar in einer
Vielzahl von Entscheidungen darauf berufen, zu der Frage, was
sozial im Sinne des Grundgesetzes sei, hat es indessen niemals sub-
stantiiert Stellung genommen. Typisch sind vielmehr Formulierungen wie diese: „Das Gebot des sozialen Rechtsstaates ist in be-
sonderem Maße auf einen Ausgleich sozialer Ungleichheiten
zwischen den Menschen ausgerichtet und dient zuvörderst der
Erhaltung und Sicherheit der menschlichen Würde, dem obersten
Grundsatz der Verfassung."[30] Hier versucht würdevolles Einher-
stelzen eines geschraubten Stils die sachliche und juristische
Schlüssigkeit zu ersetzen. Am Ende wird sozial durch sozial definiert und zur Absicherung einer solchen Peinlichkeit gegen allfäl-
lige Einwände auch noch das Prinzip der Menschenwürde
strapaziert, dessen Wehrfähigkeit eben leider so gering wie seine
Aussagekraft ist.

Unbeschadet dessen bleibt festzuhalten, daß das Bundesverfassungsgericht sich beharrlich einer Ausmünzung der auf den Sozialstaat hindeutenden Bemerkungen des Grundgesetzes in aktuelle
Rechtsansprüche widersetzt hat, was auf eine iurisdiktionelle
Nachholung der – wie gezeigt – bewußt unterlassenen verfassung-
geberischen Betätigung in diesem Sinne hinausgelaufen wäre.
Diese restriktive Haltung hat freilich auch ihre Kehrseite: Erwiesen sich die Sozialstaatsklauseln als doch zu kurze Hebel, um das
vom Grundgesetz festgeschriebene rechtsstaatliche Verteilungs-
schema aufbrechen zu können, so hat sich die einschlägige Aktivität auf eine Neuinterpretation der Grundrechte verlagert mit dem
Ziel, diesen statt Schranken des staatlichen Zugriffs auf die gesellschaftliche Freiheit umgekehrt oder doch zusätzlich gesellschaftliche Leistungsansprüche gegen den Staat zu entnehmen[31]. Damit
wird versucht, den – vom Grundgesetz mit voller Absicht vermie-
denen – Katalog sozialer Grundrechte den überkommenen
Abwehrrechten zu unterschieben. Dem ist nicht nur entgegenzu-
halten, daß sich ein derartiges Unterfangen nicht nur nicht mit den
erkennbaren Intentionen des Grundgesetzes in Einklang bringen

läßt. Darüber hinaus – und hier wird das schon von Forsthoff zutreffend hervorgehobene zentrale Strukturproblem der Unvereinbarkeit von Rechtsstaat und Sozialstaat auf der Verfassungsebene[32] berührt – bringt eine solche anspruchsbegründende
Grundrechtsinterpretation, die sich an den Sozialstaatsklauseln zu
legitimieren sucht, ein gefährliches Dilemma hervor: Während der
Rechtsstaat – in den dargestellten Grenzen – die Gestaltung der
Gesellschaftsordnung der freien Selbsttätigkeit überläßt, insbesondere sich gegenüber Eingriffen in die Güterverteilung zurückhält
und die Garantiefunktion der Verfassung in der Gewährleistung
gesetzmäßiger Freiheit und staatsbürgerlicher Gleichheit als Kontrapunkt zur gesellschaftlichen Ungleichheiten sieht, soll hier nun
– konsequent durchgeführt – eine bestimmte Art der Distribution
sozialer Güter und Chancen zur festgeschriebenen, den Grundrechten entnommenen Verfassungsnorm werden. Abgesehen davon, daß eine solche Vorstellung die Annahme der Möglichkeit
eines statischen Bildes von sozialer Gerechtigkeit voraussetzt, was
schon anthropologischen Bedenken unterliegt[33] und im übrigen
der Unüberschaubarkeit und Unvorhersehbarkeit derjenigen
Lagen widerspricht, welchen der Staat jeweils mit angemessenen
Maßnahmen gegenüberzutreten hat – eine derartige Konzeption
bedeutet entweder die Niederlegung der aus guten Gründen zwischen Staat und Gesellschaft gezogenen Schranken zugunsten
einer stationären Subventionsordnung[34] des sozialen Ganzen oder,
was wahrscheinlicher ist, die Aushöhlung der Geltungskraft der
Grundrechte schlechthin. Auf die Schrittmacherfunktion, die insoweit die zu unverbindlichen Sozialprogrammen denaturierten
Regelungen des Zweiten Hauptteiles der Weimarer Reichsverfassung ausgeübt haben, wurde bereits hingewiesen; die historische
Reprise dieses Vorganges findet sich heute in der Figur des sogenannten Maßgabegrundrechtes[35], dessen Geltungsgrad und
Gewährleistungsgehalt von Erwägungen der staatlichen Leistungsfähigkeit, der praktischen Vernunft o. ä. abhängen soll.

Sozialstaat und Gemeinwohl

Bei alledem fällt immer wieder von neuem auf, wie wenig Kontur das Attribut sozial als Staatszielbestimmung gewonnen hat. Zunächst bestand ersichtlich Einigkeit darüber, daß dieses Beiwort sich allein auf die Verteilung wirtschaftlicher Lebensgüter beziehe. Mit dieser Eingrenzung des Bedeutungsgehalts auf den ökonomischen Bereich ist vor allem angestrebt worden, eine klare Scheidelinie zu Sozialstaatskonzeptionen zu ziehen, die aus dem Sozialstaatsprinzip ein umfassendes Programm der Ausgestaltung der Gesellschaft glaubten entnehmen zu können mit der Folge einer Umfunktionierung der Grundrechte in kollektive Berechtigungen und Verpflichtungen zugleich, wie sie totalitären Regimen eigentümlich ist. Die wohlfahrtsstaatliche Entgrenzung der Staatsaufgaben[36] hat freilich auch vor dieser Schranke nicht haltgemacht: So ist heute – angesichts der sozialstaatlichen Wirklichkeit – im Hinblick auf das dem Sozialstaatsprinzip innewohnende Moment der gesellschaftlichen Egalisierung die provokante Frage keineswegs absurd, ob nicht das Sozialstaatsprinzip etwa den Ausgleich von der Natur mitgegebener Vor- und Nachteile des einzelnen fordere, beispielsweise eine berufliche Karrierenachteile ausgleichende Prämie auf Dummheit[37]. Das sind natürlich zumindest tendenziell utopische Vorstellungen; sie zeigen aber recht eindringlich, daß extensive Sozialstaatlichkeit in immer geringerem Maße intensive Problemlösungen ermöglicht, Quantität und Qualität also im umgekehrten Verhältnis zueinander stehen.

Gleichwohl ist es nicht abwegig, diese gedankliche Linie zu ihrem Ende auszuziehen: Dort findet sich dann nämlich die schlichte Feststellung, das Sozialstaatsprinzip fordere vom Staat die Bekämpfung aller gemeinschaftserheblichen Fehlentwicklungen[38]. Was das ist, kann natürlich nicht allgemein gesagt werden, sondern bedarf der Entscheidung von Fall zu Fall. Dennoch handelt es sich dabei nicht um eine bloße Leerformel. Vielmehr erweist sich, daß ein konsequentes Zu-Ende-Denken der sozialstaatlichen Logik auf den überkommenen – sei es geschriebenen[39] oder ungeschriebenen – Verfassungssatz zurückführt, daß der Staat dem Allgemeinwohl[40] diene. Die Parallelen im Streit um die Interpretation des Sozialstaatsprinzips und um die Fähigkeit des Staates zur

Gemeinwohlverwirklichung sind in der Tat frappierend. Sowohl
dem Begriff des Sozialen wie demjenigen des Gemeinwohls wird
der Vorwurf gemacht, es handele sich um beliebig auffüllbare
Worthülsen. Beide erweisen sich indessen als unentbehrlich, weil
Gemeinwohl wie soziale Gerechtigkeit als Legitimationsgründe
immer dann eingesetzt werden müssen, wenn das Kräftespiel der
Gesellschaft zu einem unerwünschten Ergebnis führt, zur Korrektur der Pluralismusdefizite also. Dabei läßt sich zumindest ein weiter Wortsinn des Sozialen mit demjenigen des Gemeinwohls
durchaus zur Deckung bringen.

Ob der Verfassunggeber des Grundgesetzes bei dem zweimaligen
Gebrauch des Wortes sozial statt einer spezifischen Sozialstaats-
klausel nicht doch einen ganz allgemeinen Gemeinwohlvorbehalt
im Sinne gehabt hat, mag an dieser Stelle unentschieden bleiben.
Wesentlich ist allein, daß es sich im einen wie im anderen Falle
um Äußerungen handelt, deren normativer Gehalt mit besonderer
Sorgfalt zu bestimmen ist. Auch Verfassungen – und gerade sie –
enthalten Bestimmungen sehr unterschiedlicher Absicht und
Regelungswirkung. Insoweit ist natürlich nicht zu bestreiten, daß,
was Verfassungsinhalt ist, den formalen Bestandsschutz der Verfassung als erschwert abänderbares Gesetzesrecht teilt. Das befreit
aber noch nicht von der Prüfung der weiteren Frage, ob und welcher Entscheidungsgehalt in der jeweiligen Norm dann liegt, wenn
man auf den Charakter der Verfassung als politischer Basisdezision
abstellt. Für das Sozialstaatsprinzip des Grundgesetzes folgt daraus
zweierlei: Zum einen muß sich sein Anspruch auf unmittelbare
Geltung insoweit Abstriche gefallen lassen, als dasjenige, was jeweils sozial ist, stets der Definition und Konkretisierung durch
Gesetzgeber und Verwaltung bedarf; sozial ist also ein konkret-si-
tuationsgebundener, definitions- und transformationsbedürftiger
Begriff. Zum anderen kann die Selbstbestimmung der Bundesrepublik Deutschland als sozialer Staat nicht als Entscheidung für
oder gegen eine bestimmte gesellschaftliche Ordnung gewertet
werden, vielmehr allein als – freilich mit Verfassungsrang bekräf-
tigte – Erkenntnis und Annahme einer geschichtlich vorgefunde-
nen Situation.

Damit ist zunächst verfassungsrechtlich zwingend die Möglichkeit
abgeschnitten, gesellschaftsreformatorische Vorstellungen der je-

weiligen Parlamentsmehrheit unter Berufung auf das Sozialstaatsprinzip zu legitimieren, gibt dieses doch allenfalls eine allgemeine
Berechtigung zur Gesellschaftsgestaltung her, nicht aber konkrete
Anweisungen, ob und wie dies im Einzelfalle zu geschehen habe.
Ferner sind damit Sinn und Grenzen des Sozialstaates klargestellt,
nämlich, daß der Sozialstaat nur so weit reicht und nur so weit berechtigt, wie dies schon vom bürgerlichen Rechtsstaat her unerläßlich ist: Auch wenn man dem Subsidiaritätsprinzip im Verhältnis
zwischen Staat und Gesellschaft ablehnend gegenübersteht[41], findet der soziale Aktionsauftrag an den Staat seine Grenze darin,
daß er nur so weit tätig werden muß und zugleich darf, wie es die
(Wieder-)Herstellung realer gesellschaftlicher Freiheit erfordert,
das heißt, dem Sozialstaat ist die Aufgabe zugewiesen, die Chance
offenzuhalten, von den rechtsstaatlich in den Grundrechten ge-
währleisteten Freiheiten auch tatsächlichen Gebrauch machen zu
können. Das ist sicherlich bei weitem mehr als die schon stets üb-
liche Armenpflege, die dem Staat bereits deshalb oblag, weil Ver-
elendung sich als eine Störung der öffentlichen Sicherheit und Ordnung und damit als Polizeigefahr darstellte. Ebenso sicher ist es
aber auch weniger gegenüber der Annahme eines umfassenden
Mandats zur Konstruktion einer neuen Gesellschaft. Denn die
Restauration gesellschaftlicher Freiheit schließt diejenige gesellschaftlicher Ungleichheit notwendig mit ein. Wer darüber hinaus
will, daß die staatsbürgerliche Gleichheit auch zum gesellschaftlichen Prinzip und zur gesellschaftlichen Realität erhoben werde[42],
muß folgerichtig nicht nur den Rechtsstaat, sondern auch den
sozialen Rechtsstaat preisgeben.

Sozialstaat und Freiheit

Wenn die ausufernden Wucherungen der sozialstaatlichen Wirklichkeit heute zu einem weithin öffentlich diskutierten Skandalon
geworden sind, so ist dies nicht etwa auf einen Geburtsfehler des
Grundgesetzes zurückzuführen, sondern auf die eminente Schub-
kraft, die dem Verfassungswort durch Ausbeuter und Ausleger gegeben worden ist, denen es auf eine sachliche Analyse gar nicht
ankam, sondern auf den propagandistisch wirksamen Umstand,

daß sich an dem in der Tat form- und wandelbaren Begriff des
Sozialen, war ihm doch erst Verfassungsrang verliehen worden,
von der Mitbestimmung bis zur Bildungsreform, von der Abschaffung des Abtreibungsparagraphen über die Neuordnung des
Armenrechts bis zur Liquidierung des Berufsbeamtentums
schlechterdings alles und jedes „aufhängen" und mit den höheren
Weihen einer grundgesetzlichen Absicherung versehen ließ. Solange die Kohlen stimmen – vornehmer ausgedrückt: solange ein
wachsendes Bruttosozialprodukt den sozialstaatlichen Aufwand
finanziert –, könne man damit gut leben, meinten viele. Das ist
allerdings eine verhängnisvolle Fehleinschätzung der Lage.
Am Anfang der Diskussion um den Sozialstaat stand im Vordergrund die – aus den mit Kriegs- und Nachkriegsverhältnissen ge-
machten Erfahrungen geborene – Sorge, der gesellschaftliche
Gestaltungsanspruch, auch soweit er unter dem Aspekt der
Daseinsvorsorge ohne ernsthafte Alternative sei, müsse eine ins
Ungeheure und bisher Unbekannte gesteigerte Herrschaftsmacht
des Staates zur Folge haben – Stichwort: die Lebensmittelkarte als
das Gehäuse einer neuen Hörigkeit[43]. Solche Erwägungen, so berechtigt und sachlich veranlaßt sie auch waren, sind heute – den
Fortbestand der rechtsstaatlichen Garantien des Grundgesetzes
unterstellt – schon deshalb gegenstandslos, weil sich die skeptische
Prognose nicht bewahrheitet hat, im Bereiche der Leistungsver-
waltung müßten Rechtsschutzdefizite strukturbedingt unvermeidlich hingenommen werden. Dennoch bleibt das Verhältnis des
Sozialstaatsgedankens zur individuellen Freiheit prekär.
Zwar kann und soll die rechtsstaatliche Verfassung ihrem Sinne
nach Freiheit nur als Ausschluß staatlichen Eingriffs gewährleisten.
Gleichwohl verbinden sich mit solchen Garantien bestimmte
Erwartungen eines realen Freiheitsgebrauchs, der zwar weder erzwungen werden kann noch soll, aber dennoch zu den Existenzbedingungen des sozialen Ganzen gehört. Die Übernahme des Risi-
kos für die tatsächliche Wahrnehmung der intendierten Rolle
durch den einzelnen läßt sich vom Wesen des freiheitlichen
Rechtsstaates nicht trennen. Das schließt aber nicht aus, sondern
erfordert geradezu, daß die staatliche Aktivität insoweit klar erkennbare Richtzeichen setzt. Daran fehlt es heute nicht nur – im
Gegenteil wenn sich auch die Befürchtungen über die offene

herrschaftliche Totalisierung des Sozialstaates als unbegründet
herausgestellt haben, so darf doch nicht verkannt werden, daß
Herrschaftsausübungen nicht mit unmittelbarem Zwang gleichzeitig werden darf[44]. Der Staat personifiziert sich nicht in dem mit
dem Gummiknüppel dreinschlagenden Polizisten, er erschöpft sich
jedenfalls keineswegs in dieser Art der Selbstdarstellung. In weiten
Bereichen bedient sich der Staat wesentlich subtilerer Mittel, etwa
der indikativen Planung; mit anderen Worten: er prämiiert ein be-
stimmtes Verhalten, während er ein anderes nur duldet. Auch
durch solche mittelbare Ausübung der Staatsgewalt werden Ver-
haltensweisen der Staatsbürger wirksam gesteuert, von denen der
Bestand und die Stabilität des sozialen Ganzen abhängen. Was die
soziale Komponente der Staatlichkeit betrifft, ist insoweit hervor-
zuheben, daß die Popularität des freigebigen Verteilens die Grenzen der finanzwirtschaftlichen Ressourcen schlichtweg ignoriert[45].
Das hat Konsequenzen: Einmal kann nur verteilt werden, was an-
derenorts genommen worden ist. Daher ist der Sozialstaat als
Umverteilungsstaat in erster Linie Steuerstaat[46]. Das ist im
Grundsatz nicht zu beanstanden, allerdings nur, soweit nicht der
Umverteilungsbedarf Leistung zum Luxus macht[47]. Daran mangelt es heute nicht etwa allein wegen allzu rigoroser Wegsteuerung
hoher Einkommen, sondern darüber hinaus auch deshalb, weil der
Bürger entweder angesichts der ihm drohenden ausbildungsförde-
rungsrechtlichen Abschöpfung großer Teile seiner Einkünfte zugunsten seiner ebenso studierfreudigen wie minderbegabten Kinder weiterhin arbeiten und verdienen muß, um *dafür* zur Kasse
gebeten zu werden, oder aber sich auf die durchaus nicht unkom-
fortablen Ruhepositionen zurückziehen kann, wie sie sich aus den
sozialstaatlichen Darreichungen von Arbeitsförderung, Wohngeld
und Sozialhilfe ergeben. Kalkuliert man ein anstrengungsloses
Leben als eigenständige vermögenswerte Position mit ein, ist diese
Alternative durchaus nicht so abstrus, wie es auf den ersten Blick
erscheinen mag. Das läßt sich im Einzelfall durchaus vorrechnen.
Die heutige Realisierung des Sozialstaates ist aber nicht nur lei-
stungsfeindlich, sie trifft die individuelle Freiheit darüber hinaus
letztlich in ihrem Kern: Freiheit ist eben nicht nur rechtliche
Gewährung und Gewährleistung, ein Negativum, das nichts kon-
stituiert, sondern sie ist ein Raum, in welchem sich der einzelne

personal soll bewähren können, indem er Daseinsverantwortung individuell verwirklicht[48]. Sicherlich ist dem modernen Staat nicht der gesellschaftliche Typus jenes jungen Mannes zugeordnet, dem der Vater früher eine Schiffskarte nach Amerika (Rückfahrt ausgeschlossen) kaufte, weil er hoffte, im Wilden Westen werde sich die rigorose Hemdsärmeligkeit schon geben. Die Umkehrung ist freilich ebenso schädlich: Wird dem Bürger jedes Lebensrisiko abgenommen, so geht er auch kein Wagnis mehr ein und ist nicht bereit, etwas zu riskieren. Von der Bereitschaft zum verantwortlichen Einsatz und der damit einhergehenden Fähigkeit, auch den Fehlschlag einzukalkulieren, aber lebt der freiheitliche Staat. Staatsbewußtsein wird nicht dadurch erzeugt, daß man den Bürger perfekt versorgt und verwaltet, sondern zumindest auch dadurch, daß man ihn fordert. Sonst ist der Weg dahin nicht weit, den Staat zu einer bloßen Fiktion und denjenigen für einen Dummkopf zu erklären, der meint, seine staatsbürgerliche Pflicht ginge über die Entgegennahme der verordneten Verköstigung hinaus.

So problematisch kulturgeschichtliche Analogien auch sind – mit *panem et circenses* hat man noch keinen Staat gemacht, allenfalls einige Zeit ein Staatswrack manövrierfähig gehalten. In der – selbst der perfekten – Abfütterung der Interessenten geht der Staat nicht auf. Wenn heute selbst in der Schweiz – jener unpolitisch-neutralisierten Insel der Seligen – Jugendrevolten das Gemeinwesen chaotisieren, so zeigt dies, daß Staat und Politik im Ökonomischen sich nicht erschöpfen. Sicher gehen die sozialstaatlichen Verheißungen heute schon weit über das Versprechen hinaus, alles bleibe so, wie es ist; der Sozialstaat ist vielmehr nicht mehr denkbar ohne das zusätzliche Versprechen einer Wachstumsrate. Selbst dort aber, wo noch Zuwächse erzielt werden, bewirken diese keine soziale Stabilität mehr, weil die sozialstaatlich motivierten Erwartungen disproportional wachsen[49].

Daß wir alle den Gürtel künftig werden enger schnallen müssen, ist ein inzwischen selbst Regierungsparteien geläufiger Allgemeinplatz. Ob nicht die Energien zum Engerschnallen des Gürtels aus dem Sozialstaatsprinzip gewonnen werden könnten? Es entstammt einer Zeit des Mangels und bedeutete den ernsthaften und dringlichen Appell an einen Bundesbürger, der arm war, zugunsten dessen zu verzichten, der nichts hatte. Daran sollten wir uns erinnern, bevor uns der Zwang der Verhältnisse sehr unsanft darauf aufmerksam macht.

Anmerkungen

[1] Zur politischen Bedeutung des Okkasionellen vgl. Carl Schmitt: Politische Romantik. Duncker & Humblot, Berlin [3]1968, S. 115–152.

[2] Die Literatur zum Sozialstaatsprinzip ist inzwischen unüberschaubar. Die wichtigsten Diskussionsbeiträge (bis 1968) sind zusammengefaßt bei Ernst Forsthoff (Hrsg.): Rechtsstaatlichkeit und Sozialstaatlichkeit. Aufsätze und Essays. Wissenschaftliche Buchgesellschaft, Darmstadt 1968. Die spätere Literatur ist sorgfältig aufgearbeitet z. B. bei Hans F. Zacher: Was können wir vom Sozialstaatsprinzip wissen? In: Rolf Stödter, Werner Thieme (Hrsg.): Hamburg – Deutschland – Europa. Beiträge zum deutschen und europäischen Verfassungs-, Verwaltungs- und Wirtschaftsrecht. Festschrift für Hans Peter Ipsen zum 70. Geburtstag. Mohr, Tübingen 1977, S. 207–267.

[3] Eine in diese Richtung weisende Interpretation des Sozialstaatsgedankens findet sich bei Karl Doehring: Alternativen des Sozialstaates. In: Detlef Merten, Rudolf Morsey (Hrsg.): 30 Jahre Grundgesetz. Vorträge und Diskussionsbeiträge der 47. Staatswissenschaftlichen Fortbildungstagung 1979 der Hochschule für Verwaltungswissenschaften Speyer. Schriftenreihe der Hochschule Speyer Bd. 78. Duncker & Humblot, Berlin 1979, S. 125–141.

[4] Dafür typisch z. B. Wolfgang Abendroth: Zum Begriff des demokratischen und sozialen Rechtsstaates im Grundgesetz der Bundesrepublik Deutschland (1954). Jetzt in: Forsthoff (o. Anm. 2), S. 114–144.

[5] Zum Begriff des dilatorischen Formelkompromisses s. Carl Schmitt: Verfassungslehre. Duncker & Humblot, Berlin [4]1965, S. 31 f.

[6] Vgl. dazu Ernst Forsthoff: Zur Problematik der Verfassungsauslegung. res publica Bd. 7. Kohlhammer, Stuttgart 1961, S. 35 ff.

[7] Schmitt (o. Anm. 5), S. 23 ff.

[8] Siehe dazu vor allem Wilhelm Hennis: Verfassung und Verfassungswirklichkeit. Ein deutsches Problem (1968). Jetzt in: Die mißverstandene Demokratie. Herderbücherei Bd. 460. Freiburg 1973, S. 53–73.

[9] So auch der methodische Ansatz bei Ernst Forsthoff: Begriff und Wesen des sozialen Rechtsstaates. VVDStRL 12, 8–36. Jetzt in: Rechtsstaat im Wandel. C. H. Beck, München [2]1976, S. 65–89, hier: S. 65.

[10] So auch Zacher (o. Anm. 2), S. 226.

[11] Dazu Hans Barion: Vorbesinnung über den Wohlfahrtsstaat. DÖV 1979, 15–17, hier: 16.

[12] Vgl. Carl Schmitt: Das Problem der innerpolitischen Neutralität des Staates. (1930). Jetzt in: Verfassungsrechtliche Aufsätze. Duncker & Humblot, Berlin 1958, S. 41–58.

[13] Siehe dazu die Einleitung von Michael Stolleis in dem von ihm herausgegebenen Sammelband „Staatsdenker im 17. und 18. Jahrhundert". Metzner, Frankfurt a. M. 1977, S. 7–28, hier: S. 9 f.; Hans Maier: Die ältere deutsche Staats- und Verwaltungslehre. Politica Bd. 11. Luchterhand, Neuwied – Berlin 1966, S. 314 ff.

[14] In diesem Sinne aber wohl die Schlußbemerkung bei Doehring (o. Anm. 3).

[15] Dazu eingehend Ernst Rudolf Huber: Rechtsstaat und Sozialstaat in der modernen Industriegesellschaft (1965). Jetzt in: Forsthoff (o. Anm. 2), S. 589–618.

[16] Die bedeutsamsten Beiträge zu diesem neuerdings wieder heftig diskutierten Thema finden sich in Ernst-Wolfgang Böckenförde (Hrsg.): Staat und Gesellschaft. Wege der Forschung Bd. CDLXXI. Wissenschaftliche Buchgesellschaft, Darmstadt 1976.

[17] Siehe dazu z. B. Ernst Forsthoff: Deutsche Verfassungsgeschichte der Neuzeit. Kohlhammer, Stuttgart – Berlin – Köln – Mainz ³1967, S. 84 ff., 114 ff.

[18] Ernst Rudolf Huber: Vorsorge für das Dasein. Ein Grundbegriff der Staatslehre Hegels und Lorenz v. Steins. In: Roman Schnur (Hrsg.): Festschrift für Ernst Forsthoff zum 70. Geburtstag. C. H. Beck, München 1972, S. 139–163; ders.: Lorenz v. Stein und die Grundlegung der Idee des Sozialstaats (1965). Jetzt in: Ernst Forsthoff (Hrsg.): Lorenz v. Stein – Gesellschaft, Staat, Recht. Propyläen, Frankfurt a. M. – Berlin – Wien 1972, S. 495–512; Ernst-Wolfgang Böckenförde: Lorenz v. Stein als Theoretiker der Bewegung von Staat und Gesellschaft zum Sozialstaat (1963). Jetzt ibid., S. 513–547.

[19] Siehe Otto Brunner: Die Freiheitsrechte in der altständischen Gesellschaft (1954). Jetzt in: Böckenförde (o. Anm. 16), S. 20–36.

[20] Der Begriff der Daseinsvorsorge ist erstmals entwickelt bei Ernst Forsthoff: Die Verwaltung als Leistungsträger. Königsberger rechtswissenschaftliche Forschungen Bd. 2. Kohlhammer, Stuttgart – Berlin 1938, S. 1–14.

[21] Vgl. dazu Werner Weber: Die verfassungsrechtlichen Grenzen sozialstaatlicher Forderungen (1965). Jetzt in: Spannungen und Kräfte im westdeutschen Verfassungssystem. Duncker & Humblot, Berlin ³1970, S. 249–287, hier: S. 251–257.

[22] Während das Wort Sozialstaat auf Hermann Heller zurückgeht (vgl. Zacher, o. Anm. 2, S. 231 m. Anm. 113), ist die Bundesrepublik Deutschland als Sozialstaat wohl erstmals ausdrücklich charakterisiert bei Hans Peter Ipsen: Enteignung und Sozialisierung. VVDStRL 10, 74–123, hier: 74 f.

[23] Ernst Forsthoff: Der Staat der Industriegesellschaft. Dargestellt am Beispiel der Bundesrepublik Deutschland. Schwarze Reihe Bd. 77. C. H. Beck, München 1971, S. 61; s. a. Horst Ehmke: Demokratischer Sozialismus und demokratischer Staat (1974). In: Manfred Friedrich (Hrsg.): Verfassung. Beiträge zur Verfassungstheorie. Wege der Forschung Bd. CCCCLII. Wissenschaftliche Buchgesellschaft, Darmstadt 1978, S. 399–417, hier: S. 414.

[24] Carl Schmitt: Der Nomos der Erde im Völkerrecht des Ius Publicum Europaeum. Greven, Köln 1950, S. 285.

[25] Vgl. dazu Carl Schmitt: Grundrechte und Grundpflichten (1932). Jetzt in: Verfassungsrechtliche Aufsätze (o. Anm. 12), S. 181–230, vor allem S. 224 ff.

[26] So der Abg. Dr. Heuss in der Sitzung des Parlamentarischen Rates vom 8. September 1948, zit. nach Weber (o. Anm. 21), S. 252.

[27] Siehe dazu statt aller: Peter Badura, Fritz Rittner, Bernd Rüthers: Mitbestimmungsgesetz 1976 und Grundgesetz. Gemeinschaftsgutachten. C. H. Beck, München 1977, S. 246 ff., 262 ff.

[28] So schon Forsthoff (o. Anm. 9), passim.

[29] Vgl. Zacher (o. Anm. 2), S. 266.

[30] BVerfGE 35, 348, 355 f.

[31] Siehe dazu Christian Starck: Gesetzgeber und Richter im Sozialstaat. DVBl 1978, 937–945, hier: 943.

[32] Forsthoff (o. Anm. 9), S. 81.

[33] Zacher (o. Anm. 2), S. 257 f.

[34] Arnold Gehlen: Industrielle Gesellschaft und Staat (1956). Jetzt in: Studien zur Anthropologie und Soziologie. Luchterhand, Neuwied – Berlin ²1971, S. 247–262, hier: S. 253 f.

[35] Vgl. hierzu auch Henning Jäde: Recht auf Arbeit? In: INITIATIVE Bd. 30, S. 77–95, hier: S. 89 ff.

[36] Badura u. a. (o. Anm. 27), S. 251.

[37] Vgl. Zacher (o. Anm. 2), S. 261 ff.

[38] Hans Herbert v. Arnim: Gemeinwohl und Gruppeninteressen. Metzner, Frankfurt a. M. 1977, S. 197.

[39] Zum Beispiel Art. 3 Satz 2 der Bayerischen Verfassung vom 2. Dezember 1946.

[40] Zur Gemeinwohldiskussion s. (neben v. Arnim, o. Anm. 38) auch die knappe, aber instruktive Darstellung von Michael Stolleis: Gemeinwohl und Minimalkonsens. In: Aus Politik und Zeitgeschichte. Beilage zur Wochenzeitung Das Parlament. 3/78 (21. 1. 78), S. 37–45.

[41] Zur berechtigten Kritik daran s. Herbert Krüger: Allgemeine Staatslehre. Kohlhammer, Stuttgart – Berlin – Köln – Mainz ²1966, S. 772 ff.

[42] Dieser Gedanke liegt z. B. der Forderung nach „Demokratisierung der Gesellschaft" zugrunde.

[43] Ernst Forsthoff: Verfassungsprobleme des Sozialstaates (1954). Jetzt in: Rechtsstaat im Wandel (o. Anm. 9), S. 50–64, hier: S. 55 ff.; Hans Freyer: Das soziale Ganze und die Freiheit des einzelnen unter den Bedingungen des industriellen Zeitalters (1957). Jetzt in: Böckenförde (o. Anm. 16), S. 199–220, hier: S. 213.

[44] Roman Herzog: Allgemeine Staatslehre. Athenäum, Frankfurt a. M. 1971, S. 155 ff.

[45] S. Starck (o. Anm. 31), S. 940: „Wahlkämpfe werden ohne Kontobuch geführt."

[46] So schon Forsthoff (o. Anm. 9), S. 85.

[47] Dazu Reinhard Hörstel: Die ausgebeutete Leistungsgesellschaft. In: Ernst Forsthoff, Reinhard Hörstel (Hrsg.): Standorte im Zeitstrom. Festschrift für Arnold Gehlen zum 70. Geburtstag am 29. Januar 1974. Athenäum, Frankfurt a. M. 1974, S. 67–115.

[48] Vgl. dazu Freyer (o. Anm. 43), S. 216 ff.

[49] Helmut Klages: Wohlfahrtsstaat als Stabilitätsrisiko? In: Horst Baier (Hrsg.): Freiheit und Sachzwang. Beiträge zu Ehren Helmut Schelskys. Westdeutscher Verlag, Opladen 1977, S. 192–207, hier: S. 202 ff.

HEINZGEORG NEUMANN

Uferlose Verwaltungsgerichtsbarkeit – der zum Richterstaat pervertierte Rechtsstaat

Die Staaten der Industrienationen sind *Verwaltungsstaaten.* Wir gebrauchen das Wort hier zunächst nicht als staatsrechtlichen Begriff; es bedeutet nur, daß die Verwaltung in den Industriestaaten großes Gewicht hat. Dies aus zwei wichtigen Gründen: Erstens erfordert die Vielfalt und Vielzahl *technischer Anlagen*, mit deren Betrieb bestimmte Gefahren verbunden sind, eine Fülle normativer Vorschriften, und deren Vollzug (zum Teil auch deren Gestaltung) ist Sache der Verwaltung. Zweitens weisen die Industriestaaten der Gegenwart durchwegs *sozialstaatliche* Elemente auf. Auch diese bringen umfassende Erweiterungen der Verwaltungstätigkeit mit sich. Im ganzen ergibt sich ein Zustand, von dem – sei es auch überspitzt – gesagt werden kann, Regierung sei zu neunzig Prozent Verwaltung.

Es ist erreicht

Einige Prozent hin und her – *wer unter solchen Umständen die Verwaltung beherrscht, beherrscht großteils auch den Staat.* Derzeit herrschen die Verwaltungsrichter über die Verwaltung; und insofern ist der Richterstaat zu einem bedeutenden Teil bereits Wirklichkeit geworden. Das ist ein Irrweg; er läßt allzuoft vergessen, daß, wie Ernst Forsthoff es einmal gesagt hat, auch der Rechtsstaat nur in der Form des *Staates* zu haben ist.

Schon im Jahre 1963 veröffentlichte der damalige Regierungspräsident von Augsburg, Michael Fellner, einen Aufsatz unter dem Titel *„Verwaltung unter Gerichtsbarkeit"*[1]. Der Inhalt begründet den Titel überzeugend; und weil Regierung eben mehr denn je Verwaltung ist, weist er zugleich auf die Überordnung der Verwaltungsgerichte über bedeutende Teile der Regierungstätigkeit hin.

In die gleiche Richtung zielt Forsthoffs Bemerkung: „Wesentlich, weil symptomatisch ist die Herabstufung der Gesetzgebung als einer der wichtigsten Vorgänge des Verfassungslebens durch die Unterstellung unter die Kategorien des Verwaltungsrechts: die Bundesrepublik als Administration...Ein stärkerer politischer Wille zur Durchsetzung politischer Entscheidungen, wie er in der Weimarer Republik noch vorhanden war, würde sich einer so weit bemessenen Zuständigkeit von jeder realisierbaren Verantwortung freigestellter Behörden, wie es die Gerichte sind, mit guten Gründen widersetzen."[2] Die von Fellner angesprochene Fehlentwicklung hatte sich seit 1963 noch verschärft. Und 1978 spricht Roellecke von „*...einer Gerichtsbarkeit, die an ihre Grenzen gestoßen ist"*.[3]

Zumindest hinsichtlich der Verwaltungsgerichtsbarkeit lassen diese Äußerungen aus Wissenschaft und Praxis in einer Spanne von fünfzehn Jahren eines deutlich erkennen: Wir sind nicht länger „auf dem Wege zum Richterstaat"; wir befinden uns bereits mitten in ihm. Es ist erreicht – nur ist das Erreichte *nicht* wünschenswert. Die Zunahme des richterstaatlichen Elements in unserer Verfassungswirklichkeit trägt bei zu der vielfältig berufenen „Unregierbarkeit" westlicher Demokratien (vgl. dazu Initiative 7: „Der überforderte schwache Staat").

Die sehr theoretischen, von geschichtlicher Erfahrung gelösten Rechtsansichten, auf denen die Entwicklung der Verwaltungsgerichtsbarkeit im Sinne des Richterstaates beruht, hat Carl Hermann Ule, ein bedeutender Förderer dieser Entwicklung, 1957 so formuliert:

„Besteht das Wesen des Rechtsstaates in der Herrschaft des Rechts

auch über den Staat, in der Bindung des Staates und seiner Organe
an das Recht, in der Gesetzmäßigkeit und Rechtmäßigkeit der
Verwaltung, so bedarf die Einhaltung dieser Ordnung der Über-
wachung durch unabhängige Gerichte…Wert und Würde der
menschlichen Persönlichkeit können (aber) nur in einer staatlichen
Ordnung bestehen, deren höchster Wert, dem sich alle anderen
unterzuordnen haben, nicht Nützlichkeit oder Notwendigkeit,
sondern das Recht ist."[4]

Jüngere Bürger der Bundesrepublik, an Schulen und Hochschulen
im Glauben an die höhere Einsicht abstrakter Theorie gegenüber
Erfahrung und Praxis indoktriniert, werden an den Sätzen Ules
kaum etwas auszusetzen finden. Das gilt wahrscheinlich sogar für
seine schlichte Forderung nach „Unterordnung der Notwendigkeit
unter das Recht" – sinngemäße Übertragung ins Deutsche der lateinischen Wahnsinnsformel: *fiat justitia, pereat mundus*.

Die Generalklausel – Wegweiser zum Richterstaat

Das wichtigste Werkzeug insbesondere der Verwaltungsrichter auf
dem Weg der Bundesrepublik zum Richterstaat ist Art. 19 Abs. 4
des Grundgesetzes, die sogenannte *Generalklausel*. Sie lautet:
„Wird jemand durch die öffentliche Gewalt in seinen Rechten verletzt, so steht ihm der Rechtsweg offen." Die Generalklausel gestattet es dem Bürger (Anfechtungskläger), der sich in seinen
Rechten verletzt glaubt, gegen jedwedes Tun und Lassen der
Behörden die Verwaltungsgerichte mit dem Ziel anzurufen, das
Verhalten der Öffentlichen Gewalt – zumeist einen Verwaltungsakt – auf seine Rechtmäßigkeit zu prüfen, ihn aufzuheben oder
einzuschränken.

Weil das Handeln der Öffentlichen Gewalt so gut wie immer die
Rechte bestimmter Bürger berührt, vermag sie im Schatten der
Generalklausel kaum einen Schritt zu tun, an dem sie nicht durch
Verwaltungsgerichte gehindert werden könnte, zumindest für die
Dauer des gegen sie angestrengten Prozesses. Vor dem Inkraftre-
ten des Entlastungsgesetzes 1978 betrug sie bei Ausschöpfung der
drei Instanzen im Durchschnitt fünf bis sechs Jahre. Wie die Ver-
waltungsbehörden – nicht selten bis hinauf zu den Ministerien –,

so sind auch die an dem Verwaltungsakt positiv interessierten Bürger, sogar bei anscheinend klarer Rechtslage, zumindest darüber
im ungewissen, ob ihr Vorhaben vielleicht um Jahre verzögert
wird. Das gilt für den Bauwerber eines Reihenhauses ebenso wie
für Erweiterungsinvestitionen planende Industrieunternehmen.
Das Ausmaß des durch die Generalklausel bedingten wirtschaftlichen und politischen Schadens ist einer breiteren Öffentlichkeit
erst im Zusammenhang einiger besonders schwerwiegender Entscheidungen von Verwaltungsrichtern gegen den Bau von Kohle-
und Kernkraftwerken bewußt geworden: drohende Energiever-
knappung; stillgelegte Investitionen (25–30 Milliarden DM);
Schädigung der Exportchancen unseres extrem exportabhängigen
Landes; Zwang zu höheren Energieimporten; Wohlstandsminde-
rung und Verlust von Arbeitsplätzen. Als Ausgleich nur die du-
biose Möglichkeit, daß teils deutlich zur Hysterie neigende, teils
querulatorische, teils Zielen der radikalen Linken dienstbare
Umweltschützer formal doch im Recht sein könnten, der gesam-
melte Sachverstand von Technik, Wissenschaft, Politik und Wirtschaft dagegen nicht.

Richtermacht in der Bundesrepublik – ein Unikum

Wie die sehr dürftigen Wahlergebnisse der „Grünen" auf Bun-
desebene zeigen, ist es der linken Medienpropaganda mißlungen,
starke Teile der Bevölkerung mit Umwelthysterie zu infizieren.
Diese Resistenz ist nicht zuletzt auch ein Verdienst des Bundes-
kanzlers Schmidt sowie führender Gewerkschaftsfunktionäre. Die
Bevölkerung spürt die Schäden verwaltungsrichterlicher Übermacht, wie sie sich gerade in den Kraftwerkurteilen zeigt. Aber
sie wagt keine Abhilfe zu verlangen, denn man hat ihr eingeredet,
diese Macht der Verwaltungsrichter sei ein notwendiges Element
des Rechtsstaates. Dies ist durchaus nicht der Fall, vielmehr ist
die Macht unserer Verwaltungsrichter in sämtlichen bedeutenden
demokratischen Staaten ohne Vorbild.
Die angelsächsischen Demokratien lassen zwar eine richterliche
Kontrolle der Verwaltung im Prinzip zu – aber nur im Rahmen
der *ordentlichen* Gerichtsbarkeit; sie kennen keine Verwaltungs-

gerichtsbarkeit. Frankreich hat zwar eine Verwaltungsgerichtsbarkeit – aber statt der Generalklausel nur einen *relativ engen Katalog
vor Gericht anfechtbarer Verwaltungsentscheidungen*. Die „tribu-
neaux administratifs" bilden keinen eigenständigen, voll ausgebil-
deten Zweig der Gerichtsbarkeit. Höchste Instanz ist der daneben
auch für andere und bedeutendere Aufgaben zuständige „Conseil
d'Etat". Österreich hat zwar eine Generalklausel. Aber die Verwaltungsgerichtsbarkeit beschränkt sich auf nur eine Instanz und
nur ein einziges Gericht, den Verwaltungsgerichtshof in Wien. Er
wird nur dann tätig, wenn der Fall nicht in einem vorhergehenden
administrativen Prüfungsverfahren erledigt werden konnte, das die
Ministerialebene einschließt. Zudem sind in Österreich nur
Rechtsfragen, nicht Sachfragen Gegenstand der Beurteilung.
Keine der alten Demokratien bietet dem Bürger die Verwaltungsgerichtsbarkeit als einen in drei Instanzen voll ausgebauten, zur
Dienstaufsicht dem Justiz-, nicht dem Innenministerium zugeord-
neten Zweig der Gerichtsbarkeit. Kurz, die Machtfülle der deutschen Verwaltungsrichter ist auch im Kreise der Rechtsstaaten ein
Unikum; und ein Unikum wird leicht zum Monstrum.
Das Grundgesetz bevorzugt die rechtsprechende gegenüber der
gesetzgebenden und der vollziehenden Gewalt. *„Des Grundgesetzes liebstes Kind ist offensichtlich der Richter";* das hat dazu geführt,
„… das Richtertum in einen beinahe mythischen Rang zu erheben,
über dessen Dauer man nach den inzwischen vorliegenden Erfahrungen geteilter Meinung sein kann"[5]. Die *Privilegierung der
Richter durch die Väter des Grundgesetzes* findet auch in
Art. 98 GG Ausdruck, der den Richter – zumindest formal – aus
der Beamtenschaft herauslöst. Ursprung dieser Privilegierung war
starkes Mißtrauen gegenüber der Exekutive; sie allein hielt man
nach dem Ende des Hitler-Reiches für die vollziehende Gewalt
der NSDAP. Diese Beurteilung ist verfehlt. Sie traf nur auf die
von der SS beherrschte Polizei zu; die übrige Verwaltung hatte sich
nicht besser und nicht schlechter als die Justiz verhalten. Aber das
Mißtrauen gegen die Verwaltung und das Zutrauen zu den Richtern war 1949 eine politische Tatsache. Rational stützte es sich
hauptsächlich auf die Überzeugung, Richter seien von sachfremden
Einflüssen und vom Druck vorgesetzter Hierarchien unabhängig
sowie politisch unvoreingenommen.

„Unabhängigkeit der Verwaltungsrichter" –
teils fiktiv, teils unvernünftig, teils undemokratisch

Gewiß ist die relative Unabhängigkeit der Richter, auch der Verwaltungsrichter, eine politische Realität. Die absolute Unabhängigkeit, die Theoretiker und Volk ihnen beimessen, ist jedoch ein Mythos. Auf den beruflichen Lebensweg der Richter wirken politisch begründete Bevorzugungen und Benachteiligungen ein. Ebenso ist der Richter selbst häufig politisch voreingenommen – heute nicht selten im Widerspruch zur Meinung breiter Mehrheiten, zu den Absichten der von diesen Mehrheiten im demokratischen Verfahren bestellten Regierungen. Verwaltungsrichter sind unabhängig, aber nur wenig unabhängiger als Verwaltungsbeamte. Der Unterschied reicht nicht aus, um die politischen, wirtschaftlichen und militärischen Kosten der übersteigerten Richtermacht zu decken. Meine Vorbehalte bezüglich der Bewertung richterlicher Unabhängigkeit gelten primär den Verwaltungsgerichten, weniger den anderen Zweigen der Gerichtsbarkeit.

Im persönlichen und juristischen Bereich sind Richter, wie bereits gesagt, nur geringfügig unabhängiger als Verwaltungsbeamte. Auf Lebenszeit ernannt sind beide. Wie andere Beamte, so wollen auch Richter befördert werden; dabei sind auch sie von der günstigen Beurteilung ihrer Eignung und, in Grenzen, auch von einem gewissen Wohlwollen abhängig. Ähnliches gilt von *erwünschten* Versetzungen. *Unerwünschte* Versetzungen der Richter sind zwar rechtlich ausgeschlossen; aber auch den Verwaltungsbeamten drohen sie heute faktisch nur in engen Grenzen. Im Unterschied zum Verwaltungsbeamten ist der Richter zwar nicht an Weisungen Vorgesetzter gebunden – statt dessen aber an die Rechtsprechung der Obergerichte. Diese geht zwar ebenfalls von Richtern aus; doch weil sie genau umschriebenen Einzelfällen gilt, läßt sie dem Richter oft weniger Spielraum als die zumeist normativen Richtlinien und Durchführungsvorschriften der Verwaltung.

Mit der politischen Unabhängigkeit der Richter ist es kaum besser bestellt. Die Richter der oberen Bundesgerichte werden von Parteipolitikern gewählt; so bestimmt es (nicht dem Wortlaut, aber dem Ergebnis nach) das Richterwahlgesetz. In erster Linie kommen bereits an Gerichten der mittleren Ebene bewährte Richter

in Betracht. Wenn nun Richter an den Oberverwaltungsgerichten
die Berufung an das Bundesverwaltungsgericht anstreben, so können sie in ähnlicher Weise politische Rücksichten nehmen, wie es
auf ihre Beförderung bedachte Verwaltungsbeamte oberer Ebene
tun – Rücksichten, die nicht ohne Einfluß auch auf die untere
Instanz bleiben.

Jeweils sechs Richter des Bundesverfassungsgerichts werden aus
der Zahl der Richter an obersten Gerichtshöfen des Bundes wiederum von Parteipolitikern gewählt. (§ 2 Abs. 3, § 5 Abs. 1 Bun-
desverfassungsgerichtsgesetz). Auch von dieser Norm geht ein ge-
wisser politischer Einfluß auf solche Richter des Bundesverwal-
tungsgerichts aus, die davon träumen, ans Bundesverfassungsgericht berufen zu werden. – Mag die Zahl der von solchen
Bestrebungen beeinflußten oberen Verwaltungsrichter gering
sein – der Einfluß ehrgeiziger (und gewöhnlich auch befähig-
ter) Männer ist gleichwohl nicht zu unterschätzen.

Richter der unteren Instanz sind zwar noch kaum politischen Einflüssen auf ihre erhoffte Karriere ausgesetzt, doch würde die politische Wirklichkeit verkennen, wer diese zum erheblichen Teil
jüngeren Verwaltungsrichter für politisch unvoreingenommen
hielte. Nach neuesten, aus der Presse hinreichend bekannten
Erhebungen stehen die Studenten zumal geisteswissenschaftlicher
Fachbereiche stark unter dem Einfluß linker Sozialdoktrinen;
zwischen der Mitte der sechziger und der Mitte der siebziger Jahre
waren diese radikalistischen Einflüsse noch stärker. Viele der jüngeren Verwaltungsrichter haben in diesen Jahren studiert. Ihnen
wurde ein von dem real-empirischen Ansatz der Väter des Grundgesetzes weit entferntes, utopisch-perfektionistisches Verfas-
sungsverständnis eingeimpft – vor allem hinsichtlich des Rechtsstaates und der Grundrechte. Zudem wurden sie dazu angeregt,
die Aufgabe des Richters als „sozialgestalterische" Tätigkeit zu
begreifen (Richter als Sozialingenieur) – nicht „nur" als Anwendung und Auslegung geltenden Rechts. Bei der Mehrzahl mildern
die Jahre der Praxis den Einfluß solcher Indoktrinierung. Doch
die Frage, in welchem Maße jüngere Verwaltungsrichter eine gewisse politische Unvoreingenommenheit zurückgewinnen, ist wohl
nur differenziert zu beantworten.

**Organisatorische und personelle Unabhängigkeit
der Verwaltungsgerichte – real, aber teuer erkauft**

Sie ist auch in Rechtsstaaten keineswegs selbstverständlich. In der
Weimarer Republik waren die Verwaltungsgerichte hinsichtlich
der Dienstaufsicht sowie der materiellen und personellen Ausstat-
tung den Innenministerien unterstellt – also dem gleichen Ressort,
das die Aufsicht über jene Verwaltungsbehörden führte, deren
Kontrolle den Verwaltungsgerichten oblag. In Frankreich unter-
steht die Verwaltungsgerichtsbarkeit bis heute der Inneren Verwaltung. Den Innenministern als Fachministern der Verwaltung
wird deren ungestörte Tätigkeit regelmäßig wichtiger sein als Aus-
stattung und Kompetenz von Verwaltungsgerichten – zumal dann,
wenn diese lästig werden. So stärkt die in der Bundesrepublik getroffene Entscheidung für die Einordnung der Verwaltungsgerichte bei den Justizministerien deren Unabhängigkeit in der Tat
recht wirksam.

Die Unabhängigkeit umfaßt auch die Personalausstattung; und
hier führt sie zu schwerwiegenden Nachteilen. Bis gegen Ende der
fünfziger Jahre entstammten die Verwaltungsrichter überwiegend
der aktiven Verwaltung; sie waren also ihrer Herkunft nach erfahrene Verwaltungsbeamte. Sie wußten aus unmittelbarer und mit-
telbarer Erfahrung, worum es ging. Die Unabhängigkeit der Verwaltungsgerichte von der Verwaltung hat den Anteil der
Verwaltungsrichter mit Verwaltungserfahrung drastisch verrin-
gert. Besonders der Nachwuchs kommt regelmäßig direkt von der
zweiten Staatsprüfung auf den Richterstuhl. Er muß, ob er will
oder nicht, neben dem juristischen Sachverstand voll zugänglichen
Streitmaterien auch über Tatbestände entscheiden, die er nicht
hinreichend kennt oder nicht kennen kann. Die ständig zunehmende Vielfalt der Verwaltungstätigkeit und der rasche Wandel
ihrer Gegenstände schließt die Möglichkeit aus, sich darüber im
theoretischen Studium oder in der kurzen Verwaltungsstation
während der Referendarzeit zu unterrichten. *Verwaltung kann
nicht gelehrt, sie muß erfahren werden.* Die Entscheidung von Verwaltungsrichtern über die Rechtmäßigkeit der Entscheidungen
von Verwaltungsbeamten ist darum zum Teil unvermeidlich die
Entscheidung Unkundiger über das Verwaltungshandeln Kundi-

ger. *Das ist unvernünftig;* es wird teuer, für alle – zumal dann, wenn bei jüngeren Verwaltungsrichtern ideologische Voreingenommenheiten hinzukommen.

Notwendige Differenzierung zwischen Verfassungs- und Verwaltungsgerichtsbarkeit

Zu den Grundlagen der Demokratie gehört die Forderung, *alle* Staatsgewalt müsse vom Volke ausgehen. In repräsentativen Demokratien, so auch in der Bundesrepublik, übt das Volk die Staatsgewalt durch „Wahlen und Abstimmungen (aus) und durch besondere Organe der Gesetzgebung, der vollziehenden Gewalt und der Rechtsprechung" (Art. 20 Abs. 2 S. 2 GG). Der Volkssouverän bestellt in Wahlen seine Repräsentanten, die Abgeordneten des Bundestages. Sie wählen den Bundeskanzler und damit die Bundesregierung. Zusammen mit dem Bundesrat wählen die Parlamentarier die Richter des Bundesverfassungsgerichtes; auch an der Wahl der Richter anderer oberer Bundesgerichte wirken sie entscheidend mit. *Verantwortlich gegenüber den Repräsentanten des Volkssouveräns ist aber nur die Regierung – nicht der Richter.* Er ist für seine Entscheidungen weder den Repräsentanten des Volkssouveräns unmittelbar verantwortlich noch einem etwa von diesen bestellten Organ. Richter werden hinsichtlich ihrer Entscheidungen nur von ihresgleichen, von höheren Richtern, kontrolliert – die höchsten Richter aber von niemandem. So entscheiden Verfassungsrichter über Fragen der Wehrdienstverweigerung, des Grundlagenvertrages, der Mitbestimmung, der Europapolitik und anderes in Zusammenhängen, die den jeweiligen Problemkreis stark beeinflussen. Parlament und Wahlvolk müssen diese Entscheidungen schlicht hinnehmen.

Nun beruht jede reale Verfassung auf mehreren, zumindest nicht voll übereinstimmenden, zum Teil sogar gegensätzlichen Prinzipien; man soll da die Logik nicht zu sehr strapazieren. Die Unabhängigkeit der Verfassungsrichter von aller Kontrolle wiederspricht zwar dem Prinzip der Volkssouveränität, aber sie verwirklicht ohne Übersteigerung das liberale Prinzip der Gewaltenteilung. Der Zweck der Gewaltenteilung liegt ganz überwiegend auf der obersten Ebene politischer Macht, der auch das Bundesverfassungsgericht angehört. Es ist durchaus sinnvoll, hier dem Prinzip der Gewaltenteilung *vor* dem Prinzip der Volkssouveränität den Vorrang einzuräumen.

Anders ist die Unabhängigkeit der Verwaltungsgerichtsbarkeit zu beurteilen, zumindest solange ihre gegenwärtige Macht ungeschmälert bleibt. Es ist *eine* Sache, ob das eine und einzige Bundesverfassungsgericht der Auslegung und weiteren Entwicklung des Grundlagenvertrages zwischen Bundesrepublik und DDR bestimmte und wichtige Grenzen zieht. Es ist eine *andere* Sache, wenn diverse Verwaltungsgerichte und Oberverwaltungsgerichte Genehmigungen zum Bau von Kraftwerken für unzulässig erklären, *obwohl* diese Kraftwerke nach sachkundiger Meinung der von den Repräsentanten des Volkssouveräns bestellten und kontrollierten Regierung für die hochindustrialisierte, von herausragenden Leistungen ihrer Industrie auch in Zukunft abhängige Bundesrepublik daseinsnotwendig sind. Auch wenn solche Entscheidungen unterer Verwaltungsrichter am Ende von den Richtern des Bundesverwaltungsgerichtes aufgehoben werden – die jahrelange Verzögerung hat dann bereits schwerwiegende Schäden angerichtet. Hier setzt nicht das richterliche Verfassungsorgan seine abweichende Ansicht gegen zwei ihm gleichrangige Verfassungsorgane durch – sondern hier setzen, zumindest für einen längeren Zeitraum, einige Richter der unteren oder mittleren Instanz eines Zweiges der Gerichtsbarkeit ihre Meinung, sei es auch als Verneinung, gegen den deutlich erkennbaren Willen der Bundesregierung und des Bundesgesetzgebers durch – übereinstimmend mit den Wünschen einer emotionalisierten Minderheit, deren Wahlstimmenanteil bisher bei knapp drei Prozent liegt; und der beiseite geschobene, der geschädigte Souverän – das Volk, von dem alle Staatsgewalt ausgeht – kann solche Richter nicht zur Verantwortung ziehen.

Die Einschränkung der Volkssouveränität auf der obersten Ebene ihrer Organe durch das Verfassungsgericht darf und soll der Gewaltenteilung wegen hingenommen werden. *Unterhalb* dieser Ebene aber gebührt dem demokratischen Prinzip der Volkssouveränität jedenfalls dann der Vorrang vor der Gewaltenteilung, wenn darüber zu befinden ist, ob es Verwaltungsrichtern erlaubt sein soll, für das Gemeinwohl – dessen Realität hier unterstellt sei! –

notwendige politische Entscheidungen der gewählten Repräsentanten des Volks oder der von ihnen gewählten Regierung aufzuheben. Hier gilt es *Grenzen* zu ziehen, etwa durch Rückgriff auf die anderwärts bewährte Katalogisierung der vor den Verwaltungsgerichten anfechtbaren Verwaltungsakte.

Das Richtermonopol zur Deutung unbestimmter Rechtsbegriffe lähmt die Verwaltung und treibt den Gesetzgeber

Auch bei der Problematik des Richterstaats steckt der Teufel im Detail – in der rechtsverbindlichen *Konkretisierung unbestimmter Rechtsbegriffe allein durch die Gerichte.* Worum geht es? Zum Beispiel heißt es in dem heißumstrittenen § 7 Abs. 2 des Atomgesetzes, daß die Genehmigung von Anlagen nur erteilt werden darf, wenn „die nach dem Stand von Wissenschaft und Technik erforderliche Vorsorge gegen Schäden durch die Errichtung und den Betrieb der Anlage getroffen ist"; sodann im Absatz 4: wenn „der erforderliche Schutz gegen Störmaßnahmen oder sonstige Einwirkungen Dritter getroffen ist". Andere wichtige und umstrittene Gesetze, besonders zu technischen Materien, enthalten ebenfalls eine Fülle unbestimmter Begriffe, so das dem Atomgesetz verwandte Bundesimmissionsschutzgesetz, aber auch das Bundesbaugesetz, das Wasserhaushaltsgesetz, und so fort. An dem Beispiel des Atomgesetzes lassen sich die Gefahren und Schäden modellmäßig skizzieren, denen das Richtermonopol zur rechtsverbindlichen Konkretisierung unbestimmter Rechtsbegriffe einen Industriestaat aussetzt.

Was ist – rechtsverbindlich – unter der „nach dem Stand von Wissenschaft und Technik erforderlichen Vorsorge gegen Schaden" zu verstehen? Das bleibt solange unbestimmt, bis der Stand von Wissenschaft und Technik bestimmt ist, an dem die erforderlichen Vorsorgen gegen Schaden zu messen sind. Wegen der raschen Veränderungen in Wissenschaft und Technik ist es ausgeschlossen, solche Feststellungen schon im Gesetz zu treffen. Sie müssen dem Vollzug überlassen bleiben – und er entscheidet in hohem Maße über den effektiven Inhalt des Gesetzes. Wer diese Feststellungen abschließend trifft, beherrscht wichtige Bereiche der Verwaltung.

Verwaltungsrichter entscheiden als Unkundige

Der seit mehr als zwanzig Jahren herrschenden Rechtslehre zufolge obliegt diese abschließende Feststellung ausschließlich den Verwaltungsrichtern. Gewiß ist der Vollzug des Atomgesetzes zunächst Sache hochspezialisierter Verwaltungsbehörden. Die Fachbeamten treffen ihre Entscheidungen in regelmäßiger Zusammenarbeit mit qualifizierten Vertretern von Wissenschaft und Technik. Werden aber die auf solchen Grundlagen erteilten Genehmigungen vor Verwaltungsgerichten angefochten, dann steht es den Richtern durchaus frei, den unbestimmten Rechtsbegriff der „nach dem Stand von Wissenschaft und Technik erforderlichen Vorsorge" anders auszulegen als die sachlich kompetente Fachbehörde. Das tun die Richter denn auch, nicht selten in Fällen, die für das wirtschaftliche Wohl der Bevölkerung gravierend sind.

Weil Verwaltungsrichter regelmäßig nicht über eigene Fachkenntnisse auf dem schwierigen Gebiet der Atomtechnik verfügen, holen sie ihrerseits wissenschaftlich-technische Gutachten ein. Doch wenn diese von den Gutachten abweichen, auf die sich die Genehmigung der Verwaltung stützt, dann müssen die Verwaltungsrichter, falls sie dem Antrag des Anfechtungsklägers stattgeben wollen, ihre Bewertung der widersprechenden wissenschaftlichen Gutachten an die Stelle der Bewertung durch Fachbeamte setzen. Und auch das tun sie, obwohl sie dafür ungefähr ebenso inkompetent sind wie ein Priester, der einen Streit zwischen Ärzten über medizinische Behandlungsmethoden entscheiden sollte: Er wäre nur für moralische Aspekte zuständig.

Auch die Bestimmung des Inhalts unbestimmter Rechtsbegriffe aus der Gesetzgebung eines Industriestaates durch Verwaltungsrichter bedeutet unvermeidlich die Entscheidung relativ Unkundiger über zuvor von Kundigeren getroffene Hoheitsakte. Beispiel im Bereich ziviler Nutzung der Kernenergie ist das notorische Urteil des Verwaltungsgerichts Freiburg vom 14. März 1977, das die erste Teilerrichtungsgenehmigung für das Kernkraftwerk Wyhl mit der Begründung aufhob, das Gericht halte, im Gegensatz zur Genehmigungsbehörde, einen Berstschutz für erforderlich, den Kernkraftwerke bisher nicht aufweisen, obwohl er technisch möglich sei.

Richterlicher Rechtsstaatsperfektionismus

Warum üben nun Verwaltungsrichter in solchen Dingen nicht größere Zurückhaltung? Zunächst wohl auch einer allgemein
menschlichen Schwäche wegen. Die Generalklausel des Art. 19
Abs. 4 GG, in Verbindung mit der Zuständigkeitsregelung des § 40
der Verwaltungsgerichtsordnung (VGO), gibt den Verwaltungsrichtern viel Macht; und hat der Mensch Macht, zudem legale
Macht, so möchte er sie auch gebrauchen. Doch das gewichtigere
Motiv dürfte ein rechtsstaatlicher Perfektionismus sein, der sich
in den fünfziger Jahren durchgesetzt hat.
Zu Anfang des zwanzigsten Jahrhunderts noch war in solchen
Zusammenhängen nur von ,,unbestimmten Begriffen" die Rede,
nicht von Rechtsbegriffen. In Verwaltungsgesetzen enthalten, er-
öffneten die unbestimmten Begriffe der Verwaltungsbehörde
einen *Ermessensspielraum;* seine Grenze lag beim – vorsätzlichen
oder fahrlässigen – Ermessensmißbrauch. In der Weimarer Republik erhob die Rechtswissenschaft gegen diese Auffassung zwar
Bedenken – so auch Walter Jellinek –, doch an der Praxis änderte
sich wenig. Erst nach dem Zweiten Weltkrieg ging die rechtsver-
bindliche Beurteilung des Inhalts unbestimmter Rechtsbegriffe
auf die Verwaltungsgerichte über.
Die Rechtslehre (mit Nachdruck und Erfolg besonders Carl Her-
man Ule) unterstützte das Streben der Verwaltungsrichter nach
dem so wichtigen *Beurteilungsmonopol für unbestimmte Rechtsbegriffe.* Man ging dabei von der Überzeugung aus, der Staat sei
nur dann ein Rechtsstaat, wenn seine Richter dieses Monopol besitzen. Jeder Verwaltungsakt müsse uneingeschränkt der richterlichen Nachprüfung unterliegen – auch hinsichtlich technischer
und wissenschaftlicher Fachfragen. Ule schrieb: ,,Der unbestimmte Rechtsbegriff ist der Ort, wo sich Verwaltungsstaat und
Rechtsstaat begegnen"; das Wort ,,begegnen" wurde hier in deutlich konträrem Sinne gebraucht[6].
Seit sich diese Auffassung in den fünfziger Jahren durchgesetzt hat,
schreiben Verwaltungsrichter den Fachbeamten der Verwaltung
vor, wie sie unbestimmte Begriffe, etwa ,,technische Vermeidbar-
keit", ,,wirtschaftliche Unvertretbarkeit", ,,Gefährdung", ,,hohe
Konzentration" auszulegen habe. Der Streit um diese Dinge

dauert seither an, zunächst heftig, dann milder, jetzt wohl heftiger
denn je, seit die für das wirtschaftliche und politische Wohl der
Bundesrepublik ungemein gefährlichen Kampagnen der Umweltschützer zusammentreffen mit dem Einzug einer vielfach ideologi-
sierten Altersgruppe junger Juristen in die Unterinstanzen der
Verwaltungsgerichtsbarkeit. Sie neigen zu der von Forsthoff dia-
gnostizierten Mythisierung des Richters (und des Rechtsstaats).

Auch hinsichtlich des Rechtsstaatsperfektionismus ist der Fall
Wyhl lehrreich, infolge der Lage Wyhls am Oberrhein nahe der
französischen Grenze. Die von dem Urteil der Freiburger Verwaltungsrichter betroffenen Kraftwerksbauer lassen nämlich erkennen, daß sie notfalls zusammen mit einer französischen Firma
das geplante Kraftwerk nahe dem linken Rheinufer auf französischem Territorium errichten werden. Dort sind richterliche Eingriffe in das fachliche Ermessen der Verwaltungsbehörden ausgeschlossen; gleichwohl wird sich niemand unterfangen wollen,
Frankreich den Charakter eines Rechtsstaats zu bestreiten. Der
Rechtsstaat erfordert, wie das französische Beispiel zeigt, keineswegs das, was in der Bundesrepublik entstanden ist: die Erhebung
der Verwaltungsgerichte nicht nur zur judiziellen, sondern auch
zur fachlichen Aufsichtsbehörde über die Verwaltung.

Gescheiterte Kompromisse

Man streitet seit langen Jahren. Man hat aber auch versucht, zu
Kompromissen zu gelangen. So entwickelte Professor Ule – auch
ihm gingen die Dinge am Ende zu weit – die Vertretbarkeitstheorie. Stark verkürzt besagt sie, die Verwaltungsgerichte sollten,
wenn sie die Rechtsansicht der Verwaltung zwar nicht teilen, aber
für vertretbar halten, den jeweils angefochtenen Verwaltungsakt
bestehen lassen. Ule selbst stellt im Zusammenhang mit dem Urteil
des OVG Münster vom 7.7.1976 bedauernd fest, daß die
Gerichte von der Vertretbarkeitstheorie zuwenig Gebrauch machen. Es ging um einen krassen Fall: Das OVG Münster hatte die
Genehmigung zum Bau eines Kohlekraftwerks aufgehoben, obwohl die Bedingungen der Technischen Anweisung Luft (TA-
Luft) des Bundesinnenministeriums erfüllt waren, erlassen auf
Grund des § 5 Nr. 1 des Bundesimmissionsschutzgesetzes[7].

Ferner wurde der Versuch unternommen, den § 114 VGO so
zu ändern, daß den Verwaltungsbehörden zumindest dann ein
richterlichen Eingriffen entzogener Ermessensspielraum gewährt
bliebe, wenn der Gesetzgeber ihn ausdrücklich einräume. Wie die
Herrschaft der Verwaltungsrichter über die Auslegung unbestimmter Rechtsbegriffe – wegen der nahen Verwandtschaft zwischen beiden Problemen – auch auf das den Behörden vom
Gesetzgeber ausdrücklich eingeräumte Ermessen negativ einge-
wirkt hatte, so erhoffte man von der Änderung des § 114
umgekehrt einen günstigen Einfluß auch im Bereich der unbestimmten Rechtsbegriffe. Doch scheiterte dieser Kompromißver-
such ebenfalls. – Als gescheitert sind auch die Versuche anzusehen, ohne Änderung von Normen oder herrschenden Lehren, die
Anwendung bestimmter Rechtsbegriffe durch die Verwaltung
mittels vorgängiger Konkretisierung der unbestimmten Rechtsbegriffe „justizfest" zu machen[8].

Schädliche Einflüsse auf die Gesetzgebung

Hier berühren wir einen besonders bedenklichen Aspekt der richterstaatlichen Verhältnisse, wie sie im Bereich der Verwaltungsgerichtsbarkeit entstanden sind. Verwaltungsrichter lähmen nicht
nur die Verwaltungsbehörden, schädigen nicht nur die durch ihre
extreme Exportabhängigkeit ohnehin gefährdete *Volks*wirtschaft
der Bundesrepublik, üben nicht nur eine legale – aber illegitime –
Herrschaft über wichtige Teile der vollziehenden Gewalt aus – sie
treiben zudem noch den Gesetzgeber zu ihm unerwünschten und
nicht selten objektiv unzweckmäßigen Maßnahmen. Das geschieht
im Zusammenhang mit der in Art. 20 Abs. 3 GG gebotenen Geset-
zesbindung der vollziehenden Gewalt, dem Gesetzesvorbehalt.
Immer wieder entdecken Verwaltungsrichter im Verlauf von bei
ihnen anhängigen Prozessen Tätigkeitsbereiche der Verwaltung,
die ihnen durch Gesetze nicht hinreichend eng und bestimmt ge-
regelt erscheinen. In großem Maßstab geschah das während der
letzten Jahre im Bereich des Schulwesens und des Umweltschutzes.
Entgegen einem wohlbegründeten Prinzip freiheitlicher Rechtsstaaten sieht sich der Gesetzgeber dadurch zu einer Fülle soge-

nannter Maßnahmengesetze veranlaßt, die Verschiedenstes bis in die Einzelheiten festlegen, statt nur für Wesentliches Grenzen, Rahmen und Richtung zu bestimmen.

Umgekehrt verleitet der richterliche Eifer – insofern nicht nur der Verwaltungsrichter – auf politisch stark umstrittenen Gebieten der Gesetzgebung manche Politiker zu verbalen, undeutlichen, von jeder Seite nach ihren eigenen Absichten deutbaren Kompromissen – „die Richter werden's schon richten". So manches Gesetz käme kaum zustande, wenn Parlamentarier sich nicht darauf verlassen könnten, daß Richter erst Jahre nach der Verkündigung seinen Inhalt feststellen werden.

So greift die Verwaltungsgerichtsbarkeit tief in den Bereich der vollziehenden Gewalt ein. Sie wirkt als zusätzliche – häufig wenig kompetente – Dienstaufsichtsbehörde. So treibt sie den Gesetzgeber zu vermeidbaren Maßnahmegesetzen; durch diese tritt er seinerseits in Aufgaben der vollziehenden Gewalt ein.

Abhilfe

Dem sollte abgeholfen werden; dem könnte auch abgeholfen werden, weil weder unabänderliche Verfassungsgrundsätze der Art. 1 und 20 des Grundgesetzes entgegenstehen noch lebenswichtige Interessen maßgeblicher Kräfte.

Am wirksamsten wäre eine *Verfassungsänderung* – das Grundgesetz hat bislang immerhin schon 31 Änderungen erfahren. Sie sollte die Generalklausel des Art. 19 Abs. 4 nach französischem Vorbild durch einen Katalog der vor den Verwaltungsgerichten anfechtbaren oder, umgekehrt, der nicht anfechtbaren – Verwaltungsakte ersetzen. Damit würde das Grundgesetz die Befugnis der Verwaltung zur abschließenden Beurteilung der Rechtmäßigkeit ihrer Verwaltungsakte prinzipiell bestätigen. Der rechtswissenschaftliche Streit könnte trotzdem weitergehen, aber der praktische Konflikt wäre beendet.

Läßt sich das nicht durchsetzen, so wäre die zweitbeste Lösung ein *Zusatz zu Art. 19 Abs. 3,* der bestimmt, das Gebot zur Eröffnung eines Rechtsweges sei auch dann erfüllt, wenn der Anfechtungskläger nur die Feststellung der Fehlerhaftigkeit des angefochtenen

Verwaltungsakts begehren kann, nicht dessen Aufhebung; dies jedoch mit der Folge, daß dem Kläger aus dem Feststellungsurteil
ein Schadensersatzanspruch (mit zu Lasten des Fiskus umgekehr-
ter Beweislast) erwächst (auch für immaterielle Schäden), über den
im gleichen Verfahren entschieden wird. Damit wäre die Entschä-
digung des von einem fehlerhaften Verwaltungsakt Betroffenen
weit über das geltende Schadenersatzrecht hinaus gesichert. Vermieden wäre der Schaden, der nach Erfahrungen der letzten Jahre
dem Gemeinwohl allein schon durch den Aufschub der geplanten
Maßnahmen für die Dauer eines mehrjährigen Prozesses erwach-
sen kann. Die Regelung könnte auf einen Katalog solcher Verwaltungsakte beschränkt werden, von deren Verzögerung Schäden
für das Gemeinwohl zu erwarten sind. (Wir unterstellen, daß es
entgegen der Konflikttheorie ein Gemeinwohl gibt.)
Die *Minimallösung* bestünde ebenfalls in einem Zusatz zu Art. 19
Abs. 3. Sie würde feststellen, *daß Verwaltungsbehörden innerhalb
ihrer Zuständigkeit unbestimmte Gesetzesbegriffe mit die Gerichtsbarkeit bindender Wirkung insoweit konkretisieren, als der Inhalt
dem Bereich der Technik, der Naturwissenschaften oder den
Wirtschaftswissenschaften angehört.*
Die *Organisation* der Verwaltungsgerichtsbarkeit bedarf nicht
notwendig einer Veränderung; es geht primär um eine Einschränkung der Macht der Verwaltungsrichter. Doch sollte dafür gesorgt
werden, daß die Verwaltungsrichter nicht ohne Verwaltungserfahrung bleiben. Das könnte durch eine Vorschrift geschehen, die bestimmt, daß die Verwaltungsrichter während der ersten fünf Jahre
ihrer Tätigkeit, und danach in regelmäßigen Abständen, je ein Jahr
in der aktiven Verwaltung tätig sind.
Auf diesen Seiten war viel von staatspolitischen Mängeln verwal-
tungsgerichtlicher Macht die Rede, kaum von ihren Vorzügen.
Doch mag das ein nicht so ganz unbilliger Ausgleich für die dem
Zeitgeist der Spätaufklärung eigene Bevorzugung des Richtertums
sein. Außerdem ist für westliche Demokratien die Besinnung darauf lebensnotwendig, daß alle die Zusatzwortstaaten – Rechtsstaat, Sozialstaat, Dienstleistungsstaat, Wohlfahrtsstaat, Industriestaat, demokratischer Staat – nur entstehen und bestehen,
solange sie von einem *Staat ohne Zusatzwort* getragen werden!
Diesem Staat schlechthin, der von der Renaissance bis ins 19. Jahr-

hundert als normatives Modell verstanden wurde (und der faktisch seit Sumers Zeiten, dem Morgenrot der großen Hochkulturen, besteht), obliegen stets und ohne alle Rücksicht auf Theorie oder vermeintlichen Fortschritt zwei Hauptaufgaben: *Wahrung des inneren Friedens und der äußeren Sicherheit* – wo letzteres nicht mehr möglich ist, die Vorsorge für Bedingungen des Überlebens. Diesem Staat schlechthin müssen sich *alle* Zusatzwortstaaten unterordnen – auch der Rechtsstaat; darum darf der Rechtsstaat nicht zum Richterstaat werden und nicht Richterstaat bleiben, wenn er einer geworden ist. Beharren die Zusatzwortstaaten auf ihrer vom Zeitgeist eingegebenen Gewohnheit, die Mittel und Kräfte des Staates für ihre besonderen (teils auch sonderbaren) Ziele auszuzehren, so bereiten sie sich selbst den Untergang.

Anmerkungen

[1] Michael Fellner: „Verwaltung unter Gerichtsbarkeit". In: Deutsches Verwaltungsblatt 1963, S. 482 ff.

[2] Ernst Forsthoff: Der Staat der Industriegesellschaft. München 1971, S. 143, 145.

[3] Gerd Roellecke: Neue Juristische Wochenschrift 1978, S. 1777.

[4] C. H. Ule: „Über das Verhältnis von Verwaltungsstaat und Rechtsstaat". Staats- und Verwaltungswissenschaftliche Beiträge. Hochschule für Verwaltungswissenschaften, Speyer 1957.

[5] Ernst Forsthoff: „Bemerkungen zur Situation der Verwaltung". In: Standorte im Zeitstrom. Festschrift für Arnold Gehlen. Frankfurt a. M. 1974.

[6] C. H. Ule: „Zur Anwendung unbestimmter Rechtsbegriffe im Verwaltungsstaat", In: Gedächtnisschrift für Walter Jellinek. München 1955.

[7] C. H. Ule: „Bindung der Verwaltungsgerichte an die Immissionswerte der TA-Luft". In: Betriebs-Berater. 1976, S. 446.

[8] Rudolf Lukes: „Atomrecht". In: Neue Juristische Wochenschrift 1978, S. 241 ff.

HERMANN LÜBBE

Das Recht, anders zu bleiben

Zur Philosophie des Regionalismus

„Regionalismus" ist in der Internationalen Politik und Publizistik ein Wort für zwei durchaus verschiedene, ursprungsunabhängige Bewegungen. Regionalismus – das ist erstens eine Bewegung der raumbezogenen, vielfach nationale Grenzen überschreitenden Kooperation zumeist nicht-souveräner Gebietskörperschaften. Regionalismus – das ist zweitens eine Bewegung raumbezogener politischer Verselbständigung historisch-ethnisch identifizierbarer Bevölkerungsgruppen. Für den Regionalismus raumbezogener Kooperation ist die „Arge Alp"[1] ein naheliegendes Beispiel. Der Regionalismus der raumbezogenen politischen Emanzipation dagegen ist kürzlich in der Separation des neuen Kantons Jura von Bern zu einem auffälligen, von höchst speziellen historischen und institutionellen Voraussetzungen abhängigen Erfolg gelangt.
Hier soll ausschließlich vom Regionalismus der zuletzt gekennzeichneten Sorte die Rede sein.

Eine Antwort auf evolutionäre Akzeleration

Dieser Regionalismus ist als kulturelle und politische Bewegung eine Teil-Antwort auf eine spezifische Herausforderung unserer

modernen Zivilisation. Es handelt sich um die Herausforderung
evolutionärer Beschleunigung, der diese Zivilisation in ihrem gerichteten Wandel unterliegt. Evolutionäre Beschleunigung – das
heißt, beispielsweise, daß der Abstand der Zeiten fortschreitend
kürzer wird, in der unser wissenschaftliches Wissen sich erweitert
und revolutioniert oder, auf der anderen Seite, veraltet; es heißt,
daß die technischen Innovationen fortschreitend rascher aufeinan-
der folgen und produktivitätsabhängiger Rentabilitätsdruck den
Übergang zu neuen Arbeits- und Herstellungsweisen erzwingt; es
heißt, daß Lern- und Einübungsvorgänge nicht mehr lebensepo-
chal sich auf Schule und Lehre begrenzen lassen, vielmehr zur le-
bensbegleitenden Daueraufgabe werden; es heißt, daß die Institutionen des öffentlichen Lebens – von den Bildungseinrichtungen
bis zum Gesundheitswesen – sich nach Struktur und Zuständigkeit
mit fortschreitendem Tempo ändern. Entsprechend hat überall die
Aktivität unserer gesetzgebenden Körperschaften sowie die be-
gleitende Verordnungs- und Erlaßpraxis der Administrationen
nach meßbaren Quantitäten ein historisch beispielloses Ausmaß
erreicht. Die maßgebenden moralischen und politischen Orientie-
rungssysteme dynamisieren sich, und die Verbindlichkeit ihrer traditionalen Geltung schwächt sich ab. Wer unter solchen Bedingungen eines beschleunigten sozialen Wandels auf die Fälligkeit oder
Überfälligkeit von Reformen verweist, hat zunächst einmal
recht –: wer, individuell oder institutionell, sich in rascher Folge
Veränderungen seiner Lage ausgesetzt findet, die sich als unvor-
hergesehene oder unvorhersehbare Folge oder Nebenfolge des
Handelns anderer eingestellt haben, muß darauf seinerseits mit zusätzlichen Veränderungen antworten, um zu versuchen, Herr der
Lage zu bleiben.
Der Grund für die Beschleunigung des zivilisatorischen Wandels
hat uns hier nicht zu beschäftigen, und es mag daher genügen, diesen Grund zusammenfassend mit einem Satz zu benennen: der
letztinstanzliche Grund für den Beschleunigungscharakter des zivilisatorischen Prozesses ist der exponentielle Verlauf kultureller
Informationsakkumulation. Uns sollen hier die Folgen dieses Vor-
gangs beschäftigen, und die politische Bewegung des Regionalismus gehört zu diesen Folgen. Er gehört in den weiten Zusammenhang der Ausbildung einer *historistischen Kultur,* die für unsere

moderne Zivilisation – und nur für sie – kennzeichnend ist.
Beschleunigungscharakter hatte der Prozeß der Zivilisation von
Anfang an. Darüber vermögen uns die Forschungen unserer Ur-
und Frühgeschichtler eindrucksvoll zu belehren. Aber die Ausbildung einer historistischen Kultur erfolgt sehr spät – erst im
18. Jahrhundert. Das historische Bewußtsein ist spezifisch mo-
dern[2]. Die allgemeine Voraussetzung seiner Entstehung ist, daß
die Geschwindigkeit des gerichteten zivilisatorischen Wandels auf
Grade anwächst, die strukturelle Unterschiede der Zeiten innerhalb aktiv erlebbarer Zeiträume, sozusagen in Generationenfrist,
aufdringlich und unübersehbar werden lassen. Erfahrungsraum
und Erwartungshorizont – so hat Reinhart Koselleck diesen Vorgang beschrieben – treten auseinander. Der Zeitablauf entfaltet
eine verfremdende Wirkung. Es wird schwieriger, sich zu Traditionen als zu Ensembles von Orientierungen zeitinvarianter Geltung
zu verhalten. Die Menge der Elemente einer Kultur, die als Relikte
erfahren werden, vergrößert sich rasch. An der Rolle des Museums
als einer spezifisch modernen historistischen Institution läßt sich
ablesen, was das bedeutet. Das historische Bewußtsein hält museal
gegenwärtig, was funktional ortlos geworden ist. Das Zeughaus
zum Beispiel wird zum Museum, indem es zum Bewahrungs- und
Ausstellungsort des militärtechnisch überholten Kriegszeugs um-
funktioniert wird. Machiavelli noch leitete in seinem Livius-Kom-
mentar aus Exempeln römischer Kriegsgeschichte taktische und
strategische Regeln ab, deren Geltung er über die Dauer von mehr
als anderthalb Jahrtausenden hinweg als gegeben ansah. „Historia
docet" ist das traditionsreiche Motto für ein Vergangenheitsver-
hältnis dieser Sorte. Demgegenüber schrieb Hegel, nach Aufgang
des historischen Bewußtseins im Beginn des 19. Jahrhunderts, das
einzige, was man aus der Geschichte lernen könne, sei, daß man
aus der Geschichte nichts lernen kann, und tatsächlich gibt es inzwischen keine Militärakademie mehr, in der heute noch
Geschichtsunterricht zum Zwecke taktischer Unterweisung erteilt
würde.
Wozu dann Historie? Was ist der Grund, der uns bewegt, die Vergangenheit als Vergangenheit gegenwärtig zu halten? Wieso kon-
serviert gerade unsere moderne Zivilisation, was sich funktional
zu ihr als Relikt verhält? Wieso versetzen wir unser kulturelles

Ambiente in wachsendem Maße mit Antiquitäten? Wieso herrscht
Dauerkonjunktur auf ihren Märkten? Die Antwort, in genereller
Formulierung, lautet: durch ihren Historismus kompensiert die
moderne Zivilisation änderungstempobedingten kulturellen Ver-
trautheitsschwund. –

Kompensatorische Identitäts-Konservierung

Es ist nicht schwer, diesen abstrakten Satz exemplarisch zu veran-
schaulichen. Unser moderner Städtebau ist dafür in besonderer
Weise geeignet. Er ändert unsere Städte heute so rasch, daß, wer
seine Heimatstadt nach Verlauf von 10 oder 15 Jahren zum ersten
Mal wieder besucht, seine Erfahrungen mit dem vertrauten Stan-
dardsatz, sie sei nicht wiederzuerkennen, zu kommentieren pflegt.
Die Aktivitäten unserer Denkmalschützer sind ersichtlich auf genau diese Erfahrung kompensatorisch bezogen. Sie konservieren
Elemente, die sich zum Funktionalismus eines aktuellen Systems
tendenziell wie Relikte verhalten, und zwar in der Absicht, so die
Identifizierbarkeit dieser Systeme, ihre Unverwechselbarkeit, sozusagen ihre Identität, zu konservieren.
Das Wort „*Identität*" ist uns auch aus der Bewegung des Regionalismus als politisches Schlagwort vertraut, und sein guter Sinn läßt
sich unschwer explizieren. Unsere Identität, individuell oder auch
kollektiv – das ist jeweils das Resultat unserer singulären Her-
kunftsgeschichte, über die wir im Verhältnis zu vergleichbaren anderen in kontingenter Weise andere sind. Unsere Identität – das
ist die Antwort auf die Frage, wer wir sind, und diese Antwort hat,
vollständig gegeben, stets die Form einer erzählten Geschichte.
Über unsere Geschichten vergegenwärtigen wir, wer wir und andere sind, und mit der Verschiedenheit unserer Geschichten vergegenwärtigen wir zugleich unser in Relation zu dem, was uns verbindet, kontingentes Verschiedensein.
Identität wird kulturell und politisch zum Thema, wenn die Strukturen, die uns verbinden und einander gleich werden lassen, eine
Dominanz gewinnen, die uns kompensatorisch an der Bewahrung
unserer herkunftsbedingten, kontingenten Verschiedenheit inter-
essiert werden läßt. Tatsächlich läßt sich die moderne Zivilisation

durch eine zunehmende, sich ausbreitende Dominanz homogener
Strukturen kennzeichnen. Die wissenschaftlich-technische Rationalität ist das wichtigste Medium der Ausbreitung unserer insoweit
homogenen Weltzivilisation. Diese Zivilisation ist evolutionär in
historisch beispielloser Weise erfolgreich, und das heißt, daß sie
ihrer evidenten Vorzüge wegen selektiv alle Elemente unserer geschichtlichen Herkunfts-Zivilisation verdrängt, die sich zum Funktionalismus der modernen Zivilisation wie Störgrößen verhalten.
Im schlichten Beispiel heißt das: auf der Basis historisch-regionaler
Architekturtraditionen läßt sich die riesige Hotel-Infrastruktur,
wie sie zu unserem global gewordenen Flugreisesystem gehört, in
kurzer Frist schwerlich schaffen. Also werden die bekannten Ket-
ten-Hotels nach homogenen, zumeist in den USA entworfenen
Mustern überall in der Welt errichtet, und die Unterscheidbarkeit
von Tokio und London wird im Inneren dieser Raster-Kästen
durch eine Innenarchitektur des historisch-folkloristischen Zitats
gewährleistet. Das heißt: in London ist die Teestube englisch und
in Tokio japanisch. Aber dieser Unterschied von England und
Japan ist dann insoweit, bezogen auf die Substanz der Architektur, bloß noch attrappenhaft gegenwärtig. Die Herkunftswelt be-
hält symbolische Präsenz als architektonisch funktionsloses Dekor,
das in den Stahlbetonbau global strukturgleichen Musters hinein-
gehängt wird.
Es bedarf keiner besonderen ästhetischen und kulturellen Sensibilität, um den exemplarisch angedeuteten Versuch einer Identitäts-
konservierung unter den technischen Bedingungen moderner
Architektur als prekär zu empfinden. Was wir als Hotel-Gäste hinnehmen – die Verwandlung von Herkunftswelten zum dekorativen
Relikt –, weckt in substantielleren Lebensbeziehungen unseren
Widerstand. Zumal dann, wenn der homogenisierende Selektions-
druck der zivilisatorischen Evolution mit volkspädagogischen und
emanzipationspathetischen Zumutungen verknüpft wird, ihm doch
endlich nachzugeben, fühlen wir uns zu kompensatorischen Aktivitäten der Behauptung unseres kontingenten, herkunftsbedingten
Anderssseins herausgefordert. Stets sind dabei, aus erläuterungs-
unbedürftigen Gründen, Mutter-Sprache und Väter-Religion die
Residuen der größten Empfindlichkeit, und zwar unverändert auch
dann, wenn das kulturelle Verhältnis zu ihnen längst historisch re-

flektiert und in diesem Sinne gebrochen ist. Die politisierte Zumutung der Emanzipation aus Herkunftswelten im Interesse beschleunigter Herstellung homogener Zivilisationskompetenzen provoziert gegenläufige Bewegungen in der Absicht, diese Herkunftswelten präsent zu halten. Soweit sie eine Mächtigkeit gewinnen, die sie zu einem politischen Faktor macht, ließen sich diese Bewegungen unter dem Namen eines „politischen Historismus" zusammenfassen. Der moderne Regionalismus gehört in den Zusammenhang dieses politischen Historismus.

Das Menschenrecht, anders zu sein und zu bleiben

Zur Philosophie einer politischen Bewegung gehören die Gründe, die sie anerkennungsfähig machen, das heißt, in der Menge dieser Gründe, ihre Legitimität. Worauf kann sich der Regionalismus, um sich zu legitimieren, berufen? Zur Beantwortung dieser Frage muß man zunächst die Ansprüche, die generell die Bewegungen des politischen Historismus auf Anerkennung eines nicht-universalisierbaren, jeweils kontingenten Andersseins erheben, gegen die Legitimität der Ansprüche, die die zivilisatorische Evolution vorwärtstreiben, kontrastieren. Der gerichtete, sich beschleunigende zivilisatorische Wandel – das ist ja nichts anderes als der früher unbefangener so genannte *Fortschritt*, oder umgekehrt; Fortschritt – das ist nichts anderes als der Zivilisationsprozeß, sofern wir ihn unter normativen Aspekten für zustimmungsfähig oder zustimmungspflichtig halten.

Man muß die Orientierungen, durch die der Zivilisationsprozeß den Charakter des Fortschritts gewinnt, nicht in der Esoterik common-sense-transzendenter Theorien suchen. Sie haben vielmehr ihren Ort auf der Gemeinplatzebene. Die begründete Aussicht auf Zuwachs an Wohlfahrt, verbunden mit der Befreiung des Menschen vom Joch niederdrückender Arbeit, die Erfahrung der Steigerung der Produktivität dieser Arbeit, der Zuwachs an sozialer Sicherheit, auch an sozialer Gerechtigkeit und die dadurch bewirkte Festigung des sozialen Friedens – das ist es, was kulturell und politisch der modernen Zivilisation gegen alle Zivilisationskritik die Anerkennung ihres Fortschrittscharakters stets gesichert hat. Zustimmungspflichtig ist der Zivilisationsprozeß, darüber hinaus, unter den Gesichtspunkten von Normen universeller Geltung, deren Anerkennung sich politisch in eins mit diesem Prozeß ausgebreitet hat, nämlich der Bürger- und Menschenrechte.

Es widerspricht dieser Anerkennung nicht, daß zugleich die Verletzung dieser Rechte permanent zu sein scheint. Die Geltung von Normen ist ja, nach alter Lehre, niemals am faktischen Tun der Menschen ablesbar, sondern immer nur an ihrer öffentlichen Anerkennung dessen, woran wir uns in unserem Handeln orientieren sollten. In diesem Sinne gelten auch heute die Menschenrechte UNO-weit.

Schädliche Nebenfolgen des Fortschritts

Es ist wahr, daß die Fortschrittsnatur dieses Zivilisationsprozesses heute Zweifeln ausgesetzt ist. Aber die Natur dieser Zweifel beschreibt man angemessen nur dann, wenn man von der fortdauernden Geltung der Gründe ausgeht, von denen in erläuterter Weise die Zustimmungsfähigkeit des Prozesses der Zivilisation abhängt. An der Geltung der humanen Ziele, die, als Wohlfahrt, Freiheit und Gerechtigkeit, den Zivilisationsprozeß geschichtlich unwiderstehlich gemacht haben, hat sich auch in der Krise des Fortschritts, die wir heute erfahren, gar nichts geändert. Entsprechend ist die Krise des Fortschritts auch keine Zielkrise, vielmehr eine Steuerungskrise, und das heißt näherhin: eine Krise des Fortschritts durch anwachsende Lasten unbeabsichtigter Schädlichkeitsnebenfolgen dieses Fortschritts. Kurz: unsere Zivilisation ist unter den Druck einer Grenznutzenerfahrung geraten, und genau diese Erfahrung steigert, kulturell und politisch, rasch unsere Kehrseitenempfindlichkeit.

Diese Phänomene des politischen Historismus sind kompensatorische Reaktionen aus jener Empfindlichkeit, und im Regionalismus steckte Empfindlichkeit gegenüber Grenzen, jenseits deren die zivilisatorische Emanzipationszumutung inhuman, ja terroristisch wird. Emanzipation – das ist, unter dem Aspekt unseres Themas, die Loslösung unserer Subjektivität aus ihrer kontingenten Herkunftswelt, damit sie die Fähigkeit gewinnt, am Zivilisationsprozeß teilzunehmen und den universellen Orientierungen zu entsprechen, die normativ diesen Prozeß prägen.

Es ist trivial, daß als Faktum Emanzipation in dieser Definition als Loslösung von Subjekten aus ihrer kontingenten geschichtlichen Herkunftswelt zum Prozeß der Zivilisation unabdingbar gehört. Den Untergang von Sprachinseln im Strom der sozialen Mobilität, Säkularisierung als abnehmende soziale und kulturelle Prägekraft institutionalisierter Religionen, Modernisierung als Standardisierung unserer Arbeits- und Lebenspraxis, durch die wir, über die Grenzen unserer Herkunftswelten hinweg, unsere Zivilisationskompetenz steigern – das sind, kulturell und politisch, Vorgänge dieser Emanzipation, die mit dem Zivilisationsprozeß faktisch eo ipso verknüpft sind.

Grenzen der Emanzipation

Die Frage nach der Legitimität des politischen Historismus ist nun demgegenüber die Frage nach den Grenzen der Emanzipationszumutung. Daß es solche Grenzen geben muß, ist seinerseits trivial; denn ihre Leugnung wäre identisch mit der Behauptung, unsere Identität stünde als solche und im Ganzen zur Disposition unseres Willens, sie in Orientierung an Zwecken von universeller Geltung, schließlich in einen Zustand kultureller und politischer herkunftsindifferenter Menschheitshomogenität zu überführen. Es wäre das die Utopie einer Menschheit von Menschen, die nur noch Menschen sind und ihr jeweiliges Anderssein – als Christen oder Juden, als Korsen oder Bretonen, als Rheinländer oder Westfalen – schließlich hinter sich haben. Eine solche Identitätskonzeption wäre absurd wegen der Evidenz ihrer faktischen Unmöglichkeit. Aber wo liegen die Grenzen der Zumutung, im Interesse der Partizipation an zivilisatorischen Prozessen universell zustimmungspflichtiger Tendenz aus seinen geschichtlich-kontingenten Herkunftswelten heraustreten zu sollen? Man verdeutlicht sich dieses Problem am besten an Fällen der Emanzipationszumutung, die mit terroristischer Konsequenz die fraglichen Grenzen überschritten haben. Um einen solchen Fall handelt es sich bei der berühmten Forderung des Karl Marx, die Befreiung der Juden im weiteren

Verlauf des emanzipatorischen Fortschritts durch Befreiung der
Menschheit vom Judentum zu überbieten. Bis heute sind die Auswirkungen einer solchen Emanzipationsidee in der kommunistischen Religionspolitik spürbar.

Aber auch in weniger krassen Fällen haben wir es der Struktur
nach mit demselben Problem zu tun, welches Maß an Verlust kontingenter Herkunftsprägungen zugemutet sein darf, damit Anforderungen von universeller Bedeutung genüge getan werden kann.
Es trifft ja nach Ausweis unserer Sozial- und Bildungsstatistiken
zu, daß, zum Beispiel, in konfessionell gemischten Regionen die
Kinder mit einer, wie man heute zu sagen pflegt, katholischen
Sozialisation zur Wahrnehmung der emanzipativen Chancen, die
unser modernes Bildungssystem mit Tendenzen der Abschwä-
chung solcher Unterschiede offeriert, sich weniger motiviert zeigen. Aber was folgt daraus? Bis zu welchen Grenzen sind wir berechtigt, Herkunftsabhängigkeiten in der Absicht der Homogeni-
sierung von Zivilisationskompetenzen wegzuarbeiten? Die Liquidation der Familienerziehung wird niemand fordern, obwohl, auf
den Spuren Platons, auch diese Forderung von den Utopisten über
Fichte und die Frühsozialisten bis zu unseren Kulturrevolutionären
als intellektueller Randgruppenton stets vernehmbar geblieben ist.
Aber wäre denn nicht, immerhin, die Abschaffung des Privatschul-
wesens mit seinen Gelegenheiten zu herkunftsabhängigen Sonder-
sozialisationen ein Fernziel emanzipatorischer Kulturpolitik? So
ließe sich fragen, und so wird gedacht, und es ist evident, daß unter
Bedingungen zivilisatorischer Evolution Herkunft und Zukunft
sich in ihren Ansprüchen nicht spannungslos ausgleichen lassen,
daß in letzter Instanz vielmehr politisch entschieden wird, welche
Mächtigkeit die Erhaltungsansprüche kontingenter Herkunftsidentitäten gegenüber dem emanzipatorisch wirksamen Selek-
tionsdruck unserer modernen Zivilisation schließlich behaupten.

Sinn und Widersinn autonomer Kleinräume

Auch die Auseinandersetzungen um die Reform unserer Gebietskörperschaften sind stets von dieser Sorte von Politik mitbestimmt.
Es ist ja unwidersprechlich, daß rational organisierte Administra-

tionen Bedingungen fürs Erbringen der Leistungen sind, auf die im modernen Sozialstaat der Bürger Anspruch hat. Aber rechtfertigt das eine Gebietsverwaltungsreform, die, um Großverwaltungen zu schaffen, Gebietsgrenzen liquidiert, die in ihrer historischen Kontingenz seit langem Grenzen einer sozial und politisch wirksamen Zugehörigkeitserfahrung sind? Wenn sich dann herausstellt, daß die verheißenen Rationalitätsvorteile der Großverwaltungen, schon aus organisationssoziologischen Gründen, ohnehin imaginär und im Primäreffekt ein Grund für Beförderungsschübe sind – dann wird der Widerstand der Bürger schließlich zur wirksamen Kraft, und der Anspruch auf die Erhaltung herkunftsbedingter regionaler Zugehörigkeitsverhältnisse wird zum Politikum. Mit Bewunderung nimmt man gegenüber solchen Vorgängen zur Kenntnis, daß es nach politischer Kultur und Verfassung Verhältnisse gibt, die es gestatten, den Verselbständigungswünschen einer Region, die sich in ihren kontingenten Grenzen nur historisch verstehen läßt, zum Erfolg zu verhelfen, wie jüngst im Falle des neuen schweizerischen Kantons Jura.

Selbstverständlich gibt es auch eine unangemessene Romantisierung kontingenter Herkunftsregionen. Die preußische Provinz Westfalen oder das Großherzogtum Oldenburg sind alles andere als Regionen homogener Herkunftsprägung von Anfang an. Sie sind politische Kunstprodukte aus der Räson eines dominanten politischen und administrativen Willens, und gleichwohl sind sie, in sich heterogen, Regionen politisch höchst wirksamer Zugehörigkeitserfahrung geworden und geblieben. Kurz: es gibt Sinnevidenzen politischer Gründung, die nicht wegen ihrer Herkunftsbildung, vielmehr ihrer Zukunftsfähigkeit wegen zukünftige Herkunftsbindungen zu stiften vermögen. Insofern ist das Argument, Maßnahmen der Veränderung von Gebietskörperschaftsgrenzen greife in historisch konsolidierte Zugehörigkeitsverhältnisse schnöde ein, nicht eo ipso ein durchschlagendes Argument. Durchschlagend ist es nur dann, wenn die Sinnevidenz dieser Maßnahme nicht gegeben ist, und die einschlägigen Sinnansprüche sind sprunghaft gestiegen, weil man unter dem Druck der Erfahrung raschen sozialen und kulturellen Wandels sich Erhaltungsansprüche kontingenter Herkunftsbeziehungen nur unter Bedingungen der Evidenz ihrer Nötigkeit abhandeln läßt. Überall dort, wo unsere Gebietsverwaltungsreform Skandalcharakter annahm, geschah das, wie im spektakulären Fall der deutschen Willkürstadt „Lahn", aus Mangel an dieser Evidenz. Aber nicht aus verletzten Ansprüchen verwaltungstechnischer Rationalität nährt sich in solchen Fällen die Empörung der Bürger, sondern aus der Zumutung eines Verzichts auf herkunftsstabilisierte Zugehörigkeitsverhältnisse, deren Nötigkeit dunkel blieb.

Die Reihe der Beispiele, in denen die Zumutung der Emanzipation in politisierbarer Weise mit den Erhaltungsansprüchen kontingenter Herkunftsidentitäten in Konflikt gerät, ist beliebig erweiterungsfähig. Sie belegen, daß dieser Konflikt unter dem Druck des sich beschleunigenden Prozesses der Zivilisation potentiell an Schärfe gewinnt, und überall dort, wo das der Fall ist, provoziert das den politischen Historismus, in dessen Zusammenhang der Regionalismus gehört. Es melden sich darin, noch einmal, die Erhaltungsansprüche kontingenter Herkunftsidentitäten. Generell läßt sich naturgemäß nicht für jeden Einzelfall sagen, wo die Grenzen liegen, jenseits deren diese Erhaltungsansprüche gegenüber den emanzipatorisch wirksamen, universellen Forderungen, die den Zivilisationsprozeß treiben, das größere Recht für sich haben. Aber es läßt sich ein Orientierungsgrundsatz formulieren, der gilt, soweit und solange nicht der aufgehaltene, sondern der stattfindende Fortschritt unser dominantes Problem ist. Unter dieser gegenwärtigen Bedingung läßt sich in normativer Absicht sagen: soviel Gemeinsamkeit aus Anerkennung von Ansprüchen universeller Geltung wie nötig; soviel Verschiedenheit kraft kontingenter Herkunftsgeschichten wie möglich. Der politisierte Anspruch aufs nicht-universalisierbare Anderssein bringt sich, gerade wegen seiner evidenten Nicht-Universalisierbarkeit, nicht missionarisch zur Geltung. Er mutet anderen nicht zu, einem selbst gleich werden zu sollen. Vielmehr weist er lediglich die Zumutung anderer zurück, ihnen über die Anerkennung des jeweiligen Nötigkeitsminimums universeller Geltungsansprüche hinaus gleich werden zu sollen. Kurz: der Regionalismus meldet sich politisch nicht in der Form der Expansion, sondern des Widerstands. Die Freiheit, die er darin behauptet, ist nicht die Freiheit, die uns einander gleichmacht, sondern die Freiheit, in der wir voneinander kraft Herkunft verschieden sein dürfen. Der Anspruch dieser Frei-

heit ist legitimiert, weil sie die Freiheit unseres Daseins in kontingenter geschichtlicher Identität meint, die als solche einer Legiti-
mation weder bedürftig noch fähig ist. Rechenschaftspflichtig sind
wir, gegebenenfalls, für unsere Taten, aber nicht dafür, daß wir
sind und noch immer sind, wer wir sind. Auch diese Freiheit, als
Freiheit unseres rechtfertigungsunbedürftigen, herkunftsbedingten Andersseins, ist als Geltungsanspruch universell, und darum
ist der Regionalismus, als politische Bewegung, die sich zur zuvili-
satorischen Evolution kompensatorisch verhält, regional nicht begrenzt. Er breitet sich überall im Bereich dieser Evolution aus.

Regionalismus gegen Nationalismus.
Das Recht der Volksgruppen

Die Erhaltungsansprüche kontingenter Herkunftsidentitäten haben allgemeine Geltung. Der Regionalismus als solcher ist also expansiv, nicht aber die kontingenten kulturellen und politischen
Lebensformen, um deren Erhaltung es jeweils zu tun ist. Das ist
es auch, wodurch man, in idealtypischer Verkürzung, den Regionalismus vom Nationalismus abgrenzen könnte. Es ist ja ein Faktum, daß der Regionalismus, wo er sich heute als politische Bewegung meldet, primär als Bewegung des Widerstands gegen einen
politischen Homogenitätsdruck meldet, der von nationalistisch ge-
prägten politischen Traditionen ausgeht. Für den Nationalismus,
obwohl er seinerseits in einigen Zügen dem skizzierten Begriff des
politischen Historismus zuzuordnen ist, scheint es konstitutiv zu
sein, über die Erhaltungsansprüche kontingenter Herkunftsidentitäten hinaus ein Erwählungsbewußtsein zu kultivieren, und dieses
wirkt tendenziell stets expansiv. Unter den zahllosen Dokumen-
ten aus der Ideologiegeschichte des Nationalismus in Europa sind
dafür Fichtes Reden an die Deutsche Nation mit ihrem Versuch,
revolutionäre Ansprüche des französischen Nationalismus ideologisch zu überbieten, ein besonders eindrucksvolles Exempel.
Der Anspruch kultureller Superiorität, den in der Geschichte des
Nationalismus eine Nation gerade dadurch erhob, daß sie sich zum
exemplarischen Statthalter universeller Menschheitszwecke erklärte, entfällt im Regionalismus, soweit er Erhaltungsansprüche

kultureller Identitäten zur Geltung bringt, für die eine universelle
Bedeutung gerade nicht in Anspruch genommen wird.

Die Kehrseite dieser Selbstbeschränkung im Anspruch, durch die
sich der Regionalismus vom Nationalismus idealtypisch abgrenzen
ließe, ist die Gefahr seiner Bornierung. In dieser Bornierung
drängt er dazu, unsere Lebensräume in gegeneinander abgegrenzte
Regionen von homogener Herkunftsprägung aufzuteilen – sprachlich, konfessionell, kulturell. In seiner Bornierung betreibt der
Regionalismus die Verräumlichung unserer Identität. Identität indessen ist stets Resultat einer Geschichte, die in der Zeit verläuft,
und für die Behauptung unserer Identität ist die Orientierung in
der Zeit ungleich wichtiger als die Orientierung im Raum.

Identität ist primär eine temporale Größe, und das Recht der
Volksgruppen ist die traditionsreiche und vertraute Auflösung des
Problems, wie sie in Räumen sich schützen läßt. Minderheiten sind
es zumeist, die heute den Regionalismus als politische Bewegung
tragen. Aber es ist absehbar, daß es der Stärkung der Rechte von
Minderheiten bedarf, um dem integralistisch wirkenden Homogenitätsdruck, der von erfolgreichen regionalistischen Bewegungen
ausgehen könnte, standzuhalten. Wer den Raum als Basis für die
Behauptung kultureller Identität absolut setzt, muß trennen, das
heißt in der äußersten Konsequenz ausschließen oder gar exilieren.

Das bedeutet: der Regionalismus, der die Erhaltungsansprüche
unserer kontingenten Herkunftsidentität gegenüber den Univer-
salisierbarkeitstendenzen der modernen Zivilisation zur Geltung
bringt, muß die Räume, in denen er das tut, selber in der Kontingenz ihrer kulturell zumeist heterogenen Prägungen respektieren.
Der Regionalismus als Bewegung zur Herstellung kulturell homogener, geschlossener Räume würde uns in eben derjenigen Bür-
gerfreiheit beschränken, auf die er zu Recht seinerseits sich beruft.

Anmerkungen

[1] Vgl. dazu Alois Lugger: Die Alpenregion. Wo Europa funktioniert … In: INITIA-
TIVE 25 (Europa – Weltmacht oder Kolonie). Freiburg i. Br. – München 1978,
S. 133–141.
[2] Vgl. dazu INITIATIVE 8: Die Zukunft der Vergangenheit. Lebendige
Geschichte – klagende Historiker. Freiburg i. Br. – München 1975.

Für eine ursachenbewußte Anti-Inflationspolitik

FRIEDRICH AUGUST VON HAYEK

Keynes
und die Folgen

1.

Die Verantwortung für die gegenwärtige weltweite Inflation liegt
– ich bedaure sehr, dies sagen zu müssen – voll und ganz bei den
Ökonomen oder zumindest bei jener großen Mehrheit meiner
Kollegen, die die Lehren Lord Keynes' in sich aufgenommen haben*.

Was wir momentan erleben, sind einfach „the economic conse-
quences of Lord Keynes". Es war auf den Rat und mehr noch auf
das Drängen seiner Schüler hin, daß überall Regierungen dazu
übergegangen sind, einen Teil ihrer Ausgaben durch Geldschöp-
fung in einem Ausmaß zu decken, von dem jeder Ökonom von
Rang vor Keynes genau jene Art der Inflation vorausgesagt hätte,
mit der wir jetzt auch tatsächlich konfrontiert sind. Sie handelten
so in der falschen Annahme, daß dies ein sowohl notwendiges als
auch auf die Dauer wirksames Mittel sei, Vollbeschäftigung zu sichern.

Die verführerische Lehre, ein Defizit wäre, solange es Arbeitslosigkeit gibt, nicht nur harmlos, sondern sogar verdienstvoll, kam
den Politikern natürlich äußerst gelegen. Lange hielten die Ver-
fechter dieser Politik an der Theorie fest, ein Ansteigen der
Gesamtausgaben, das noch zu einer vermehrten Beschäftigung
führt, könne überhaupt nicht als Inflation angesehen werden. Jetzt

---

* Dieser Beitrag ist ursprünglich 1974 unter dem Titel „Inflation's Path to Un-
employment" im „Daily Telegraph" (London) erschienen.

aber, da der Preisanstieg dieser Lehrmeinung die Glaubwürdigkeit
genommen hat, lautet die allgemeine Ausrede immer noch, eine
gemäßigte Inflation stelle einen kleinen Preis für Vollbeschäftigung dar: „Lieber 5% Inflation als 5% Arbeitslosigkeit", wie der
deutsche Bundeskanzler es formulierte.

Das überzeugt die meisten Leute, die den enormen Schaden, den
die Inflation verursacht, nicht erkennen. Es könnte scheinen – und
einige Nationalökonomen haben das sogar vertreten –, daß alles,
was die Inflation bewirkt, nur ein bißchen Umverteilung der Einkommen ist, etwa so, daß einige gewinnen, was andere verlieren,
während Arbeitslosigkeit notwendigerweise zu einer Verminderung des Gesamtrealeinkommens führt.

Dies aber läßt den Hauptschaden, den die Inflation anrichtet,
außer acht, daß sie nämlich der gesamten Wirtschaft einen verzerr-
ten, einseitigen Charakter gibt, der früher oder später eine viel
weitreichendere Arbeitslosigkeit unvermeidlich macht als jene, die
diese Politik zu bekämpfen sucht. Tatsächlich geschieht dies durch
den Umstand, daß immer mehr und mehr Arbeitnehmer zu
Beschäftigungen gelenkt werden, die von einer kontinuierlichen
und sich sogar beschleunigenden Inflation abhängen. Die Folge
davon ist eine Situation wachsender Instabilität, in der ein immer
größer werdender Anteil der gegenwärtigen Beschäftigung von
fortdauernder und wahrscheinlich sogar ständig sich beschleuni-
gender Inflation abhängt; und in der jeder Versuch, die Inflation
auch nur zu verlangsamen, sofort zu einer derartigen Arbeitslosigkeit führen würde, daß ihn selbst verantwortungsbewußte Politiker
schnell wieder aufgeben und die Inflation als das kleinere Übel
betrachten werden. Schon jetzt sind wir mit dem Begriff der „Stag-
flation" vertraut, womit jener Zustand beschrieben wird, in welchem die tolerierte Inflationsrate nicht mehr ausreicht, um ein zu-
friedenstellendes Maß an Beschäftigung zu gewährleisten. Die
Politiker aber haben in dieser Situation kaum noch Wahlmöglich-
keiten außer der einen – die Inflation weiter anzutreiben.

Aber dieser Prozeß kann weder für immer so weitergehen, da eine
sich beschleunigende Inflation bald zu einer totalen Disorganisation der gesamten wirtschaftlichen Aktivität führt, noch kann ein
derartiges Ende durch den Versuch vermieden werden, die Löhne
und Preise zu kontrollieren, während gleichzeitig die Geldmenge

zunimmt. Insbesondere die von der Inflation geschaffenen
Arbeitsplätze hängen von einem steten Preisanstieg ab und gehen
verloren, sobald dieser aufhört. Eine „unterdrückte" Inflation, die
nebenbei eine noch größere Disorganisation der wirtschaftlichen
Aktivität bewirkt als eine offene, hat nicht einmal den Vorteil, die
Beschäftigung zu erhalten, die die vorangegangene, offene, geschaffen hat.

Wir sind in der Tat in eine erschreckende Lage geraten.

Alle Politiker versprechen, daß sie die Inflation stoppen *und* die
Vollbeschäftigung erhalten werden. Aber sie *können* dies nicht be-
werkstelligen. Und je länger es ihnen gelingt, die Beschäftigung
mittels kontinuierlicher Inflation zu erhalten, um so größer wird
die Arbeitslosigkeit sein, wenn die Inflation schließlich ihr Ende
findet. Es gibt kein Zaubermittel, mit dem wir uns aus der Situation
befreien könnten, die wir geschaffen haben.

Das heißt nicht, daß wir durch eine neuerliche Periode der
Arbeitslosigkeit, wie wir sie in den dreißiger Jahren erlebt haben,
gehen müssen. Diese war auf das völlig ungerechtfertigte Ver-
säumnis zurückzuführen, das tatsächliche Schrumpfen der
Gesamtnachfrage zu verhindern. Wir aber müssen der Tatsache
ins Auge sehen, daß in der gegenwärtigen Situation schon ein bloßes Stoppen der Inflation oder auch nur eine Verringerung ihrer
Geschwindigkeit ausgedehnte Arbeitslosigkeit zur Folge haben
wird. Selbstverständlich wünscht dies niemand, aber wir können
die Folgen nicht länger vermeiden, und alle Versuche, sie hinaus-
zuzögern, werden ihr schließliches Ausmaß nur vergrößern. Die
einzige Alternative, die sich uns bietet (und welche leider nicht unwahrscheinlich ist), wäre eine Kommandowirtschaft, in der jeder
seine Arbeit zugewiesen erhält; und obwohl ein solches System um
den Preis der Freiheit völlige Arbeitslosigkeit vermeiden könnte,
wäre die Situation eines Großteils der Arbeitnehmerschaft mit
Sicherheit viel schlechter, als sie es während einer Übergangsperiode der Arbeitslosigkeit ist.

Es ist *nicht* die Marktwirtschaft (oder das „kapitalistische
System"), die für diese Kalamität verantwortlich ist, sondern unsere eigene falsche Geld- und Fiskalpolitik. Wir haben in großem
Maße das getrieben, was in der Vergangenheit die wiederkehren-
den Zyklen der Hochkonjunktur und Depression hervorbrachte;

wir haben zugelassen, daß ein langer inflationärer Boom eine Fehlleitung von Arbeit und anderen Ressourcen in Verwendungsarten hervorruft, die nur so lange aufrechterhalten werden können, als die Inflation die Erwartungen übertrifft. Aber während in der Vergangenheit der Mechanismus des internationalen Währungssystems eine Inflation nach ein paar Jahren zum Stillstand brachte, haben wir es zustande gebracht, ein neues System zu konstruieren, in dem es möglich war, sie durch zwei Jahrzehnte fortzusetzen. Solange wir versuchen, diese Situation aufrechtzuerhalten, machen wir auf lange Sicht die Dinge nur noch schlechter. Wir können eine stärkere Reaktion als unvermeidlich nur verhindern, wenn wir die Illusion aufgeben, daß der Boom unbegrenzt fortgesetzt werden kann, und jetzt verhindern, daß die Reaktion in eine deflationäre Spirale ausartet. Eines der wichtigsten Anliegen wird es sein müssen, nicht die bestehenden Arbeitsplätze zu sichern, sondern neue Beschäftigungsmöglichkeiten (vorübergehende und dauernde) für jene zu öffnen, die unweigerlich ihre gegenwärtigen verlieren werden. Wir können nicht länger hoffen, diese Notwendigkeit umgehen zu können; das Augenschließen wird das Problem nicht vertreiben.

Es kann sich in einem Volk, dem laufend eingeredet wurde, die Regierung könne Arbeitslosigkeit immer verhindern, sehr wohl zeigen, daß deren Unvermögen, dies auch wirklich zu halten, zu verheerenden sozialen Unruhen führt. Wenn dies aber zutrifft, steht es möglicherweise nicht mehr in unserer Macht, dies zu verhindern.

2.

Um die Ursachen unserer Probleme klar zu sehen, ist es notwendig, den Hauptfehler jener Theorie zu erkennen, der die Geld- und Fiskalpolitik während der letzten 25 Jahre bestimmt hat. Es ist der Glaube, daß jede größere Arbeitslosigkeit auf eine Insuffizienz der Gesamtnachfrage zurückzuführen ist und durch eine Vermehrung dieser Nachfrage geheilt werden könne.

Daran wird um so lieber festgehalten, als es richtig ist, daß *eine Art* von Arbeitslosigkeit diesem Umstand zuzuschreiben ist und daß eine Vermehrung der Gesamtnachfrage in den meisten Fällen zu einem vorübergehenden Ansteigen der Beschäftigung führen wird. Aber nicht jede Arbeitslosigkeit ist auf eine Insuffizienz der Gesamtnachfrage zurückzuführen oder würde verschwinden, wenn die Gesamtnachfrage stiege. Und noch schlimmer, ein Großteil der Beschäftigung, die eine vermehrte Nachfrage zuerst hervorruft, kann nicht erhalten werden, indem man die Nachfrage auf diesen höheren Stand hält, sondern nur durch eine stetig steigende Nachfrage.

Diese Art von Arbeitslosigkeit, die wir vorübergehend durch Inflation „heilen", aber auf lange Sicht dadurch nur verschlimmern, ist in einer Fehlleitung der Ressourcen zu suchen, die die Inflation hervorruft. Sie kann nur verhindert werden durch eine Verlagerung der Beschäftigten von Arbeitsplätzen, an denen es einen Überschuß gibt, zu jenen hin, wo Knappheit herrscht. Mit anderen Worten, eine fortwährende Anpassung von Arbeit an die geänderte Nachfrage erfordert einen echten Arbeitsmarkt, auf dem die Löhne der verschiedenen Arten von Arbeit durch Angebot und Nachfrage bestimmt werden.

Ohne funktionierenden Arbeitsmarkt kann es keine sinnvolle Kostenkalkulation und keinen effektiven Gebrauch der Ressourcen geben. Solch ein Markt kann sogar dort bestehen, wo es starke Gewerkschaften gibt, solange die Gewerkschaften die Verantwortung für die Arbeitslosigkeit zu tragen haben, die durch überhöhte Lohnforderungen hervorgerufen wird. Aber er verschwindet, sobald die Regierung sie von dieser Verantwortung entbindet, indem sie sich einer Vollbeschäftigung um jeden Preis verschreibt. Das beantwortet übrigens auch den verwirrenden Streit über die Rolle der Gewerkschaften in der Verursachung der Inflation. Es gibt, steng genommen, keine „cost push"-Inflation: *Jede Inflation wird durch übermäßige Nachfrage hervorgerufen*. Soweit haben die Monetaristen, allen voran M. Friedman, vollkommen recht. Um aber jene Arbeitslosigkeit, die ihre Aktionen sonst hervorrufen würden, zu verhindern, sind die Gewerkschaften durchaus in der Lage, eine auf Keynessche Vollbeschäftigungspolitik festgelegte Regierung zur Inflation zu zwingen; wenn man weiß, daß die Regierung die durch ein Steigen der Löhne verursachte Arbeitslosigkeit verhindern wird, sind in der Tat dem Ausmaß der Lohnforderungen keine Grenzen gesetzt – und auch für die Arbeitgeber ist wenig Grund, sich dem zu widersetzen.

Prof. Friedmans Empfehlung einer Indexierung als Mittel zur
Bekämpfung der gegenwärtigen Inflation ist aber noch aus anderen
Gründen fragwürdig. Zweifellos könnte eine Indexierung viel dazu
beitragen, den Schaden zu verringern, der Gruppen wie Pensioni-
sten oder Personen, die im Ruhestand von ihren Ersparnissen leben, zugefügt wird. Möglicherweise würde sie sogar solche Infla-
tionen an der Wurzel heilen, die auf die Unfähigkeit der Regierung
zurückzuführen sind, die Einnahmen den laufenden Ausgaben anzupassen. Aber sie wird kaum die gegenwärtige Inflation kurieren,
die darauf beruht, daß alle Menschen versuchen, mehr zu kaufen,
als auf dem Markt angeboten wird, und darauf bestehen, genug
Geld zu erhalten, das es ihnen ermöglicht, zu gegenwärtigen Preisen das kaufen zu können, was sie erwarten. Darin müssen sie
durch immer neue Preissteigerungen enttäuscht werden, die durch
ihre Nachfrage hervorgerufen werden. Der circulus vitiosus wird
nur von Menschen durchbrochen, die sich mit einer etwas verrin-
gerten Kaufkraft begnügen als jener, der sie so lange vergeblich
nachgejagt haben. Diesen Effekt würde eine allgemeine Annahme
der Indexierung jedoch verhindern und möglicherweise sogar eine
kontinuierliche Inflation unvermeidlich machen.

Aber gegenwärtig sind es nicht hauptsächlich Lohnforderungen,
die uns in eine beschleunigte Inflation treiben – obwohl sie ein Teil
dieses Mechanismus sind, der dies bewirkt. Über kurz oder lang
werden die Menschen lernen müssen, daß eine übermäßige Steigerung von Geldlöhnen selbstzerstörerisch ist.

Jedesmal, wenn eine Verringerung der Inflation zu einem nen-
nenswerten Anstieg der Arbeitslosigkeit führt, werden uns wahrscheinlich panikartige Reaktionen der Politiker auf dem verderbli-
chen Weg weiterführen. Voraussichtlich werden sie darauf mit
einem erneuten Zurückgreifen auf die Inflation reagieren und dabei herausfinden, daß es eine immer höhere Dosis von Inflation
erfordern wird, um das Beschäftigungsausmaß wieder herzustellen, bis diese Medizin letzten Endes vollkommen versagen wird.
Eben dieser Prozeß ist es, den wir um jeden Preis vermeiden müssen. Er kann nur von jenen toleriert werden, die die freie Marktwirtschaft zerstören und durch ein kommunistisches oder anderes
totalitäres System ersetzen wollen.

Das erste Erfordernis, um dieses Schicksal zu vermeiden, besteht darin, den Tatsachen ins Auge zu sehen und der Allgemeinheit verständlich zu machen, daß es nach den Fehlern, die wir gemacht haben, einfach nicht mehr in unserer Macht liegt, ununterbrochene Vollbeschäftigung zu erhalten. Kein Nationalökonom, der die Ereignisse der dreißiger Jahre mitgemacht hat, wird daran zweifeln, daß ausgedehnte und langandauernde Arbeitslosigkeit zu den größten Mißgeschicken zählt, die ein Land heimsuchen können. Aber wir können jetzt nur hoffen, zu verhindern, daß sie zu ausgedehnt und zu lang andauernd wird. Wir müssen dafür sorgen, daß sie nicht mehr wird als eine unvermeidliche Periode des Übergangs zu einem Zustand, in dem wir das vernünftige Ziel eines hohen und stabilen Beschäftigungsniveaus anstreben können.

Wenn eine rationale Politik ermöglicht werden soll, muß die Öffentlichkeit verstehen lernen, daß, was auch immer die Fehler vergangener Regierungen gewesen sein mögen, es im gegenwärtigen Zeitpunkt einfach nicht mehr in der Macht der Regierungen steht, totale Vollbeschäftigung zugleich mit einer einigermaßen erträglich produktiven Wirtschaftsorganisation zu gewährleisten.

Es wird ungewöhnlich großen Mut – und mehr Verständnis, als man zu hoffen wagt – von seiten der Politiker erfordern, um den Wählern die Lage verständlich zu machen. Wir nähern uns möglicherweise einem kritischen Test für die Demokratie, über dessen Ausgang man besorgt sein muß. Eines der Haupterfordernisse, um diese Krise zu meistern, besteht darin, die Leute zeitgerecht aufzuklären und sie von der fatalen Illusion zu befreien, daß es einen billigen und leichten Weg gibt, gleichzeitig Vollbeschäftigung und stetig schnell steigende Löhne zu sichern. Das kann nur durch eine ständige Umstrukturierung und den Gebrauch aller Ressourcen in Anpassung an die sich ändernden Bedingungen erreicht werden. Die Aufblähung der monetären Mittel verhindert eben dies. Nur ein ordentlich funktionierender Markt auch im Bereich der Arbeit vermag langfristig sowohl Vollbeschäftigung als auch Geldwertstabilität zu sichern. Nicht das Verlangen nach Vollbeschäftigung ist verwerflich, sondern der Wahn, man könne sie mit monetären Manipulationen billig erlangen.

Aus dem Englischen von Kurt R. Leube

GÜNTER SCHMÖLDERS

„Hinkendes Wachstum" – Konjunkturphase oder Strukturwandel?

Als John Maynard Keynes 1936 seine „Allgemeine Theorie" veröffentlichte, um die Zusammenhänge zwischen Beschäftigung, Zins und Geld zu erklären, hatte er noch die Weltkatastrophe der Massenarbeitslosigkeit von 1930 bis 1933 vor Augen. Eine Wiederkehr derartiger Katastrophen mußte unter allen Umständen verhindert werden. Dazu sollte die genaue Analyse der genannten Zusammenhänge beitragen, die zu einem Mangel an wirksamer Nachfrage und damit zur „Unterbeschäftigung" der Produktionsfaktoren, insbesondere aber zur jahrelangen massenhaften Arbeitslosigkeit geführt hatten.

Das Ende der „Vollbeschäftigungs"-Parole

Diese Theorie war keine Konjunkturtheorie, wenn Keynes auch in einem Zusatzkapitel einige von der Allgemeinen Theorie angeregte kurze Bemerkungen zum Konjunkturzyklus beifügte. Wichtiger schien es ihm, von seiner Allgemeinen Theorie zu einer *neuen Sozialphilosophie* zu gelangen, die das Versagen der Wirtschaftsgesellschaft, für „Vollbeschäftigung" zu sorgen, als einen ihrer „hervorstechendsten Fehler" anprangern sollte. Nur wenn genü-

gend Investitionskapital rechtzeitig und zu einem Leihzins erhältlich war, der eine ausreichende Rentabilität zu gewährleisten
schien, war diese „Vollbeschäftigung" gesichert; andernfalls blie-
ben die Produktionskapazitäten der Volkswirtschaft ungenügend
ausgenutzt, die wirksame Nachfrage zu gering und Arbeitslosigkeit
unvermeidlich. Diese Gefahr schien Keynes besonders in „rei-
chen" Volkswirtschaften gegeben, bei denen es bei Nichtbeach-
tung der von ihm gezeigten Zusammenhänge nur zu leicht zu einem
Dauerzustand der Unterbeschäftigung kommen konnte, der zwar
dem klassischen „Gleichgewicht" entsprach, aber einem solchen,
bei dem unter Umständen eine kräftige Dauerarbeitslosigkeit be-
stehenblieb.

Der kritische Punkt, an dem es zu einem solchen „Gleichgewicht
bei Unterbeschäftigung" kommen kann, ist nach Keynes erreicht,
wenn im Durchschnitt die Löhne stärker steigen als die Preise: Das
„reale" Gleichgewicht bleibt nicht unverändert und die sogenannte Vollbeschäftigung infolgedessen auch nicht gewährleistet,
wenn es beispielsweise den Gewerkschaften gelingt, die Lohnquote
auf Kosten der Preisüberwälzungs-Spielräume nachhaltig herauf-
zudrücken; „die Geldlöhne steigen rascher als die Preise".

Genau dies ist in der Bundesrepublik seit der Periode der wilden
Streiks im Herbst 1969 zu beobachten; die Lohnquote, der Anteil
der Arbeitnehmer am Volkseinkommen, erhöhte sich bis 1977 um
volle 10% und ist seitdem so geblieben; auch alle künftigen Erhö-
hungen vollziehen sich auf diesem schon kräftig erhöhten Niveau.
An echte reale Lohnsenkungen zwecks Anpassung an die Gleich-
gewichtslage ist bei der Übermacht des Gewerkschaftseinflusses
nicht zu denken; von einzelnen Korrekturen der sogenannten
„Lohndrift" abgesehen, sind die Löhne nach unten infolgedessen
heute starr, nicht mehr flexibel. Die „Selbstheilungskräfte", auf
die früher die Konjunkturtheorie zu bauen pflegte, sind infolgedessen heute weitgehend ausgeschaltet. Das gleiche gilt, wenn auch
in abgeschwächtem Maße, für die Preise.

Damit ist das Szenarium aufgebaut und der Knoten des Dramas
geschürzt. Das Keynessche Rezept, mit dem gefährlichen „Gleichgewicht bei Unterbeschäftigung" fertig zu werden, war bekanntlich
die Ergänzung oder der Ersatz einer nachlassenden privaten Nachfrage durch umfangreiche *Investitionen der öffentlichen Hand*, die

„aus dem Nichts", das heißt durch das sogenannte „deficit spending", finanziert werden konnten. Dieses Rezept, das sich in den bisherigen Rezessionen seit dem Zweiten Weltkrieg vielfach bewährt hat, war so lange ungestraft anwendbar, wie die Volkswirtschaft noch über ungenutzte Produktionskapazitäten (einschließlich Gastarbeiter) verfügte, deren Einsatz die zusätzliche Nachfrage decken konnte. Erst als die „Vollbeschäftigung" erreicht oder sogar zur „Übervollbeschäftigung" entartet war, führte die weitere Anwendung dieses Rezepts zu einer beschleunigten Inflation, die nun durch sein Gegenteil, monetäre und fiskalische Restriktionsmaßnahmen gegen einen überschwappenden Boom, mehr schlecht als recht bekämpft werden mußte.

Diese Politik des „Stop and go", der abwechselnd grünen und roten Ampeln, stößt heute in vielen Ländern an eine Grenze. Die *Investitionsbereitschaft,* die Keynes vorwiegend als einfache mathematische Funktion der Nachfrage, des Zinssatzes und der Geldmenge gesehen hatte, unterliegt daneben – oder davor – noch anderen Einflüssen, die deshalb, weil sie schwer meßbar sind, doch keineswegs ohne Wirkung bleiben. Neben den positiven Erwartungen, die auf Umsatz und Ertrag gerichtet sind, kommt es auf die negativen Erwartungen und Befürchtungen an, die nicht nur das normale geschäftliche Risiko betreffen, sondern sich ganz allgemein bis zu Unbehagen, Unlust und sogar Angst steigern können.

Aber auch wenn man im Dunstkreis des Keynesianismus bleibt, ist bei der Höhe der heutigen Lohnkosten, Lohnnebenkosten, Umweltschutzkosten und demnächst Berufsausbildungskosten und Vermögensumverteilung der zu erwartende Durchschnittsertragssatz aus Investitionen – den die unzulängliche deutsche Übersetzung des Keynes-Buches hinter dem Wortungetüm „Grenzleistungsfähigkeit des Kapitals" verbirgt – einfach zu gering, um die Inanspruchnahme teurer Kredite zu rechtfertigen; es ist immer noch vorteilhafter, eine gewisse Nichtausnutzung der übrigen Produktionskapazitäten in Kauf zu nehmen als teure und hochzinsbelastete neue Arbeitsplätze zu schaffen. Zwar werden Regierung und Notenbank alles tun, um durch Niedrighaltung des Zinssatzes eine wirtschaftliche Erholung wenn nicht vorzubereiten, so doch vorzutäuschen, bis jeweils die nächsten Wahlen vorüber sind. Mit

der Verdoppelung ihres Personalbestandes hat die Verwaltung inzwischen auch schon einiges dazu getan, den Arbeitsmarkt strukturell zu entlasten; diese „verdeckte Arbeitslosigkeit" bleibt der
Statistik entzogen. Das ändert nichts daran, daß die Volkswirtschaft einer *Phase langdauernder Unterbeschäftigung* entgegen-
geht. *Wir werden lernen müssen, nicht nur mit der Inflation, sondern auch mit Arbeitslosigkeit zu leben, mindestens in dem Umfang,
auf den Keynes selbst den Begriff seiner „Vollbeschäftigung" bezog,
das sind 3–4 Prozent Einsatzreserve oder annähernd 1 Million vorübergehend Arbeitslose.*

Unsere „Systemüberwinder" werden nicht müde, dieses
Ungleichgewicht, das unsere durch jahrelange Übervollbeschäfti-
gung verwöhnte Wirtschaftspolitik nicht zu beseitigen vermag, als
Strukturfehler des ihnen verhaßten „kapitalistischen" Systems der
Marktwirtschaft anzuprangern und mit diesem „Haltet den
Dieb"-Ruf von der Schuldfrage abzulenken, die angesichts unserer
machttrunkenen Gewerkschaftsfürsten nur zu klar auf der Hand
liegt. Nicht die Marktkräfte sind es, die versagen, sondern die „gesellschaftlichen Kräfte", die das freie Spiel von Angebot und
Nachfrage durch ihre machtpolitisch orientierten Eingriffe stören
und behindern, so daß ein neues Gleichgewicht sich nicht leicht
einpendeln kann; das Wachstum marschiert, aber es „hinkt" dabei
unverkennbar.

Es hinkt einmal, wie schon erwähnt, auf dem Bein der *Lohnkosten
und Lohnnebenkosten,* die von der im Überschwang der Tarifför-
derungen überhöhten Lohnquote verursacht werden und nicht sogleich von entsprechenden Produktivitätsfortschritten verkraftet
werden können. Von ihren Exportfolgen verwöhnt und gekräftigt,
hat auch die Arbeitgeberseite vor ihrer Aufgabe, die Löhne und
Gehälter in Schach zu halten, weitgehend versagt; auch sind die
Kapazitäten vielfach noch nicht wieder so ausreichend ausgenutzt,
daß Erweiterungsinvestitionen und Innovationen in einem
Umfang, daß sie alle vorhandenen Arbeitsreserven machtvoll an
sich ziehen würden, verantwortet werden könnten.

Aber die verkrustete Lohnstruktur ist es nicht allein, die die
Gelenke der langsamer marschierenden Konjunktur knirschen
läßt; auch bei den *Preisen* liegt manches im argen. Trotz zögernder
Nachfrage ist kaum etwas von Preissenkungen zu hören; der heil-

same Druck des Wettbewerbs kommt, wenn überhaupt, meist nur
vom Ausland her zum Tragen. Allen Bemühungen unserer Kar-
tellbehörden zum Trotz halten auf vielen Inlandsmärkten die
„Wettbewerbsmuffel", wie ich sie nennen möchte, hartnäckig an
den erreichten Positionen fest, solange ihre Marktanteile nicht
ernsthaft in Gefahr kommen. So sind ebenso wie die Löhne auch
viele Preise nicht mehr genügend „nach unten flexibel". Schreckt
doch die Erfahrung, wie schwer es ist, einmal herabgesetzte Preise
wieder auf eine auskömmliche Höhe heraufzuhandeln, angesichts
der Kostensituation und der ungewissen Zukunftsaussichten von
unbedachten Zugeständnissen von vornherein ab; damit kommt
es auch hier leicht zu einem gewissen Attentismus, der den ohnehin
hinkenden Gang der Konjunktur zusätzlich schleppend werden
läßt.
In diesem Bild darf endlich auch die Bürde der *Steuer- und Sozial-*
lasten nicht unerwähnt bleiben, die sich in der Rezession mit dop-
pelter Schwere geltend macht; noch nie wurde die Last der ertrags-
unabhängigen Steuern und der sozialen Belastungen von den
Unternehmen so drückend empfunden wie in den hinter uns lie-
genden ertragsschwachen Jahren. Unumgängliche Personalein-
schränkungen mußten mit kostspieligen Sozialplänen erkauft werden; bei allen Rationalisierungsmaßnahmen wirft die *Mitbestim-*
mung ihren Schatten voraus. Die bescheidenen Erleichterungen,
die die längst überfällige Körperschaftssteuerreform den Gesellschaften und ihren Aktionären gewährte, haben die Aktienmärkte
bis heute noch keineswegs beflügelt; selbst bei den jüngsten
Erwägungen über konjunkturpolitische Steuererleichterungen
für ein kurzes Jahr war schon wieder von der „Schröpfgrenze" die
Rede, an der alle staatlichen Zugeständnisse haltmachen, von dem
proportionalen Eingangssatz der Einkommensteuer bis zu Wohngeld, Kindergeld, Studentenzuschuß und anderen Vergünstigun-
gen.
Das Schlimmste ist, daß niemand erwarten kann, von der überhöhten Bürde unserer Steuer- und Soziallasten in absehbarer Zeit befreit zu werden. Um die Steuersenkung nach dem Stabilitätsgesetz,
die ohnehin auf ein einziges Jahr befristet wäre, ist es inzwischen
still geworden; dafür hat die enttäuschende Entwicklung am
Arbeitsmarkt klargemacht, daß es bei der Rentenversicherung

nicht ohne grundlegende Sanierungsmaßnahmen abgehen wird. Von einer Konsolidierung oder gar Rückführung der in den letzten Jahren jeweils um Dutzende von Milliarden angewachsenen *öffentlichen Schuld*, wie sie ab 1977 angekündigt war, kann unter diesen Umständen keine Rede sein; die Schuldenlast, deren laufende Verzinsung allein schon eine beträchtliche jährliche Neuverschuldung erfordert, hängt wie ein Klotz am Bein der ohnehin hinkenden Konjunktur.

Der Zusammenhang zwischen der unaufhörlich wachsenden Staatsschuld und der fehlenden Investitionslust der Unternehmen ist eindeutig: Da unternehmerische Entscheidungen nicht auf noch so beruhigenden amtlichen Zusicherungen, sondern auf nüchternen Tatsachen und konkreten Erwartungen beruhen, wirkt die riesige und weiterwachsende Staatsverschuldung auf die Unternehmer, die so oder so die Zeche zu bezahlen haben werden, wie eine schwere Hypothek, die alle ihre Entscheidungen im voraus belastet. Nachdem inzwischen selbst die Bundesbank entgegen ihrer bisherigen disziplinierten Geld- und Kreditpolitik auf die Linie des „leichten Geldes" eingeschwenkt ist, droht zu allem anderen noch eine erneute Verschärfung der Inflationsrate. Auch die inzwischen erreichte Zinssenkung gerät dadurch erneut in Gefahr.

Das „differenzierte Wachstum"

An welcher längerfristigen Zielvorstellung kann sich die bundesdeutsche Wirtschaft unter diesen trüben konjunkturellen Voraussetzungen orientieren? Von den vier Zielvorgaben des Stabilitätsgesetzes, nach dem gleichzeitig für Stabilität des Preisniveaus, einen hohen Beschäftigungsstand und das außenwirtschaftliche Gleichgewicht „bei stetigem und angemessenem Wirtschaftswachstum" zu sorgen ist, gerät nach dem Beschäftigungs- und dem Stabilitätsziel nun auch das Wachstumsziel in die Schußlinie; einzig und allein das außenwirtschaftliche Gleichgewicht, um das uns die Welt beneidet, ist bisher noch unproblematisch geblieben, wenn man von den außenpolitischen Anzapfungen absieht, die uns die disziplinierte Geld- und Währungspolitik der vergangenen Jahre bereits eingebracht hat.

Unter „*Wachstum*" wird nach dem Sprachgebrauch des Alltags
eine (quantitative) Zunahme des (gesamten) Sozialprodukts einer
Volkswirtschaft verstanden; dieser Zuwachs an Gütern und Leistungen soll nach dem Stabilitätsgesetz sowohl „stetig" als auch
„angemessen" sein, auf jeden Fall aber positiv, so daß sich der
schreckliche Begriff „Nullwachstum" (oder das noch monströsere
„Minuswachstum") nicht nur vom Sprachgefühl her verbietet. Die
jährliche Zuwachsrate sollte zwar „stetig" und „angemessen", sie
braucht aber nicht konstant zu sein, was auch kaum je gelingen
dürfte. Wenn Wachstum nur auf Kosten des Stabilitätszieles (d.h.
unter erhöhter Inflation) oder zu Lasten eines der anderen Ziele
des „magischen Vierecks" erreicht werden kann, ist es jedenfalls
nicht mehr „angemessen", was immer diese Leerformel an sich besagen mag.
Aus diesen Überlegungen zum „magischen Viereck" ergibt sich
bereits, daß die jährliche *Zuwachsrate des Sozialprodukts* (das
„Wachstum") nicht länger als einziges oder Hauptziel der
Wirtschaftspolitik verabsolutiert werden darf; die Zuwachsrate des
gesamten Güter- und Dienstleistungsangebots der Volkswirtschaft
ist ohnehin nur eine Durchschnittszahl aus Äpfeln und Birnen, die
viel Unvergleichbares zusammenzählt. Insofern läßt sich das
Wachstumsziel, das in einer hinkenden Konjunktur angepeilt werden kann, vielleicht am besten als *„differenziertes Wachstum"* bezeichnen, das zwar auch quantitativ ein positiver Wert sein sollte,
dessen Gewicht aber eher in der *qualitativen* Zusammensetzung
des Sozialproduktes liegen muß; ebenso wie zwar jeder Geld verdienen muß, es aber keineswegs gleichgültig sein kann, womit er
es verdient, kann es nicht gleichgültig sein, woraus sich unser zu-
künftiges Sozialprodukt zusammensetzt und worin sein jährlicher
Zuwachs besteht.
Das beste Beispiel ist der *Autoboom* inmitten einer stagnierenden
Konjunktur. Das freie Spiel von Angebot und Nachfrage, gesteuert
nur von den Kräften des Marktes, bringt eine solche Sonderkon-
junktur zuwege, daß davon belebende Wirkungen auch auf die
Gesamtwirtschaft ausgehen; Stahlindustrie, Reifenfabriken und
Zulieferbetriebe aller Sparten profitieren davon, Arbeitsplätze
bleiben erhalten und entstehen neu, Verbraucherkaufkraft wird
geschaffen und alsbald verausgabt oder für zukünftige Käufer auf-

gespart. Richten sich die Verbraucherwünsche heute auf Automobile, auf die Erzeugnisse der Jeans-Mode, den Modesport Sqash oder nostalgische Jugendstilantiquitäten, so morgen vielleicht auf die neuen Unterhaltungsspiele der Rundfunkelektronik, die Bildschirmzeitung oder private Telekommunikation; überall entstehen neue Märkte, während andere austrocknen und absterben.

Darin besteht die *Dynamik der Marktwirtschaft,* durch die sie jeder Planwirtschaft so unendlich überlegen ist; Verbraucherwünsche kommen und gehen, ein anpassungsfähiges Angebot erspäht Marktlücken und Marktnischen, füllt sie aus und profitiert davon ebenso wie die Gesamtwirtschaft und der Arbeitsmarkt. Das gilt besonders in den hochindustrialisierten Ländern Europas und in den USA; hier ist der allgemeine Lebensstandard längst über den einfachen Existenzbedarf an Nahrung, Kleidung und Wohnung hinausgewachsen, so daß genug Verfügungseinkommen für Dienstleistungszweige aller Art, Reisen und Hobbies zu Gebote steht. Je flexibler, vielseitiger und modebewußter eine Volkswirtschaft ist, um so mehr entfernt sie sich von dem Grundmuster einer primitiven Monokultur oder der bloßen „Verwaltung des Mangels", auf die die sozialistische Planwirtschaft immer angewiesen bleibt.

Differenziertes Wachstum ist durch wechselnde Schwerpunkte und Schrumpfungszonen gekennzeichnet; Branchenkonjunkturen und Branchenkrisen entstehen und vergehen gleichzeitig, während die Gesamtlage der Volkswirtschaft die lange Dünung unter dem Wellenschlag der Einzelergebnisse widerspiegelt. So kann die *Exportwirtschaft,* wie bei uns in den letzten Jahren, die Wachstumskurve lange Zeit hochhalten, bis die Wechselkurse, die gegenüber der D-Mark allesamt abgewertet werden – mit Wirkung einer Aufwertung der D-Mark –, den Kostenausgleich herbeiführen und der einseitigen Exportkonjunktur ein Ende bereiten. Das gleiche gilt für die Inflationsrate, die bei uns erfolgreich herabgedrückt wurde (im Vergleich mit unseren wichtigsten Abnehmerländern); kommt es auch hier eines Tages zu einer Angleichung, so muß sich das Wachstum auf einen anderen Schwerpunkt als die Exportindustrie verlagern.

Auch zwischen der *Verbrauchs-* und der *Investitionsgüternach-*

frage wechselt der Konjunktur- und damit der Wachstumsschwer-
punkt ständig. Das Zurückbleiben der Investitions- hinter der
Konsumsphäre ist in diesen Jahren besonders ausgeprägt, sowohl
in den Vereinigten Staaten wie in den europäischen Industrielän-
dern; kurzfristig kann dabei die Verbrauchernachfrage die Rolle
des Wachstumsfaktors übernehmen, so daß das Bruttosozialprodukt noch ansteigt, obwohl die Liefermöglichkeiten nicht auf einer
Erweiterung, sondern nur auf einer verbesserten Auslastung der
schon vorhandenen Kapazitäten beruhen. Auf mittlere und län-
gere Sicht kann dieses „differenzierte Wachstum" aber nicht darüber hinwegtäuschen, daß hier ein Ungleichgewicht zwischen dem
Kapazitäts- und dem Einkommenseffekt der Investitionen entsteht, d. h. die Leistungsfähigkeit der Industrie, eine erhöhte Ver-
brauchsgüternachfrage zu befriedigen, ist in der nächsten Auf-
schwungsphase gefährdet, wenn eine Zeitlang unverhältnismäßig
wenige Erweiterungsinvestitionen vorgenommen worden sind. Ein
solches Ungleichgewicht pflegt die Inflation wieder stärker anzu-
fachen.

Das neue Konzept eines „differenzierten Wachstums" zeichnet
sich unmißverständlich auch an der *Effektenbörse* ab, diesem emp-
findlichen Seismographen der Wirtschaftsdynamik. Seit 1974 haben, wie ein bekannter Anlageberater schreibt, „Pauschalurteile
an den Aktienmärkten keine Gültigkeit mehr". Vielmehr empfiehlt
sich schon seit dieser Zeit „eine differenzierte Anlagestrategie";
falsch liegt, „wer noch immer mit monetären Argumenten auf
Hausse wartet". Aktien- und Rentenkurse orientieren sich statt an
einem allgemeinen Trend wieder an den individuellen Ertrags- und
Wachstumsaussichten der einzelnen Titel, die von Branche zu
Branche, aber auch von Land zu Land durchaus verschieden sind;
daraus ergeben sich auch für eine vorwiegend auf Sicherheit ausge-
richtete Kapitalanlage, die nichts Spekulatives an sich hat, sowohl
differenzierte Risiken als auch höchst differenzierte Ertrags- und
Überlebenschancen für den einzelnen Anleger und die institutionellen Kapitalsammelstellen.

Sicher ist das „differenzierte Wachstum", mit dem wir in Zukunft
wahrscheinlich ebenso werden leben müssen wie mit Inflation und
einem gewissen Sockel an Dauerarbeitslosigkeit, nicht ohne Probleme und Gefahren. Für das einzelne Unternehmen erhebt sich

infolgedessen die Frage, wie es sich darauf einstellen kann, die entsprechenden Gefahren zu umschiffen und die sich ergebenden Probleme immer von neuem zu lösen, um in der veränderten Umwelt zu bestehen.

Die Antwort liegt zu einem großen Teil in dem keineswegs neuen Rezept eines *„antizyklischen Verhaltens"*, das schon immer für die Bewährung in Konjunktur- und Krisenzeiten galt. Investieren, wenn niemand anders investiert, verkaufen, wenn andere damit zurückhalten, liquide bleiben, wenn die Mehrheit sich hoffnungslos verschuldet; je nach der Kapital- und Produktionstiefe, der Anlaufs- und Ausreifungszeit einer Produktion ist das antizyklisch handelnde Unternehmen im Vorteil, jedenfalls soweit seine Entscheidungen ökonomisch richtig und zweckmäßig sind. Das unvermeidliche unternehmerische Risiko wird so von dem zusätzlichen konjunkturellen Risiko befreit, der Marktanteil gehalten oder sogar vergrößert und die Kreditaufnahme nach Möglichkeit in eine Zeit niedrigerer Zinsen verlagert.

Ein zweites, ebenso altbewährtes Konzept, das seine besondere Bewährungsprobe gerade in Zeiten eines differenzierten Wachstums erweisen kann, ist das Prinzip der *Diversifikation*. „Nicht alle Eier in denselben Korb" – diese alte Bauernweisheit gewinnt unter dem Aspekt der unterschiedlichen Branchenkonjunktur eine ganz neue Dimension; neben dem traditionellen Markt gilt es, Nischen und Ecken in anderen Märkten zu finden. Neben Forderungen und Schulden in D-Mark, die heute schon gelegentlich als überbewertet gilt, gehören Forderungen und Schulden in anderen, vielleicht gegenwärtig gerade unterbewerteten Währungen zu einem gut diversifizierten Betriebskapital. Das heißt nicht, der Spekulation das Wort zu reden oder unsolide Geschäftspraktiken zu empfehlen; Spekulation ist es auch und gerade, alle Erträge in einem einzigen Markt erzielen oder in einer einzigen Währung anfallen lassen zu wollen, solange noch Ausweichmöglichkeiten bestehen, die kaufmännisch richtiges Diversifizieren erlauben.

Besonderes Gewicht erhält in einer Zeit des differenzierten Wachstums das Streben nach *Innovationen*. Die Pionieraufgabe des Unternehmens, neue Produkte, neue Märkte oder neue Absatzwege ausfindig zu machen, ist schon von J. Schumpeter geradezu als Inbegriff des unternehmerischen Handelns gesehen

worden; jetzt kommt hinzu, daß sein Gespür dafür, wo noch
Wachstum stattfindet oder möglich ist, von lebenswichtiger
Bedeutung für das Unternehmen sein kann. Ebenso wichtig wird
es auch, auf saturierten Teilmärkten rechtzeitig zurückzustecken
und endgültig erkennbare Kapazitätsüberhänge nicht unnötig weiterhin mitzuschleppen; Flexibilität und Versatilität sind Unter-
nehmertugenden, die sich besonders in einer Zeit des differenzierten Wachstums bezahlt machen.

Sind somit erhöhte Aufwendungen für Forschung und Entwicklung ein deutliches Kennzeichen für die neue Dynamik des differenzierten Wachstums, so gehört dazu ebenso eine *gesellschafts-
politische Imagepflege,* die das sozial fortschrittliche Konzept der
Unternehmensführung verdeutlicht. Besteht doch Öffentlich-
keitsarbeit zu 90 Prozent im „richtigen Tun" und nur zu 10 Prozent
darin, darüber zu reden; das richtige Tun erfordert aber von allem
Anfang an ein Konzept, wie das Bild des Unternehmens sich der
Öffentlichkeit schließlich präsentieren soll und kann. Die Anerkennung einer gewissen gesellschaftspolitischen Verantwortung
des einzelnen Unternehmens geht über die „freiwilligen sozialen
Leistungen" weit hinaus; sie bedingt Konzessionen an Umwelt-
schutz, Stadt- und Landschaftsästhetik, Bildungs- und Ausbil-
dungserfordernisse und viele andere Anliegen der Öffentlichkeit,
die Gehör verdienen.

Abkehr von der „makroökonomischen Globalsteuerung"

Wirtschaftspolitisch steht die neue differenzierte Wachstumsdyna-
mik im Zeichen einer Abkehr von der seinerzeit unter Karl Schiller
mit so großen Erwartungen begonnenen „Globalsteuerung" nach
Keynes. Wenn die hinkende Konjuntur sich in wechselnde
Schwerpunkte auflöst, einzelne Binnenmärkte statt weltweiter
Exporterfolge bevorzugt und das Wachstum des Sozialproduktes
sich nach Branchen, Teilmärkten und Einzelunternehmen differenziert, so ist mit globalen Kaufkraftschüben, defizitfinanzierten
Staatsausgaben und den sonstigen makroökonomischen Rezepten
des magischen Vierecks nicht mehr viel Staat zu machen. Wer nur
gebannt auf die – schon statistisch nicht unproblematische – Zahl

der insgesamt gemeldeten Arbeitslosen starrt, verliert den Blick
für die differenzierte Problematik unseres Arbeitsmarktes, auf
dem es um die Jugendlichen, die Teilzeitbeschäftigungssuchenden
und die vielen nicht mehr benötigten Büroangestellten geht; diesen
und anderen Strukturwandlungen vermag die globale „Stop and
go"-Politik der sechziger Jahre nicht mehr gerecht zu werden.
Differenziertes Wachstum gedeiht vielmehr um so besser, je mehr
sich die staatliche Wirtschafts- und Finanzpolitik wieder darauf
beschränkt, ihr eigenes Haus in Ordnung zu halten und der Marktwirtschaft lediglich die *Rahmenbedingungen* vorzugeben, innerhalb deren sie sich nach ihren eigenen Gesetzen differenziert entfalten kann. Zu diesen Rahmenbedingungen gehört an erster Stelle
ein *stabiles Geld*, d. h. der Verzicht auf Ankurbelungsschübe aus
Defizitfinanzierungen, die der Inflationsrate neuen Auftrieb geben
müssen. Auch in der weiteren Vergrößerung des bereits seit 1969
verdoppelten Heeres der Staats- und Kommunalbediensteten liegt
nicht das Heil der längst überschuldeten öffentlichen Finanzen.
Wenn es gelingt, durch sachlich-neutrale, ideologiebefreite und
tolerante Wirtschaftspolitik das *unternehmerische Vertrauen* wie-
derzugewinnen, das weitgehend verloren oder beeinträchtigt war,
kann die neue Dynamik des differenzierten Wachstums vielleicht
eines Tages dazu beitragen, daß die hinkende Konjunktur wieder
festen Tritt und ein neuer gesamtwirtschaftlicher Aufschwung in
Sicht kommt, der auch den Arbeitsmarkt wieder ins Gleichgewicht
bringt.

DIETRICH MURSWIEK
Deutschland als Rechtsproblem

Rechtslage und nationale Identität

Die „deutsche Frage" kann man nicht beantworten – man kann sie nur stellen. Die Frage zu stellen ist freilich selbst schon immer ein Stückchen Antwort: Indem wir sie fragen, echot sie uns zurück – ein Stückchen Identität. Wir sind, wonach wir fragen. Die „deutsche Frage" ist *erledigt*, wenn niemand mehr sie stellt – weil die Probleme, die sie umfaßt, politisch gelöst sind oder weil niemand mehr diese Probleme als „deutsch" versteht.

Was aber ist „deutsch"? Muß man hierauf nicht eine Antwort suchen, versuchen, um die „deutsche Frage" überhaupt stellen zu können? Hier sind viele – immer vorläufige – Antworten möglich, doch diese ergeben sich zum Teil erst daraus, *wie* die „deutsche Frage" gestellt wird. Unter den vielen möglichen Antworten gibt es auch juristische. Wie lauten diese? Und wie wird die „deutsche Frage" in der Rechtswissenschaft gestellt?

Deutschland und deutsches Volk nach dem Grundgesetz

Staats- und völkerrechtliche Normen und Begriffe sind in der Regel staatsbezogen; deutsche Einheit ist, juristisch betrachtet, nicht ethnische oder kulturelle, sondern staatliche Einheit; Volk

ist Staatsvolk. Die Nation als unabhängig vom Staat gedachte politische Willensgemeinschaft des Volkes besitzt erst seit kurzer Zeit
den – mangels klarer rechtlicher Kriterien verhältnismäßig ungesi-
cherten und bestrittenen – Status eines partiellen Völkerrechtssubjekts: sie ist Träger des Selbstbestimmungsrechts, des Rechts,
über Art und Form der staatlichen Organisation selbst zu entscheiden[1]. Dreh- und Angelpunkt juristischen Nachdenkens über
Deutschland ist also der Staat; die ,,deutsche Frage" ist in der juristischen Literatur meist die Frage nach der Rechtslage Deutschlands, des Staates der Deutschen.

Was also ist Deutschland? Nach dem Grundgesetz eindeutig nicht
die Bundesrepublik, sondern ,,Gesamtdeutschland", genauer das
Deutsche Reich in den Grenzen vom 31. 12. 1937[2]. Die geographi-
sche Erstreckung auf Gesamtdeutschland ergibt sich aus dem
Schlußsatz der Präambel und aus Art. 23 GG, die Gleichsetzung
des Deutschland-Begriffs mit dem des Deutschen Reiches aus Satz
2 der Präambel, wo der Grundgesetzgeber sich zum Fortbestand
des deutschen Staates bekennt. Das ,,deutsche Volk" im Sinne des
Grundgesetzes ist das Staatsvolk Gesamtdeutschlands[3]. Es gibt
keine bundesdeutsche, sondern nur eine gesamtdeutsche Staatsangehörigkeit[4]. Auf die Grundrechte, die ,,allen Deutschen" gewährt
werden, können sich nicht nur Bundesbürger berufen, sondern alle
deutschen Staatsangehörigen sowie Flüchtlinge und Vertriebene
deutscher Volkszugehörigkeit[5] und deren Ehegatten und
Abkömmlinge, die im Gebiet des Deutschen Reiches nach dem
Stand vom 31. 12. 1937 Aufnahme gefunden haben (Art. 116 Abs.
1 GG).

Das Bundesverfassungsgericht hat dies im Grundvertragsurteil
vom 31. 7. 1973[6] bekräftigt und die Rechtslage Deutschlands wie
folgt umrissen:

Das Deutsche Reich existiert fort, ist aber als Gesamtstaat mangels Organisation, insbesondere institutionalisierter Organe, selbst nicht hand-
lungsfähig. Die Bundesrepublik Deutschland ist identisch mit dem Deutschen Reich, in bezug auf seine räumliche Ausdehnung allerdings nur
,,teilidentisch". Die Bundesrepublik umfaßt also nicht das ganze Deutschland, ,,unbeschadet dessen, daß sie ein einheitliches Staatsvolk des Völkerrechtssubjekts ‚Deutschland' (Deutsches Reich), zu dem die eigene Bevölkerung als untrennbarer Bestandteil gehört, und ein einheitliches
Staatsgebiet ‚Deutschland' (Deutsches Reich)… anerkennt. Sie be-

schränkt ihre staatliche Hoheitsgewalt auf den Geltungsbereich des
Grundgesetzes". Berlin ist ein Land der Bundesrepublik, dessen Status
„nur gemindert und belastet (ist) durch den sog. Vorbehalt der Gouver-
neure der Westmächte". Die DDR gehört zu Deutschland und kann im
Verhältnis zur Bundesrepublik nicht als Ausland angesehen werden.

Dieses Urteil hat vielfältige Kritik gefunden[7]. So wurde gegen die
Identitätslehre in der vom Bundesverfassungsgericht vertretenen
Variante eingewandt, der Begriff der Teilidentität sei an sich unlogisch. Natürlich kann die Bundesrepublik mit dem Deutschen
Reich nicht zugleich identisch und nicht identisch sein. Identität
im Sinne völliger Übereinstimmung meint das Bundesverfassungsgericht aber gar nicht. Der Begriff der Identität bezieht sich nur
auf die Rechtssubjektivität und soll verdeutlichen, daß die Bundesrepublik nicht Rechtsnachfolger des Deutschen Reiches, sondern in bezug auf Rechte und Pflichten *dasselbe* Rechtssubjekt ist.
Mit der Identitätsthese will das Bundesverfassungsgericht dagegen
nicht das Verhältnis der Bundesrepublik zum Deutschen Reich in
bezug auf Staatsgebiet und Staatsvolk charakterisieren und auch
nicht behaupten, die Bundesrepublik könne rechtswirksam für
Gesamtdeutschland handeln[8]. In dieser Hinsicht besteht keine
Identität, sondern Gebiet und Volk der Bundesrepublik sind Teile
des auch die DDR umfassenden Deutschlands, also nur zum Teil
deckungsgleich.
Schelte und Spott hat das Bundesverfassungsgericht sich vor allem
mit dem Satz zugezogen, die Grenze zwischen beiden deutschen
Staaten sei eine staatsrechtliche Grenze „ähnlich denen, die zwischen den Ländern der Bundesrepublik Deutschland verlaufen".
Die Formulierung ist ungeschickt, aber die Kritiker verkennen die
Funktion des Vergleichs: Niemand braucht dem Bundesverfassungsgericht erst klarzumachen, daß Stacheldraht, Minen und
Betonmauern eine viel handfestere „Grenze" bilden als diejenige,
die etwa die Bundesrepublik von Frankreich trennt. Der Vergleich
bezog sich nur darauf, daß BRD und DDR Staaten innerhalb des
Gesamtstaates „Deutschland" und deshalb füreinander nicht Ausland sind[9].

Deutschland als Völkerrechtssubjekt

Aber existiert dieser Gesamtstaat überhaupt noch? Das Bundesverfassungsgericht hat seine Thesen zur Rechtslage Deutschlands
aus dem Grundgesetz abgeleitet, ohne zu prüfen, ob dem verfassungsrechtlichen Postulat eine völkerrechtliche Realität noch kor-
respondiert. Daß der Parlamentarische Rat 1949 mit dem Grundgesetz nicht die Verfassung eines neu zu errichtenden Separatstaa-
tes schaffen, sondern einen Teil des fortbestehenden Deutschen
Reiches neu organisieren wollte und diese Auffassung im Grundgesetz klar zum Ausdruck gebracht hat, steht außer Zweifel. Doch
ob Deutschland als Staat tatsächlich noch existiert, ist anhand *völkerrechtlicher Kriterien* zu beurteilen[10].

Dazu werden heute in der Bundesrepublik im wesentlichen zwei
Auffassungen vertreten:

Verhältnismäßig unproblematisch läßt sich der Fortbestand des
Deutschen Reiches begründen, wenn man die „Schrumpfstaats"-
Variante der Identitätstheorie vertritt[11]. Für die Vertreter dieser
Auffassung ist die Bundesrepublik auch territorial mit dem Deut-
schen Reich identisch; die übrigen Gebiete sind durch Sezession
aus dem Staatsverband „Deutschland" ausgeschieden. Die Staats-
gewalt der BRD kann somit zwanglos als Staatsgewalt des auf ihr
Territorium zusammengeschrumpften Reiches verstanden wer-
den. Der „Fortbestand" reduziert sich hier auf das Identitätsver-
halten[12] der Bundesrepublik, also auf die Nichtanwendung der
Regeln der Staatensukzession im Verhältnis zum Deutschen
Reich, weist somit keine gesamtdeutschen Bezüge mehr auf[13].

Demgegenüber geht die völkerrechtliche Staatspraxis der Bundesrepublik[14] in Übereinstimmung mit der Auffassung des Bundesverfassungsgerichts vom Fortbestand eines gesamtdeutschen, also
jedenfalls die DDR einschließenden Völkerrechtssubjekts aus. Ein
handlungsunfähiger, nicht organisierter „Staat" – eine Chimäre?
Was ist denn noch geblieben vom Deutschen Reich – außer seiner
Geschichte? Von den drei klassischen Staatselementen – Staatsvolk, Staatsgebiet, Staatsgewalt – läßt sich zumindest eine gesamtdeutsche Staatsgewalt nicht mehr ausfindig machen[15]. In der völkerrechtlichen Literatur wird der Fortbestand Deutschlands heute
vor allem mit den Vier-Mächte-Verantwortlichkeiten für

Deutschland als Ganzes[16] begründet[17]: Die Vier-Mächte-Verantwortlichkeiten verhinderten Änderungen am territorialen Status
Deutschlands und eine endgültige Sezession der DDR ohne Mitwirkung der Vier Mächte. Die deutschen Teilstaaten könnten
– auch einvernehmlich – nicht über deutsches Gebiet verfügen,
und das Deutsche Reich könne nur unter Mitwirkung der Alliierten seine völkerrechtliche Existenz verlieren, „untergehen". Diese
Mitwirkung könne auch in der Billigung des Grundvertrages durch
die Vier Mächte nicht erblickt werden. Die Sezession der DDR
vom Deutschen Reich sei deshalb rechtlich noch nicht abgeschlos-
sen[18].

Mit derselben Begründung wird auch die Auffassung vertreten,
daß selbst nach Abschluß der Ostverträge die Ostgebiete jenseits
von Oder und Neiße noch Gebiete des Deutschen Reiches sind,
deren Rechtsstatus noch nicht endgültig festgelegt sei[19]. Das Bundesverfassungsgericht hat im Ostvertragsbeschluß vom 7. 7. 1975
festgestellt, daß die Ostverträge den Territorialstatus Deutschlands nicht verändert haben[20]. Die Bundesrepublik ist aber durch
den Warschauer Vertrag verpflichtet, die Oder-Neiße-Linie als
westliche Staatsgrenze Polens anzuerkennen, darf also die Rechtmäßigkeit der Ausübung polnischer Hoheitsgewalt nicht mehr bestreiten. Andererseits konnte und wollte sie nicht für Gesamtdeutschland handeln und auch insofern nur eine rechtlich
provisorische, unter dem Friedensvertragsvorbehalt stehende
Vereinbarung treffen[21].

Formelkram?

Dieser Staat, der sich der Anschauung des Zeitungslesers und des
Politologen entzieht und nicht einmal aus eigener Kraft unterzuge-
hen in der Lage ist – kann der mehr sein als das Hirngespinst einer
entgleisten Fachdisziplin? Hat es Sinn, mit dem Bundesverfassungsgericht an Rechtspositionen festzuhalten, die keine Entsprechung in der „Realität" mehr finden?
1. Viele Mißverständnisse in bezug auf die deutschlandrechtliche
Argumentation beruhen darauf, daß die *Funktion des Rechts* (und
rechtlicher Begriffe) verkannt wird. Die Rechtsordnung ist *Sollens-*

ordnung, sagt also nicht, wie die „Realität" beschaffen ist, sondern wie sie beschaffen sein soll. Das schließt nicht aus, daß sich die „politische" Lage auf die Rechtslage auswirken kann. Es gibt aber keine „normative Kraft des Faktischen" in dem Sinne, daß die Rechtslage sich unmittelbar der Realität anpaßt.

2. Langdauernde entgegenstehende Realität kann zum Untergang einer Rechtsposition führen (Effektivitätsprinzip), wenn diese nicht mehr geltend gemacht wird. Das Festhalten an Rechtspositionen (Rechtsverwahrung) ist nötig, weil die Rechts*behauptung* auf die „objektive" Rechtslage einwirkt[22].

3. Ob ein Staat im Sinne des Völkerrechts existiert, ist zwar eine Rechtsfrage; die Beurteilungskriterien verweisen jedoch auf die Realität, hier vor allem auf die Effektivität der Staatsgewalt. Wer den Fortbestand Gesamtdeutschlands ablehnt, weil eine gesamtdeutsche Staatsgewalt fehlt[23], der – so die Vertreter der Gegenposition – vernachlässigt aber die atypische Lage Mitteleuropas nach dem Zweiten Weltkrieg, insbesondere die fortdauernde Fremdbestimmung; diese Lage sei eine Realität, auf welche die für den „Normalfall" des souveränen Staates geschaffenen völkerrechtlichen Begriffe nicht passen[24]. Wer heute die staatliche Existenz Gesamtdeutschlands behauptet, bestreitet somit keinesfalls, daß dieser Staat nicht die „normalen" Kriterien des allgemeinen Völkerrechts, insbesondere der Drei-Elemente-Lehre, erfüllt. Diese Kriterien sind aber seit langem nicht in jedem Fall entscheidend dafür, ob ein „Staat" als Völkerrechtssubjekt eingestuft wird[25]. Der völkerrechtliche Staatsbegriff, der ohnehin nur unscharfe Konturen besitzt, hält es aus, wenn man ihn auf atypische Situationen anhand atypischer Kriterien ausdehnt. Der Mangel effektiver Staatsgewalt kann die Völkerrechtssubjektivität unberührt lassen, solange er im Rechtssinne als vorübergehend betrachtet werden kann[26]. Deshalb hat man auch nach Etablierung der BRD und der DDR und nach der formellen Beendigung des Kriegszustandes mit Deutschland am rechtlichen Fortbestand des Deutschen Reiches festgehalten[27].

Diese Ausdehnung ist nicht „unrealistisch". Sie entspricht der völkerrechtlichen Praxis, auf die es bei völkerrechtlichen Begriffsbestimmungen mehr ankommt als auf abstrakte Deduktionen:

• Das handlungsunfähige Deutschland wird von der Bundesrepu-

blik weiterhin als Völkerrechtssubjekt angesehen[28] und in der
Völkerrechtspraxis immer noch als passives Völkerrechtssubjekt
behandelt, z. B. als Schuldner von Staatsschulden[29], Adressat
völkerrechtlicher Erklärungen[30], Feindstaat im Sinne der
Art. 107 und 53 der UN-Charta[31], Objekt der Vier-Mächte-
Verantwortlichkeiten, Gegenstand und – im Falle vorheriger
Reaktivierung – Partner eines noch zu schließenden Friedens-
vertrages.

• Der Gebietsstatus Deutschlands, der nicht zur Verfügung der
  auf seinem Gebiet etablierten Staaten steht, hat auch durch die
  „neue Ostpolitik" keine Änderung erfahren[32].

An der Vorläufigkeit des gegebenen *Rechts*zustandes hat sich auch
nach der Verfestigung des Status quo, insbesondere durch die Ostverträge, nichts geändert und kann sich nichts ändern, solange die
Vier-Mächte-Verantwortlichkeiten für Deutschland als Ganzes
fortbestehen. In dieser Lage kann die Bundesrepublik durch Beharren auf dem rechtlichen Fortbestand des Deutschen Reiches
dem Verlust dieser Rechtsposition entgegenwirken[33].

4. Bringt aber diese Rechtsposition überhaupt noch einen politischen Vorteil, zumal da das Warten auf einen Friedensvertrag als
illusorisch erscheint? Ist die juristische Konstruktion politisch be-
langloser, störender „Formelkram"? Für das Festhalten an der
„Formel" sprechen gewichtige praktische Gründe:

• Ohne deutschen Staat ließe sich die deutsche Staatsangehörigkeit nicht aufrechterhalten. – Angesichts des Umstandes, daß
  die staatsbürgerlichen Rechte und Pflichten (z. B. Wahlrecht,
  Wehrpflicht) in der Bundesrepublik ohnehin nur für Bundesbürger gelten, wird der Sinn einer gesamtdeutschen Staatsangehörigkeit bezweifelt. Diese ist aber Voraussetzung dafür, daß
  die BRD im Ausland DDR-Bürgern diplomatischen Schutz gewähren kann[34].

• Ohne Bezug auf Gesamtdeutschland und auf einen noch ausste-
  henden Friedensvertrag könnten die Vier-Mächte-Rechte zu
  einem Bündel permanenter Interventionsrechte der Siegermächte werden. Sie ließen sich nicht mehr für das Ziel der deutschen Einheit einsetzen und drohten den bestehenden Zustand,
  also die Spaltung in zwei in ihrer Souveränität mit den Rechten
  der Sieger belastete Staaten, zu versteinern[35].

- Wenn die Vier-Mächte-Verantwortlichkeiten sich nicht mehr auf Gesamtdeutschland beziehen könnten, würde der Vier-Mächte-Status ganz Berlins seine Basis verlieren, würden die Bindungen der Bundesrepublik zu Berlin prekär und verstärkte sich der von der Sowjetunion lancierte, für Berlin lebensgefährliche Trend, Berlin zur „Freien Stadt" werden zu lassen [36].

- Das gesamtdeutsche Staatsvolk ist ein zusätzlicher und im Vergleich zur Nation juristisch präziserer Anknüpfungspunkt für das Selbstbestimmungsrecht.

- Der rechtliche Fortbestand des deutschen Staates kann eine auf die Wiederherstellung der Einheit Deutschlands gerichtete Politik erleichtern. Völkerrechtliche Rechtspositionen sind – seit Geltung des völkerrechtlichen Gewaltverbots mehr noch als früher – wichtige Mittel der internationalen Politik [37]. Auch wenn sie gerichtlich nicht einklagbar sind, können sie der Politik größere Durchschlagskraft verleihen. Zumindest wird dadurch die Argumentationslast demjenigen aufgebürdet, der die Rechtsverwirklichung verhindert. Ein achtloser und unwiderruflicher Verzicht auf Rechtspositionen ist deshalb ebensowenig angebracht wie die Überschätzung ihrer politischen Bedeutung. Eine *ausschließlich* auf Rechtspositionen gestützte Politik kann allerdings Schiffbruch erleiden, wenn es nicht mehr gelingt, die Rechtsposition überzeugend darzustellen.

- Ebenso zweischneidig ist die Integrationswirkung des Rechts: Dieses kann das Selbstbewußtsein bei der Verfolgung des politischen Ziels stärken und den Willen, das Ziel anzustreben, festigen. Entfallen die Voraussetzungen des völkerrechtlichen Rechtsbegriffs, könnte ein *nur* am Recht orientierter politischer Wille ebenfalls versanden.

Unter jedem Aspekt *ist eine völkerrechtliche Rechtsposition politisch nur dann nützlich, wenn die Politik auf die Rechtsverwirklichung ausgerichtet ist.* Das Grundgesetz macht unserer Regierung eine solche Politik in der Deutschlandfrage zur Pflicht. Daß diese Pflicht auf etwas „Unmögliches" abziele, weil der Status quo in Deutschland „endgültig" und die Teilung „irreversibel" sei [38], ist eine sehr plausible, aber etwas kurzatmige Vermutung.

Wiedervereinigungsgebot, Identitätspflege und Selbstbestimmungsrecht

Nach der Präambel des Grundgesetzes ist es der Zweck der Bundesrepublik, einen Teil Deutschlands bis zur Wiedervereinigung staatlich zu organisieren. Das Grundgesetz ist gemäß Art. 146 auf seine eigene Abschaffung durch eine gesamtdeutsche Verfassung ausgerichtet [39]. Ein Ziel, dem die Verfassung als ganze sich aufopfert, ist kein Programm neben anderen, das man beliebig „tiefer hängen" oder gar abschaffen könnte [40]. *Das „Wiedervereinigungsgebot" ist oberste Staatszielbestimmung.* Daß diese Bestimmung nur in sehr engen Grenzen justiziabel ist, mindert ihre Bedeutung nicht [41].

„Kein Verfassungsorgan der Bundesrepublik Deutschland darf die Wiederherstellung der staatlichen Einheit als politisches Ziel aufgeben, alle Verfassungsorgane sind verpflichtet, in ihrer Politik auf die Erreichung dieses Zieles hinzuwirken – das schließt die Forderung ein, den Wiedervereinigungsanspruch im Innern wachzuhalten und nach außen beharrlich zu vertreten – und alles zu unterlassen, was die Wiedervereinigung vereiteln würde."

Mit diesen Worten hat das Bundesverfassungsgericht [42] das „Wiedervereinigungsgebot" (Präambel i. V. m. Art. 146 GG) treffend zusammengefaßt und zugleich die wichtigste Konsequenz bezeichnet: Solange die außenpolitische Lage die Realisierung der deutschen Einheit nicht zuläßt, kommt es darauf an, den *Willen zur Verwirklichung dieses Ziels* aufrechtzuerhalten, denn wenn der politische Wille fehlt, kann das Ziel auch in einer günstigeren weltpolitischen Konstellation nicht erreicht werden. Dieser Wille aber überlebt nicht als Verfassungsnorm, sondern – in einem demokratischen Staat – nur im Bewußtsein des Volkes. Das Wiedervereinigungsgebot des Grundgesetzes verpflichtet deshalb die Staatsorgane vor allem, die Integration des Volkes auf das Ziel der deutschen Einheit hin zu betreiben.

Dieses Ziel bliebe auch dann verpflichtend, wenn Deutschland als Staat rechtlich nicht mehr existierte [43]. „Deutschland" im Sinne des Grundgesetzes bliebe dann eine am Gebiet des ehemaligen Deutschen Reiches orientierte Länderbezeichnung, und Aufgabe der Politik wäre es, das deutsche Volk in diesem Gebiet staatlich zu vereinigen. Völkerrechtliche Grundlage dieses Ziels bliebe das Selbstbestimmungsrecht des deutschen Volkes[44]. Auf das Selbstbestimmungsrecht kann sich die gesamte Nation[45] (und die BRD in ihrem Namen) berufen, solange sie als politische Willenseinheit existiert, das heißt: den Willen zur nationalen Einheit besitzt[46].

Nationale Identität als Voraussetzung für die Verwirklichung des Selbstbestimmungsrechts ist keine Konstante und versteht sich nicht – etwa aufgrund ethnischer Gegebenheiten – von selbst; sie bildet und verändert sich und vergeht in einem permanenten Prozeß der Integration und Desintegration. Dieser Prozeß, in dem ein Volk zum Bewußtsein kommt, Nation zu sein, oder dieses Bewußtsein verliert, wird von vielfältigen Faktoren bestimmt, von relativ konstanten – zum Beispiel der Sprache – und von schnell sich ändernden – etwa der politischen Lage, von Kollektiverlebnissen, der zeitgenössischen Literatur, von meinungsbildenden Medien. Einer dieser Faktoren ist auch das Staats- und Völkerrecht. Auch aus diesem Grunde sind Rechtsbegriffe wie ,,deutsches Staatsvolk" oder die Ablehnung der Auslandsbezeichnung für die DDR mehr als ,,Formeln". Rechtsnormen und -begriffe, hier vor allem das ,,Wiedervereinigungsgebot" und der Deutschlandbegriff, wirken aber nicht von selbst integrierend. Sie müssen zur Geltung gebracht, in den Integrationsprozeß eingeführt werden. Diese *Identitätspflege*[47] ist nicht nur Pflege der Voraussetzungen künftiger Deutschlandpolitik, sondern auch Mittel zur Selbsterhaltung der Nation.

Welche Maßnahmen der Staat zur Identitätspflege ergreift, ist rechtlich nicht vorgeschrieben. Aus dem vielfältigen Spektrum möglicher Mittel – von den Formen politischer Repräsentation über Feier- oder Gedenktage, die Verleihung von Kulturpreisen bis hin zum Geschichtsunterricht – können die zuständigen Organe die politisch geeignet erscheinenden auswählen. Dabei gibt es Ermessensgrenzen, die beispielsweise überschritten wären, wenn im Schulunterricht überhaupt keine Identitätspflege betrieben oder ihrem Ziel gar entgegengewirkt würde[48]. – Auch den öffentlich-rechtlichen Funkmedien kommt im Rahmen der Identitätspflege eine wichtige Aufgabe zu[49].

Während das Verfassungsgebot inhaltlich als Optimierungsgebot verstanden werden muß, ist die gerichtliche Überprüfbarkeit we-

gen des notwendigen weiten Exekutivermessens sehr beschränkt.
Wenn etwa die Regierung nicht in ausreichendem Maß Identitätspflege betreibt, bleibt es den Bürgern, insbesondere der Opposition, überlassen, von sich aus das gesamtdeutsche Bewußtsein zu
pflegen – auch indem sie die Regierung nachdrücklich an ihre Verpflichtung erinnern.

„Deutschland" oder „BRD"?

„Bundesrepublik Deutschland" ist ein schwerfälliger Name; die
Umgangs- und Zeitungssprache wie auch die sozialwissenschaft-
liche Literatur brauchen Kurzformen. Früher konnte man unbe-
fangen das Kürzel „BRD" verwenden. Am 31. 5. 1974 beschlossen
die Regierungschefs von Bund und Ländern, die Abkürzung
„BRD" im amtlichen Sprachgebrauch nicht mehr zu verwenden.
Durch diese Abkürzung – so wird regelmäßig argumentiert – würden die Worte „Deutschland" und „deutsch" und damit die im
Namen „Bundesrepublik Deutschland" hervorgehobene Einheit
der Nation zunehmend aus dem politischen Bewußtsein des In-
und Auslandes verdrängt. Die Formel lasse die „geschichtliche
Identität der Deutschen" nicht mehr erkennbar werden[50]. Seither
ist „BRD" ein Politikum[51]. Wer „BRD" sagt oder schreibt, setzt
sich dem Verdacht aus, der sprachlichen Abgrenzungspolitik der
DDR zuzuarbeiten.
Sprachpolitik wird hier zutreffend als wichtiges Instrument der
Identitätspflege erkannt – nur werden die Wirkungen des Sprach-
gebrauchs falsch eingeschätzt und deshalb das Gegenteil des gewünschten Effekts erzielt. Kürzt man „Bundesrepublik Deutschland" – wie dies üblich ist – mit „Bundesrepublik" ab, so fehlt der
in „BRD" noch als „D" vorhandene Deutschlandbegriff ganz.
Verwendet man aber die Kurzbezeichung „Deutschland" – wie
das die Bezeichnungsrichtlinien des Bundesministers für gesamtdeutsche Fragen vom Juli 1965 vorsahen[52] –, so verengt sich der
Deutschlandbegriff auf die Bundesrepublik. Der inkorrekten Verwendung von „Deutschland" für die BRD und von „deutsch" für
„westdeutsch" konnte man noch gesamtdeutschen Sinn abgewin-
nen, solange die Bundesrepublik eine Politik des „Alleinvertre-

tungsanspruchs" jedenfalls in dem Sinne betrieb, daß sie das ganze
Deutschland wenn nicht rechtlich vertrat, so doch politisch repräsentierte. Seit Aufgabe dieses Anspruchs kann gerade die Bezeichnung der Bundesrepublik mit der Kurzform „Deutschland" dazu
führen, daß die BRD auch für Deutschland *gehalten* wird und die
deutsche Identität sich im Bewußtsein der westdeutschen Bürger
auf die Bundesrepublik reduziert. Während also gegen die Kurzformen „Bundesrepublik", „Westdeutschland" oder „BRD"
keine rechtlichen Bedenken bestehen, ist die Verwendung des
Begriffs „Deutschland" zur Bezeichnung der Bundesrepublik wegen ihrer nachgewiesenermaßen das Einheitsbewußtsein schädigenden Wirkungen[53] mit dem Grundgesetz nicht zu vereinbaren.

Nation und Zusammenschlußverbot

Die Existenz der deutschen Nation läßt sich juristisch nicht garantieren. Die verfassungsrechtlich gebotene staatliche Identitätspflege ist weder conditio sine qua non noch hinreichende Bedingung für die Bewahrung der nationalen Identität. Die völkerrechtliche Lage Deutschlands aber – ob man sie im Sinne des
fortbestehenden Gesamtstaats deutet oder nicht – ruft den Deutschen auch nach mehr als dreißig Jahren Spaltung ihre Zusammengehörigkeit in die zu verlöschen drohende Erinnerung: *In Berlin
gibt die fortdauernde Praxis des Besatzungsregimes Anschauungsunterricht über die Anormalität und Vorläufigkeit der bestehenden
Lage. Und Deutschland als Ganzes ist immer noch Objekt der
Rechte und Verantwortlichkeiten der Vier Mächte. Diese Rechte
lassen sich im Kern auf folgenden Satz reduzieren: Es gibt keine
Wiedervereinigung ohne die Zustimmung der Sieger des Zweiten
Weltkriegs. Es gibt aber auch keine rechtlich endgültige Spaltung
ohne die Zustimmung des deutschen Volkes.* Solange das *Zusammenschlußverbot mit Genehmigungsvorbehalt*[54] besteht und die
Deutschen über ihre staatliche Organisation nicht selbst entscheiden können, ist die „deutsche Frage" offen. Resümee: *Deutsch
ist, was unter das Zusammenschlußverbot fällt*[55].

Anmerkungen

¹ K. Doehring: Das Selbstbestimmungsrecht der Völker als Grundsatz des Völkerrechts. Karlsruhe 1974 (Berichte der Deutschen Gesellschaft für Völkerrecht H. 14), insbes. S. 21 ff. – Gegen den Rechtscharakter des Selbstbestimmungsrechts z. B. I. Seidl-Hohenveldern: Völkerrecht. Köln u. a. ⁴1980, S. 298.

² E. Klein: Die territoriale Reichweite des Wiedervereinigungsgebotes. Bonn 1978, S. 5 f. mit Berufung auf Art. 116 I GG; zustimmend G. Ress: Das Wiedervereinigungsgebot des Grundgesetzes. In: Fünf Jahre Grundvertragsurteil des Bundesverfassungsgerichts. Köln u. a. 1979, S. 265 (275) m. w. N.

³ D. Murswiek: Die verfassunggebende Gewalt nach dem Grundgesetz für die Bundesrepublik Deutschland. Berlin 1978, S. 59 f., 106 ff., zur Entstehungsgeschichte S. 32 ff.

⁴ Art. 16 I, 116 I GG setzen dies voraus, Maunz in: Maunz/Dürig/Herzog/Scholz: Grundgesetz, Art. 116 Rdnr. 4; Kimminich in: Bonner Kommentar, Art. 16 Rdnr. 21–23.

⁵ An dieser Stelle ist das Volk also nicht Staatsvolk, sondern ein ethnischer Begriff, definiert in § 6 Bundesvertriebenengesetz. Danach ist deutscher Volkszugehöriger, „wer sich in seiner Heimat zum deutschen Volkstum bekannt hat, sofern dieses Bekenntnis durch bestimmte Merkmale, wie Abstammung, Sprache, Erziehung, Kultur, bestätigt wird". Dazu Maunz (o. Anm. 4), Rdnr. 13.

⁶ BVerfGE 36, 1 (15 ff.)

⁷ Einige Nachweise bei D. Blumenwitz in: Fünf Jahre Grundvertragsurteil (o. Anm. 2), S. 8, und bei Klein, ebd. S. 98.

⁸ Vgl. E. Klein: Zur Rechtslage Deutschlands und der Deutschen nach dem Beschluß des Bundesverfassungsgerichts zu den Ostverträgen. In: Jahrbuch der Albertus-Universität zu Königsberg/Pr. Bd. XXV (1975), S. 23 (27 f.); H. Schiedermair in: Fünf Jahre Grundvertragsurteil (o. Anm. 2), S. 40 f. – Ress: Die Rechtslage Deutschlands nach dem Grundlagenvertrag vom 21. Dezember 1972. Berlin u. a. 1978, S. 222: Die Identität erstrecke sich auf das Staatsvolk des Deutschen Reiches.

⁹ Dennoch hinkt der Vergleich. Näheres zur innerdeutschen Grenze E. Klein: Die rechtliche Qualifizierung der innerdeutschen Grenze. In: Fünf Jahre Grundvertragsurt. (o. Anm. 2), S. 95 ff. – Die Beziehungen zwischen den beiden Staaten in Deutschland sind nach heute in der BRD wohl einhelliger Meinung wie die Beziehungen zwischen souveränen Staaten völkerrechtlicher Natur. Es gibt aber noch Besonderheiten, die man mit Wendungen wie „Inter-se-Beziehungen" oder „Gemengelage von Staatsrecht und Völkerrecht" bezeichnet. Vgl. BVerfGE 36, 1 (23 f., 26 f.); E. Klein (o. diese Anm.), S. 105 f.; G. Ress, VVDStRL 38 (1980) (im Druck); dagegen R. Bernhardt: Deutschland nach 30 Jahren Grundgesetz, VVDStRL 38 (1980) (im Druck).

¹⁰ Ress (o. Anm. 8), S. 219 f.

¹¹ Zum Beispiel Tomuschat: Die rechtliche Bedeutung der Vier-Mächte-Verantwortung. In: Fünf Jahre Grundvertragsurteil (o. Anm. 2), S. 71 (139 f.); Bernhardt (o. Anm. 9).

¹² E. Klein (o. Anm. 9), S. 106 f.

¹³ Mit der These vom Untergang des Deutschen Reiches, die heute von der DDR (dazu J. Hacker: Der Rechtsstatus Deutschlands aus der Sicht der DDR. Köln 1974), in der BRD aber nur vereinzelt vertreten wird, läßt sich die „Schrumpfstaats"-Variante der Fortbestandsthese nicht entkräften: Nachdem nämlich die Ansicht, das Deutsche Reich sei 1945 durch debellatio vernichtet worden (z. B. H. Kelsen: the Legal Status of Germany according to the Declaration of Berlin, American Journal of International Law 39 [1945], 518 [520]), sich zu Recht nicht hatte durchsetzen

können (dazu eingehend K. Doehring: Das Staatsrecht der Bundesrepublik Deutschland. Frankfurt a. M. ²1980, S. 52ff. m. w. N.), war es eine Frage des Selbstverständnisses der BRD, sich mit dem Deutschen Reich zu identifizieren oder nicht (Ress, o. Anm. 8, S. 202, 216f. m. w. N.).

[14] Vgl. E. Schmidt-Jortzig: Die rechtliche Fixiertheit der staatlichen Selbstdarstellung der Bundesrepublik Deutschland, DVBl. 1975, 65ff.; Ress (o. Anm. 8), S. 217f. m. w. N.

[15] Einige Autoren vertreten allerdings die Ansicht, daß die gesamtdeutsche Staatsgewalt in den Rechten und Verantwortlichkeiten der Vier Mächte fortlebe und von diesen treuhänderisch wahrgenommen werde: vgl. K. Pfeiffer: Zur Rechtsnatur der alliierten Vorbehaltsrechte, DVBl. 1973, 57 (63); weitere Nachweise bei Ress (o. Anm. 8), S. 185f.

[16] Zur Fortgeltung und zum Umfang der Vier-Mächte-Verantwortlichkeiten H. Steinberger: Völkerrechtliche Aspekte des Deutsch-Sowjetischen Vertragswerks vom 12. August 1970, ZaöRV 31 (1971), 63 (122ff.); Pfeiffer (o. Anm. 15); R. Schenk: Die Viermächteverantwortung für Deutschland als Ganzes ... Frankfurt a. M., München 1976; D. Rauschning: Sinn und Tragweite der Vier-Mächte-Rechte nach 30 Jahren. In: Finis Germaniae? Frankfurt a. M. 1977, S. 77ff.; Ress (o. Anm. 8), S. 27ff.; Tomuschat (o. Anm. 11), jeweils m. w. N.

[17] BVerfGE 36, 1 (16); Rauschning (o. Anm. 16), S. 84; Ress (o. Anm. 8), S. 214ff.; J. Hacker in: Fünf Jahre Grundvertragsurt. (o. Anm. 2), S. 56; E. Klein, ebd. S. 102f.; Zieger, ebd. S. 207; weitere Nachw. bei Tomuschat, ebd. S. 74.

[18] Ress (o. Anm. 8), S. 223ff. – Gegen diese Interpretation der Vier-Mächte-Verantwortlichkeiten z. B. Tomuschat (o. Anm. 11) S. 78f. m. w. N.

[19] Steinberger (o. Anm. 16), S. 136f.; E. Klein (o. Anm. 8), S. 28ff.; ders. (o. Anm. 9), S. 107; B. Meissner, ebd. S. 126; D. Blumenwitz: Die Darstellung der Grenzen Deutschlands in kartographischen Werken. Bonn 1980, S. 27, 71ff.; dagegen Tomuschat (o. Anm. 11), S. 79ff. m. w. N.

[20] BVerfGE 40, 141 (171ff.).

[21] Vgl. Kommuniqué der Bundesregierung zum Warschauer Vertrag, Bulletin 1970, 1818 (1819); M. Kriele: „Deutschland" als Rechtsbegriff. In: ders., Legitimitätsprobleme der Bundesrepublik. München 1977, S. 211 (226); E. Klein (o. Anm. 8), S. 30.

[22] Vgl. Blumenwitz (o. Anm. 7), S. 11.

[23] Tomuschat (o. Anm. 11), S. 78f. m. w. N.; Bernhardt (o. Anm. 9).

[24] Blumenwitz (o. Anm. 7), S. 46f.; von Mangoldt, ebd. S. 126f.; Zieger, ebd. S. 201; Quaritsch, VVDStRL 38 (1980) (im Druck).

[25] Vgl. F. Berber: Lehrbuch des Völkerrechts. Bd. 1. München ²1975, S. 148ff., 247ff.; Seidl-Hohenveldern (o. Anm. 1), S. 155f.

[26] Vgl. R. Stödter: Deutschlands Rechtslage, Hamburg 1948, S. 83ff.; Doehring (o. Anm. 13), S. 53f., 61, für den Zeitraum bis zur formellen Beendigung des Kriegszustandes; E. Wehser in: Menzel/Ipsen: Völkerrecht. München ²1979, S. 187; Ress (o. Anm. 8), S. 218, 223ff. – M. Kriele (o. Anm. 21), S. 223, meint, Deutschland sei mangels Staatsgewalt nicht mehr Staat, aber noch Völkerrechtssubjekt. Hier wird der „normale" Staatsbegriff beibehalten, aber der Begriff des Völkerrechtssubjekts auf eine atypische Kategorie erweitert. Das ist wohl nur eine terminologische Differenz.

[27] Vgl. Doehring (o. Anm. 13), S. 61ff.

[28] Siehe oben Anm. 14.

[29] Vgl. Londoner Schuldenabkommen v. 27. 2. 1953, Arg. Art. 5, so Schiedermair, VVDStRL 38 (1980) (im Druck); Österreichischer Staatsvertrag v. 15. 5. 1955, Art. 28 Abs. 1.

[30] Schiedermair (o. Anm. 8), S. 116.

[31] Steinberger (o. Anm. 16), S. 90ff.; Schiedermair (o. Anm. 8), S. 116f.

[32] Siehe oben Anm. 19, 20.

[33] Vgl. Blumenwitz (o. Anm. 7), S. 11; Ress (o. Anm. 8), S. 218.

[34] Ress (o. Anm. 8), S. 203 ff. (206); zur Staatsangehörigkeitsfrage ausführlich G. Zieger: Das Problem der deutschen Staatsangehörigkeit. In: Fünf Jahre Grundvertragsurteil (o. Anm. 2), S. 189 ff.

[35] H. Steinberger: Einflüsse der Ostverträge auf Deutschland als Ganzes? In: Finis Germaniae? Frankfurt a. M. 1977, S. 24 (26); H. Schiedermair: Der völkerrechtliche Status Berlins nach dem Viermächte-Abkommen vom 3. September 1971. Berlin u. a. 1975, S. 198 f.; E. Klein (o. Anm. 9), S. 103, 134; Blumenwitz (o. Anm. 19), S. 75; ders. (o. Anm. 7), S. 115; dagegen Tomuschat, ebd. S. 86 f.

[36] Hacker (o. Anm. 17), S. 120; von Mangoldt, ebd. S. 127 f.; Blumenwitz (o. Anm. 19), S. 75; Schiedermair (o. Anm. 29). – Zur Rechtslage Berlins Schiedermair (o. Anm. 35).

[37] Rauschning in: Fünf Jahre Grundvertragsurteil (o. Anm. 2), S. 309; Blumenwitz, ebd. S. 11 f.

[38] So z. B. H. Diwald: Die Anerkennung. München, Eßlingen 1970, S. 114, 120 f. – Wer den Status quo für das unwiderruflich letzte Wort der deutschen Geschichte hält, für den ist die „deutsche Frage" entschieden; die juristische Beschäftigung mit dieser Frage kann, so gesehen, nur noch Schattenboxen sein.

[39] Dazu Murswiek (o. Anm. 3), S. 75 f., 102 ff. – Zum „Wiedervereinigungsgebot" G. Ress (o. Anm. 2) m. w. N.

[40] A. A. G. Ress (o. Anm. 2), S. 292, der verkennt, daß Art. 146 GG der „Unabänderlichkeitsklausel" des Art. 79 III GG, die das „Wiedervereinigungsgebot" nicht enthält, rechtssystematisch übergeordnet ist. Vgl. Murswiek (o. Anm. 3) S. 136 f., 149 ff., 252.

[41] Die Gegenansicht, z. B. Kewenig in: Fünf Jahre Grundvertragsurteil (o. Anm. 2), S. 312 f., übersieht, daß Verfassungsnormen sich nicht auf ihre gerichtliche Überprüfbarkeit reduzieren lassen.

[42] BVerfGE 36, 1 (17 f.) – Grundvertragsurteil.

[43] Ress (o. Anm. 2), S. 282 f.; Murswiek (o. Anm. 3) S. 112.

[44] Ress (o. Anm. 8), S. 103 ff., insb. 112 ff.; ders. (o. Anm. 2), S. 283; Doehring (o. Anm. 1), S. 39 ff.

[45] Daneben nach Doehring (o. Anm. 1), S. 41 f. die Staatsvölker der BRD und der DDR; insoweit zweifelnd Ress (o. Anm. 8), S. 105.

[46] Vgl. Doehring (o. Anm. 1), S. 23, 27.

[47] Diesen Begriff verwende ich in Anlehnung an den Begriff der „Staatspflege", vgl. H. Krüger: Allgemeine Staatslehre. Stuttgart u. a. ²1966, S. 214 ff.; ders.: Von der Staatspflege überhaupt. In: Die Selbstdarstellung des Staates. Hrsg. von H. Quaritsch. Berlin 1977, S. 21 ff.

[48] Dazu vgl. jetzt den Streit um die Darstellung der Grenzen Deutschlands in Schulatlanten, Blumenwitz (o. Anm. 19), mit Darstellung der Gegenposition. Dieser Streit zeigt auch, welche Probleme aus einem Widerspruch zwischen verfassungsrechtlicher und völkerrechtlicher Verpflichtung resultieren können: Die BRD hat im Warschauer Vertrag die Oder-Neiße-Linie als westliche Staatsgrenze Polens anerkannt, aber das „Wiedervereinigungsgebot" erstreckt sich auch auf die Ostgebiete. Vgl. E. Klein (o. Anm. 2); Ress (o. Anm. 2), S. 275 f.

[49] Vgl. W. Wengler: Das Offenhalten der deutschen Frage. In: Fünf Jahre Grundvertragsurteil (o. Anm. 2), S. 323 (330).

[50] Vgl. Bayerischer Staatsanzeiger Nr. 36/1974, S. 1; Niedersächsisches Ministerialbl. 1978, S. 1857.

[51] Über den „Kürzelstreit" informiert umfassend H. Berschin: Deutschland – ein Name im Wandel. München 1979.

[52] GMBl. 1965, S. 227; aufgehoben 1971, GMBl. 272.
[53] Berschin (o. Anm. 51), S. 87ff.
[54] Ress in: Doehring/Ress: Staats- und völkerrechtliche Aspekte der Berlin-Regelung. Frankfurt a. M. 1972, S. 52, und Schiedermair (o. Anm. 35), S. 167f., sprechen bezüglich des Vier-Mächte-Status für Berlin von ,,Anschlußverbot". Hinsichtlich Deutschlands als Ganzem erschiene mir dieser Ausdruck als zu einseitig, weil es rechtlich nicht um einen Anschluß an die BRD gehen muß und praktisch nicht gehen kann.
[55] Österreich fällt trotz Art. 4 des Staatsvertrages vom 15. 5. 1955 nicht unter diese Definition. Es ist offensichtlich, daß die Österreicher – auch bei Wegfall des Verbots – den Anschluß nicht wollten.

STEFAN T. POSSONY

Selbstmord aus Angst vor dem Tode?

Der Westen krankt
nicht nur an Feigheit...

Hat der Westen eine neue Strategie erfunden – die Strategie der Feigheit? Ich glaube es kaum, denn es gibt keinen Westen, der zu einer gemeinsamen politisch-strategischen Willensbildung fähig wäre. Ferner ist das, was von den Weststaaten und ihren Verbündeten als Strategie ausgegeben wird, vorwiegend als Opportunismus und Improvisation zu deuten. Schließlich ist der Westen viel zu verwirrt, um zu erkennen, was denn eine möglicherweise zweckmäßige Strategie der Feigheit überhaupt sein könne.

Was ist Feigheit?

Im Westen hat man Angst vor dem Krieg. Man fürchtet aber auch den Kommunismus als System und möchte unter keinen Umständen die Kommunisten reizen oder gar verärgern. Da die Angst vor dem Kriege überwiegt, unterdrückt man die Furcht vor dem Kommunismus, indem man ihn umdeutet. Die Zweifel an der Notwendigkeit, überhaupt Widerstand zu leisten, entarteten in außenpolitische Lähmung, und Diplomatie dient hauptsächlich dazu, sich dem Angreifer anzubiedern und ihn zu besänftigen.
Feiglinge sterben viele Tode noch vor ihrem Tod, sagte Shake-

speare, aber Feigheit ist sicherlich nicht die einzige Triebfeder oder der wichtigste Hemmschuh westlichen Verhaltens. Die strategische Feigheit ist eben deshalb so ausgeprägt, weil die Angst vor dem Kommunismus *verkümmert* ist. Die Gefahr des Krieges und die Reizbarkeit der Kommunisten werden weit *überschätzt*, die Gefährlichkeit der Kommunisten als Sieger, Herrscher und Sklavenhalter wird maßlos *unterschätzt*.

Feigheit wird oft als Kleinmut oder Furcht definiert. Das Oxford Universal Dictionary betrachtet Feigheit als unwürdige Furcht vor Schmerz, Gefahr oder Schwierigkeiten, wobei unbegreiflicherweise die Angst vor dem Tode übersehen wird. Ich halte diese Definition für falsch.

Feigheit und Mut sind ein dialektisches Paar, und *beide* Begriffe beziehen sich auf Furcht. Mut besteht darin, Furcht zu überwinden. Feigheit besteht darin, daß Furcht das Verhalten selbst auf Kosten der Vitalinteressen bestimmt.

Feigheit darf weder mit Furcht noch mit Vorsicht verwechselt werden. Sie liegt auch nicht vor, wenn man sich einer drohenden Gefahr entzieht oder das Aufkommen einer Gefahr verhindert. Umgekehrt ist es ein falscher Mut, auf einem vermeidbaren Kampf zu bestehen.

Im Sport erwartet man von einem Leichtgewichtler nicht, daß er gegen einen Schwergewichtler antritt. Ein Mittelgewichtler ist nicht feige, wenn er sich weigert, gegen einen Schwergewichtler zu kämpfen, aber er zeigt Mut, wenn er den Kampf wagt. Hingegen ist ein Staatsmann, der in einen Krieg zieht, den er mit Sicherheit verlieren wird, nicht unbedingt für seinen Mut zu preisen. Ein guter Stratege handelt stets vorsichtig und wird darauf bedacht sein, Zeit zu gewinnen, um seine Kräfte zu stärken und die Bedingungen der Auseinandersetzung zu verbessern. Selbst wenn er sich als kühn erweist, stützt er seine Entscheidungen auf ein sorgfältiges Kalkül. Er handelt nicht, um seinen Mut unter Beweis zu stellen, sondern um den Gegner zu überraschen. Sogar die Vermeidung der Schlacht im Rahmen einer wohldurchdachten Ermattungsstrategie hat mit Feigheit nichts zu tun. („Wer flieht, kann später wohl noch siegen. Ein toter Mann bleibt ewig liegen." Samuel Butler). Im Konflikt und im Krieg handelt es sich darum, erfolgreich zu sein, ohne das eigene Überleben und die weitere Handlungsfreiheit zu riskieren. Dem Sieger als Menschen gebühren Lorbeerkränze und Denkmäler. Das Entscheidende ist jedoch nicht, daß er Mut beweist, sondern daß er das strategische Ziel erreicht.

Feigheit äußert sich heutzutage vor allem darin, daß Regierungen sich von der Furcht vor dem Krieg lähmen lassen. Einige sind bereit, dem Feind jedes Verlangen zu gewähren: dieses Entgegenkommen soll ihn überzeugen, daß zur Erreichung seiner Ziele der Krieg gar nicht notwendig ist. Andere Regierungen sind nicht willens, ernsthaft zu rüsten: könnte doch der Wille zur Selbstverteidigung den Gegner zu drastischen Gegenmaßnahmen verleiten. Das alles ist *Feigheit*, und die Feigheit beginnt in dem Augenblick, da man sich weigert, sich auf den Streit vorzubereiten, den man deutlich kommen sieht. Doch solange keine Ziele bestimmt und keine tauglichen Mittel gewählt sind, um jene zu erreichen, handelt es sich nicht einmal um Strategie der Feigheit.

Strategie der Feigheit

Angenommen, das Ziel wäre, Menschenverluste zu vermeiden: bestünde dann eine zweckmäßige Strategie der Feigheit etwa darin, Westeuropa durch linkssozialistische und kommunistische Wahlsiege oder durch einseitige Abrüstung und Kapitulation an die UdSSR auszuliefern? Diese Strategie der *Präventiv-Kapitulation* wäre aus zwei Gründen unsinnig: erstens begeht man nicht Selbstmord aus Angst vor dem Tode, wie schon Bismarck bemerkte; zweitens würde die Feigheit vor dem Kriege, die dazu führen soll, den Krieg um jeden Preis zu verhüten, nicht genügen, die Menschenopfer zu vermeiden, die den besiegten Nationen *nach* dem Triumph des Kommunismus auferlegt würden. Dazu wäre eine zusätzliche Strategie nötig. Man mag die Übergabe befürworten, aber sie ist ein untaugliches Mittel, um Menschenleben kurzfristig während des Krieges und langfristig nach dem Kriege zu retten. Um ein guter Stratege der Feigheit zu sein, genügt es nicht, „volle Hosen zu haben", man muß auch wissen, *wie* man das Ziel der Feigheit erreicht.

Wenn man die Feigheit ernst nimmt, muß man eine ihr entsprechende Strategie tatsächenmäßig unterbauen. Falls der Kommunismus das Schlaraffenland bringen würde, dann wäre die Wahl zwischen rot und tot nicht schwer zu treffen. Es wäre keineswegs mutig, sondern unvernünftig, gegen das Paradies oder auch gegen ein Halbparadies Krieg zu führen. Schwärmerische Idealisten, Utopisten und Sozialromantiker, die Verteidigung, Bündnis, Widerstand und Kampf deshalb ablehnen, da sie von der kommunistischen Wirklichkeit falsche Vorstellungen besitzen, sind keine Strategen der Feigheit, sondern Opfer von Täuschung und Selbsttäuschung. Viele Jungsozialisten glauben, die Lohnverhältnisse in der UdSSR seien besser als in Westeuropa, wo vier- bis fünfmal höhere Löhne gezahlt werden und die von Käufern gewünschten Waren erhältlich sind. Was auch immer in der Freien Welt geschieht, um die Lebensverhältnisse zu verbessern – dem Arbeiter in der UdSSR geht es angeblich besser. Die Verluste an Menschenleben, die in der UdSSR durch Hungersnot, Liquidation sozialer Klassen und systematischen Terror auch gegen Linke und treue Mitglieder der Kommunistischen Partei erzeugt wurden, übertreffen die Menschenopfer der blutigsten Kriege in der Geschichte. Darf man Tatsachen dieser Art bei der strategischen Planung übersehen?

Würde aber ein Nuklearkrieg nicht blutiger sein als selbst ein sich auf Jahrzehnte erstreckender Terror? Die Kapitulation vermeidet nicht den Einsatz atomarer Waffen. Denn es besteht keine Garantie dafür, daß der Kreml es unterlassen wird, westliche Waffenlager, schwere Waffen und Truppen vor der kommunistischen Besetzung durch Nuklearschläge zu vernichten. Er würde auch nicht davor zurückschrecken, Kernwaffen zu verwenden, um spontanem Widerstand, der sich entwickeln könnte, vorzubeugen. Sobald der Westen von den Sowjets besetzt wäre, würden die ,,unzulässigen Elemente" der besiegten Länder massenweise umgebracht oder in Arbeitslager gesteckt werden. (Die Arbeitslager sind seit 1919 im sowjetischen Gesetz verankert; sie wurden nicht von ,,berufsmäßigen Antikommunisten" erfunden.)

Wer die Kapitulation befürwortet, in der Hoffnung, damit Menschenopfer zu vermeiden, sollte einmal die Geschichte der mongolischen Feldzüge nachlesen: dann wird er vielleicht ahnen, wie die Kommunisten auf die Kapitulation ihrer Gegner reagieren werden. Kommunismus kämpft und regiert mit Terror. Die Vorstellung,

daß man dem Recht aufs Leben dient, wenn man ganze Völker
an Terroristen ausliefert, ist trügerisch oder verlogen.

Kurz, eine Strategie der Feigheit vermag nicht einmal das nackte
Überleben zu garantieren. Sogar wenn der Feige richtig denken
könnte, so läßt sich aus der Feigheit nicht viel schaffen: *de nihilo
nihil.*

Strategie der Halbheit

Ein Vierteljahrhundert nach dem Entstehen des NATO-Bündnisses fehlt es noch immer an einer Strategie, die imstande wäre, die
Sicherheit *aller* Verbündeten zu gewährleisten und deren Interessen zu schützen. Aber trotz aller Feigheit und Unentschlossenheit
seiner Mitglieder zielt das Bündnis grundsätzlich nicht auf Unter-
werfung unter die UdSSR ab, und insofern verfolgt es auch keine
Strategie der Feigheit. Sicherlich hat einigen der Verbündeten
wiederholt der Mut gefehlt, dem Kommunismus Einhalt zu gebieten. Vielleicht mögen sich auch in Zukunft einige Bundesgenossen
im Ernstfall dem Kampfe entziehen und dem Feind die Tore öffnen. Dennoch wird im Falle eines Angriffes gekämpft werden. Der
Krieg mag mit einem Ultimatum beginnen, aber das Ultimatum
wird wahrscheinlich von einem massiven Nuklearangriff begleitet
sein. Die Gefahr besteht darin, daß man sich ungenügend und un-
zweckmäßig auf den Kampf vorbereitet, ohne imstande zu sein,
den Krieg durch überlegene Stärke und politisches Geschick zu
vermeiden. Der Verteidiger mag sich somit plötzlich in einer
Schlacht befinden, die er nicht gewinnen kann.

Der Krieg wird *nur dann* kommen, wenn der Kreml (mit Recht
oder Unrecht) glaubt, des Sieges sicher zu sein. Keine Siegesaus-
sicht – kein Krieg! Sollte daher die UdSSR diesem Prinzip gemäß
angreifen, dann würde die NATO unter ungünstigen Bedingungen
kämpfen. Ein solcher Krieg könnte für den Westen äußerst blutig
ausfallen und mit einer Niederlage enden, die weitere Hekatomben
und außerdem den Verlust aller politischen Rechte nach sich ziehen würde. Durch die NATO-Strategie der Halbstärke, des Halb-
willens, des Halbmutes und der Halbfeigheit werden die gefährlichsten Folgen der Feigheit *und* des Mutes miteinander

kombiniert. Halbheiten provozieren geradezu den Überfall, da der Angreifer der Versuchung, eine günstige Gelegenheit auszunützen, wahrscheinlich nicht widerstehen kann.

Umgekehrt läßt sich ein potentieller Angreifer durch Konzessionen und Opfer nur dann bestechen, wenn der Verteidiger zugleich kampfbereit und stark ist. Ein expansionistischer Staat wie die Sowjetunion, die sich jahrzehntelang auf eine aggressive Strategie eingespielt hat, muß sich innenpolitisch wandeln, bevor sie sich auf eine Politik des *modus vivendi*, die die Erhaltung des Friedens miteinschließt, umzustellen vermag.

Eine Strategie der Vorsicht, der es darum geht, Großkriege zu vermeiden, ist durchaus berechtigt. Aber die Strategie des NATO-Bündnisses ist heute weder vorsichtig noch feige, noch mutig, sondern leichtsinnig und unbekümmert. Vor allem ist sie gedankenlos und so töricht, daß man sich fragen muß, ob so viel Einfalt überhaupt möglich ist.

Gerade an diesem Punkt muß man jedoch vorsichtig sein. Den Strategen der NATO fehlt es *nicht* an Klugheit und an Erfahrung; die erforderlichen Informationen sind ebenfalls vorhanden. Die als feige und dumm erscheinenden Entscheidungen sind vielmehr zwangsläufig einem *falschen Bewußtsein* entsprungen.

Das falsche Bewußtsein, das sich vor allem in irrigen Bildern vom Krieg, vom Feind, vom Freund und von der Zukunft äußert, hat die politischen Eliten und Parteien, die Regierungen und die Parlamente, die Bürokratien und die Nachrichtendienste, die Intelligenz und die Medien, die alten und die jungen Wähler erfaßt.

Sowjetische Subversion hat gewiß das ihrige zum Entstehen dieses falschen Bewußtseins im Westen beigetragen. Aber die Hauptarbeit wurde von der überwiegend „liberalen" politischen Intelligenz geleistet, die es darauf angelegt hat, die Wirklichkeit nicht zur Kenntnis zu nehmen.

Das falsche Bewußtsein, das sich die westliche Öffentlichkeit von dem Konflikt schuf, ist die Hauptwurzel unserer Unfähigkeit, eine aussichtsreiche Strategie der Stärke und der technischen Überlegenheit zu entwickeln.

Kriegsbild

Das falsche Kriegsbild bezieht sich hauptsächlich auf die Wechsel-
wirkung zwischen atomaren und konventionellen Waffen und
wurde zum Teil von der Geheimnistuerei der amerikanischen
Behörden erzeugt. Zum Teil beruht es auch auf einer hochgetrie-
benen Hysterie angesichts von Waffen, die geheimnisvoll bleiben,
weil sie erst vor kurzem erfunden wurden und die Öffentlichkeit
noch nicht einmal die Einheiten kennt, in denen man die modernen
Kriegshandlungen berechnet. Neue Waffen werden immer als
„schrecklich" angesehen, wobei man Wirksamkeit mit Schreck-
lichkeit verwechselt. Wir können das immense Gebiet der modernen Waffentechnik hier nicht behandeln. Nur so viel sei gesagt:

1. Wenn die UdSSR zum Angriff übergehen sollte, dann wird sie
   Nuklearwaffen von der ersten Sekunde an einsetzen – es sei
   denn, der Westen ist von vornherein *so* schwach und willenlos,
   daß ein konventioneller Stoß genügt, um das Bündnis zu zerschlagen. Es besteht jedoch, so vermute ich, eine Wahrscheinlichkeit von 10 : 1, daß die Entscheidung des Kreml, den Angriff
   zu wagen, mit der zweiten Entscheidung gekoppelt sein wird,
   bei diesem Angriff *sofort* Kernwaffen einzusetzen.

2. Die Chancen mittelgroßer und sogar kleiner Staaten, einen
   Angriff gegen ihr Gebiet zu verhindern, werden durch zweckmäßige Atomarrüstungen verbessert. Hingegen sind die Chancen von Staaten, die sich in irgendeiner Weise gegen einen
   atomarisch bewaffneten Feind durch konventionelle Waffen
   zu verteidigen suchen, gleich Null zu setzen.

3. Die Verwendung selbst schwerer Kernwaffen bedeutet *nicht*,
   daß ganze Völker sterben müssen. Man kann sich durchaus
   wirksam (wenn auch nicht ohne schwere Verluste) gegen einen
   nuklearen Angriff verteidigen.

Es genügt darauf hinzuweisen, daß die UdSSR ihre Kriegsvorbe-
reitungen auf dieser Voraussetzung aufbaut und erhebliche Sum-
men für den industriellen und zivilen Luftschutz ausgibt[1]. Die ge-
genteilige Annahme, derzufolge die Bevölkerung und die Industrie
nicht geschützt werden können, ist im Westen sehr verbreitet. Sie
ist einer der Hauptgründe, warum die westliche Strategie so jäm-
merlich und inkonsequent erscheint.

Feindbild

Das Feindbild des Westens überschätzt die Stabilität der Kreml-Diktatur und die Stärke der sowjetischen Wirtschaft. Viele glauben, daß die sowjetische Wirtschaft schneller wachse als die aller kapitalistischen Länder, daß sie gleichzeitig die sozialen Probleme erfolgreich löse und außerdem imstande sei, das größte Rüstungsprogramm aller Zeiten ohne Unterbrechung und ohne Schwierigkeiten auf unbegrenzte Zeit weiter fortzuführen. Daß an dieser Annahme etwas falsch sein muß, wird nicht zur Kenntnis genommen. In der UdSSR, so heißt es, sei eine Gesellschaft entstanden, in der es kaum mehr Klassenunterschiede gibt, in der die national-ethnischen Probleme gelöst wurden, wo nur noch Geisteskranke politische Opposition betreiben. Das Land wird zwar noch autoritär regiert, aber ein gewisses Tauwetter habe bereits eingesetzt, das einen schönen Frühling verheiße ...

In diesem Bild eines starken, geeinten, fortschrittlichen und erfolgreichen sozialistischen Rußland ist so gut wie alles falsch – auch die Vorstellung, daß es einen homogenen Staat namens Sowjetunion überhaupt gibt.

Der *ganze* Mythos findet selten Glauben; aber verschiedene politische Gruppen im Westen nehmen jeweils jene Teile an, die ihren Vorurteilen entsprechen.

Die Annahme, das sowjetische System sei stabil und seine Legitimität voll anerkannt, hat fast universale Verbreitung gefunden.

Die Annahme, das sowjetische System sei stabil und seine Legitimität voll anerkannt, hat fast universale Verbreitung gefunden.

Moskau gilt noch immer als das Mekka der doktrinären Linken. Die Anbeter der Macht glauben, der auf uns zukommende Weltherrscher wohne im Kreml. Die Kapitalisten werden immer wieder vom roten Handel verlockt, der angeblich auch zur Verminderung der Arbeitslosigkeit im Westen beitrage.

Als die Kommunisten in Rußland die Macht ergriffen, wurde vorausgesagt, das kommunistische Wirtschaftssystem werde sich der freien Marktwirtschaft sofort als überlegen erweisen. Auf Grund dieser Annahme hielten vor sechzig Jahren viele unserer Väter und Großväter den Kommunismus für unbesiegbar. Aber die kommunistische Wirtschaft versagte sofort, das Debakel wurde klar er-

kannt, und kein Volk hat bislang den Kommunismus freiwillig gewählt; genau dies wäre jedoch geschehen, wenn der Kommunismus
eine überlegenere Wirtschaft verkörperte.

Da der Kommunismus nicht als Beispiel und Vorbild siegen
konnte, bauten Lenin und Stalin einen Militärstaat auf. Sie entwik-
kelten eine Wehr-, nicht eine Sozialwirtschaft. Der kommunistische Staat entspricht den Maßstäben des totalitären Militarismus
Ludendorffs, nicht denen des demokratischen Sozialismus oder der
Freiheit. Wer sich jedoch Ludendorff als strategischen Ratgeber
aussucht, hat mit großer Wahrscheinlichkeit auf das falsche Pferd
gesetzt.

Wie rasch würde sich wohl die Weltlage ändern, wenn man endlich
erkennen wollte, daß es in der UdSSR Ausbeutung und Klassen-
herrschaft, aber *keinen* Sozialismus im Sinne westlicher Sozialre-
former gibt, daß dieses System eher einen Despotismus nazisti-
scher Prägung darstellt!

Die Kommunisten bauen ihre Strategie, die vom Volk große Opfer
erfordert, auf der systematischen Schürung zum Haß gegen den
„Kapitalismus", den „Revanchismus" und den „Imperialismus"
auf – ein Haß gegen Gespenster. Im Westen spricht man vom
kommunistischen Marxismus *nihil nisi bono*. Man will sich mit dieser „durchaus ernst zu nehmenden Weltanschauung" rational aus-
einandersetzen, denn geistige Fragen lassen sich nicht durch Gewalt entscheiden. Die Kommunisten schätzen diese Haltung so ein;
wer nicht haßt, wird nicht kämpfen.

Freundbild

Beim Freundbild hat sich einiges verbessert: die wechselseitigen
Vorurteile, welche die europäischen Nationen noch vor wenigen
Jahrzehnten voneinander trennten, sind schwächer geworden.
Dafür ist ein sehr verkehrtes Amerikabild entstanden: über Ame-
rika *nihil nisi malo*.

Umgekehrt haben maßgebende Politiker der Vereinigten Staaten
dem Wunschtraum einer Verständigung mit der UdSSR den Vorrang über die moralische und militärische Stärkung des westlichen
Bündnisses eingeräumt.

Man begeht oft den Fehler, aus der militärischen Schwäche des Bündnisses auf die allgemeine Schwäche des Westens zu schließen und dabei zu übersehen, daß der Rüstungsrückstand ohne große Schwierigkeit in zwei bis drei Jahren aufgeholt werden könnte. Das Bündnis kann jedoch nicht richtig funktionieren, solange es keine gemeinsame politische Willensbildung gibt, und zu einer solchen Willensbildung ist es nicht gekommen, weil die liberal-konservativen und sozialdemokratischen Parteien Europas die nationalen Interessen ihrer Länder in veralteten Kategorien interpretieren. Die Probleme eines Konflikts, der den gesamten Globus in vier Himmelsrichtungen erfaßt, den Meeresboden sowie den Mond berührt und außerdem im Inneren jedes Landes ausgetragen werden muß, sind noch nicht bewältigt. Die Einsichten, die dennoch erarbeitet wurden, können mangels eines ausreichenden Konsensus nicht in politische Realitäten umgesetzt werden. Wie alle politischen Einrichtungen steht auch die NATO vor der Alternative des Steigens oder des Sinkens. Da es keine Vorstellung davon gibt, wohin die NATO gehen soll, geht's zurück nach Krähwinkel, wo sich alle bis auf weiteres am wohlsten fühlen.

Zukunftsbild

Dem Westen mangelt es an einem Zukunftsbild, das wirklichkeitsbezogen ist und dadurch einen illusionären Utopismus aus der politischen Willensbildung ausschaltet. Die höchsten Werte der Menschheit – Ordnung, Freiheit, Gerechtigkeit, Humanität, Gleichheit und Selbstbestimmung – müssen im Rahmen der neuen Gegebenheiten neu formuliert werden, ebenso wie die politischen Prozeduren und die Institutionen, durch welche diese Werte verwirklicht werden sollen. Das westliche Bündnis bedarf keiner totalen Vereinheitlichung oder gar Gleichschaltung. Doch mulitnationale Zusammenarbeit setzt voraus, daß – trotz der Verschiedenartigkeit der politischen Systeme und der parteipolitischen Färbung der Regierungen und Parlamente – eine einheitliche Willensbildung zumindestens über Fragen der gemeinsamen Verteidigung möglich ist. Das erfordert konstitutionelle und institutionelle Lösungen sowie die Zusammenarbeit der nationalen Parlamente

und Parteien. Die Sozialisten und Sozialdemokraten haben eine
„Internationale", auf deren Tagungen sie sich gern streiten; die
NATO-Konservativen hingegen haben erst zögernd begonnen,
regelmäßig miteinander zu sprechen. Zwischenparteiliche Kon-
takte durch den ideologischen Vorhang hindurch gibt es kaum.

Die ärmere Mehrheit der Weltbevölkerung ist ungeduldig geworden: der technische Fortschritt, so scheint es, könnte deren
Lebensbedingungen rascher verbessern. Diese Ungeduld beruht
zwar teilweise auf Unkenntnis der Probleme des *time-lag,* doch ist
sie nicht ungerechtfertigt, und man sollte sie nicht als eine bloße
Äußerung des Neides abtun. Die Technik kann viele Probleme lösen, die sich weder durch Rhetorik noch durch Recht oder politischen Zwang verändern lassen.

Kurz, wir befinden uns in einem Zustand der nationalen und su-
pra-nationalen Anomie, zu deren Überwindung nur wenig Arbeit
geleistet wird. Von einem Überdenken der politischen Gegensätze,
der demokratischen Institutionen, der Strategie und der Staats-
kunst in einer immer komplexer werdenden dynamischen Welt,
in der die Beschleunigung des Fortschrittes mit der Heraufkunft
eines neuen Barbarentums miteinander im Wettstreit liegen, ist
wenig zu merken.

Konfuzius regte an, politische Reform mit der Richtigstellung der
Begriffe zu beginnen[2]. Wir ziehen die Unordnung des Veralteten
vor. Geistig leben wir noch im 19. Jahrhundert, im Banne eines
anachronistischen ideologischen Bewußtseins, dessen Wurzeln
zwischen 1770 und etwa 1870 liegen.

Selbsterkenntnis und Selbstkritik

Ist dies übertrieben? Sicherlich gibt es neue Gedanken und neue
Erkenntnisse. Aber in den letzten hundert Jahren ist die Welt
durch drei oder vier technische Revolutionen hindurchgegangen,
und die vielleicht bedeutendste dieser Revolutionen läuft eben erst
an. Angesichts der Veränderungen im Sein haben die neuen Ideen,
soweit sie überhaupt vorhanden sind, erst wenig Schlagkraft erwiesen. Keine der großen politischen Parteien des Westens hat bisher
radikale geistige Selbstkritik geübt, sich über Tages- und Wahlfra-

gen erhoben und mit den Grundproblemen des politischen Lebens auseinandergesetzt. Die Kommunisten, die vorgeben, die Selbstkritik gepachtet zu haben, zeichnen sich dadurch aus, daß sie in sechzig Jahren mehr Dogmen schufen als die Kirche in fast zweitausend; und diese Parteidogmen beziehen sich, zum Unterschied von den kirchlichen, fast ausnahmslos auf Fragen, die wissenschaftlich entschieden werden könnten und sollten.

Da auch die christlichen Kirchen den geistigen Problemen der Gegenwart kaum gewachsen sind, hat sich die Politik in eine Ersatzreligion verwandelt; sie ist zu einer schwarzen Magie mit Beschwörungsformeln und obskuren Ritualen degeneriert.

Die Beschwörungsformeln haben bei jeder Partei einen etwas anderen Charakter. Die Sozialisten glauben noch immer an *den* „Sozialismus", obwohl Enteignung und zentrale Planung sich als unzulängliche Mittel wirtschaftlich-sozialen Fortschritts erwiesen haben, abgesehen davon, daß sie weder mit Demokratie noch mit Freiheit zu vereinbaren sind. Die Konservativen wissen nicht genau, welche Traditionen sie abschreiben und welche sie für die Zukunft bewahren sollen. Die Nationalisten bleiben isolationistisch und finden es schwierig, mit den Vertretern anderer Nationen zusammenzuarbeiten. Die Liberalen, die zur Verwirrung strategischen Denkens den größten Beitrag geleistet haben, nahmen von allen anderen Ideologien die fragwürdigsten Elemente auf und vergnügten sich damit, die Treue zu den eigenen Idealen zu brechen. Die Radikalen von links und von rechts haben sich aus dem Reich der Notwendigkeit in das Reich der Illusionen und der Träume geflüchtet, was manchmal psychologische Schwierigkeiten zur Folge hat, die im Terror abreagiert werden.

Trotz dieser Verwirrung zeigt sich der Westen dem Kommunismus immer noch geistig weit überlegen. Das politische Denken des Kommunismus ist eingefroren, die Strukturen seines Herrschaftssystems sind erstarrt. Im Westen zirkulieren noch die Gedanken, die Waffe der Kritik bleibt scharf, die geistige Dialektik nimmt hier ihren Fortgang. Wir müßten nur den Sprung aus dem Falschen heraus wagen! Dazu bedarf es des Mutes: „Mut auf dem Schlachtfelde ist bei uns Gemeingut, aber Sie werden nicht selten finden, daß es ganz achtbaren Leuten an Zivilcourage fehlt" (Bismarck, 1864).

Die Zukunft des Westens

Wie lange wird der Westen noch frei sein? Diese Frage läßt sich
nicht beantworten. Der Gang der Geschichte ist nicht vorherbe-
stimmt, und deshalb ist auch die Niederlage des Westens nicht unvermeidlich. Der Westen *kann* gerettet werden, so wie er schon
oft gerettet wurde – durch seine eigene Kraft.

Fragen darf man allerdings, ob gegenwärtige Trends in Richtung
auf die Unfreiheit, Krieg und Völkermord hinweisen. Freilich muß
man hinzusetzen, daß Trendkurven sich niemals bis ins Unendliche
verlängern, sondern früher oder später ihren Winkel ändern, und
daß außerdem nicht alle Trends sich gleichen. Man schätzt die
Dinge falsch ein, wenn man am Gegner nur dessen Stärke betrachtet, im eigenen Lager hingegen nur auf die Schwächen blickt.

Für die UdSSR hat sich im Fernen Osten eine neue strategische
Lage ergeben, die die Entscheidungsfreiheit Moskaus teilweise
einschränkt. Trotz der ungeheuren Rüstungsanstrengungen, die
mit Breschnews Machtergreifung 1964 begonnen haben, besitzt
der Kreml bis heute keine ausreichende Überlegenheit, die ihn,
solange in ihm vorsichtig operierende Männer das Wort führen,
zu dem Risiko eines Weltkrieges verleiten könnte. Da die Kommunisten immer wieder zu bluffen verstehen, ist nicht anzuneh-
men, daß wir im Westen die sowjetische Nuklearmacht unterschätzen. Die neuen ICBMs[3] sind noch nicht einsatzbereit; es bestehen
jedoch bereits Anzeichen, daß ihnen bald eine neue Generation
von Langstreckenraketen folgen wird. Dies ist sicher furchterre-
gend – aber warum muß man Raketen so rasch erneuern, wenn
man bereits Raketen besitzt, die angeblich allen Ansprüchen entsprechen? Wenn man sich die möglichen Antworten auf diese
Frage zurechtlegt, wird man entdecken, daß statistische Vergleiche
über die Zahl strategischer Waffen nicht ausreichen, um die wah-
ren Machtunterschiede ermessen zu können[4].

Das Vorantreiben der von Marx prophezeiten Weltrevolution mittels Rüstung und Subversion ist der kostspieligste Luxus, den sich
ein Staat je geleistet hat. Über 40 % des Volkseinkommens der
Sowjetunion werden, Sacharow zufolge, diesem Zweck gewidmet.
Aber kann dies so weiter gehen? Die UdSSR muß mit der forcier-
ten Industrialisierung fortfahren, sie hat hier keine Wahl. Aber

dazu braucht sie, wie auch andere Länder, eine neue Energietechnik. Moskau mag nach dem arabischen Öl greifen oder vom Ausland die Kapitalien erpressen, die nötig sind, um die sibirischen Ölfelder zu erschließen und die erforderlichen Transportmittel für den Verkehr durch die Tundren zu bauen. Doch auch in diesem Falle wäre es unerläßlich, eine neue Technologie zu entwickeln, die weder durch Klassenkampf noch durch Krieg erzwungen werden kann. Aus zahlreichen Gründen erfordert die Entwicklung der neuen Technik eine intensive internationale Zusammenarbeit sowohl auf wissenschaftlich-technischem als auch wirtschaftlichem Gebiet. Spionage kann bei der wissenschaftlichen und industriellen Erschließung neuer Energiequellen nur wenig helfen. Wird von den Sowjets eine sture Konfliktstrategie verfolgt, dann könnte der technisch-industrielle Rückstand der UdSSR erheblich größer werden. Ist es undenkbar, daß Sachzwänge dieser Art die Perspektiven des Kreml verändern können? Selbst wenn die Weltrevolution all das leisten würde, was die Marx-Gläubigen von ihr erwarten, wäre sie weniger wichtig als eine neue Technik, die unbegrenzte Mengen von Energie auf Lebenszeit der Menschheit billig zu erzeugen vermag.

Die Streitereien zwischen einzelnen kommunistischen Parteien darf man nicht unterschätzen: Man muß sie im Zusammenhang mit der Tatsache bewerten, daß die Kreml-Diktatur so gut wie keine politische Legitimität besitzt. Ein kleines Gedankenexperiment wird dies klar machen: Gesetzt den Fall, gesinnungstreue Marxisten, denen die Verwirklichung des Sozialismus am Herzen lag und die außerdem von politischen Problemen etwas verstanden, hätten sich am Anfang darauf geeinigt, daß für den Übergang eine Diktatur unvermeidlich sei. Um die offenkundigen Gefahren dieser Lösung zu vermeiden, wäre bestimmt worden, den jeweiligen Diktator, wie im republikanischen Rom, für eine, höchstens zwei kurze Amtszeiten zu wählen. Hätte man eine lange Übergangsperiode erwartet, so würde man vorgesehen haben, das höchste Amt regelmäßig neu zu besetzen, eine Prozedur für die Abwahl vorzusehen und die innerparteiliche Demokratie zu sichern. Alle erdenklichen Schranken gegen politisch-administrative Willkür und persönliche Herrschaft wären errichtet worden. Keinesfalls würde man unter der Schablone „proletarische Diktatur" einen orientalischen Despoten ins Amt gesetzt und ihm das Recht eingeräumt haben, außerhalb des Gesetzes zu regieren und Unfehlbarkeit zu beanspruchen. Cäsar war, anders als Stalin, „non supra grammaticos". Aber eben eine solche despotische Diktatur wurde von Lenin geschaffen. Die Diktatur besteht fort, ohne daß sie je die Frage ihrer Legitimität befriedigend gelöst hätte. Im weiteren Sinne wird die Kreml-Diktatur zwar durch die Ideologie des Marxismus-Leninismus legitimiert, aber diese Legitimierung beruht sozusagen auf einem gefälschten Taufschein. Regierungen ohne Legitimität dauern nicht lange. Bisher blieb der Geburtsfehler des Kreml verdeckt, der Streit unter den Kommunisten macht ihn jedoch offenbar.

Es ist auch falsch, die Langlebigkeit der Nationen zu übersehen und zu vergessen, daß Schwäche und Stärke, Verwirrung und Klarheit, Willenlosigkeit und Entschlußfreudigkeit oft miteinander abwechseln. Unter den Bolschewiken überwand die russische Nation eine Periode der Schwäche. Sie befindet sich gegenwärtig noch im Auftrieb, der sich einer Waffentechnik verdankt, in der die Offensivmittel die Überlegenheit besitzen. Aber zukünftige Waffen werden die Defensive verstärken, und die westlichen Nationen werden sich, so hoffen wir, schließlich doch zu gemeinsamem Handeln zusammenraffen. Vielleicht wird die moralische Erholung erst spät kommen, und wahrscheinlich wird das Tempo der Wiedererstarkung in den einzelnen Ländern verschieden sein. Der russischen Nation wurde in den letzten Jahren zu viel zugemutet. Die Kreml-Strategie, die sich nicht nur auf Westeuropa beschränkt, sondern auch China, Japan und die Vereinigten Staaten bedroht (vom Mittelosten und den Entwicklungsländern ganz zu schweigen), kann die Kräfte des russischen Volkes nicht unbegrenzt lange überbeanspruchen. Dies träfe sogar dann zu, wenn die Ukrainer mit den Russen gemeinsame Sache machten, wenn die sowjetischen Gebiete im Fernen Osten, die fast leer stehen, ausreichend mit russischen Menschen besiedelt würden und wenn die unterdrückten nichtrussischen Völker in Osteuropa *und* in der UdSSR geneigt wären, den russischen Imperialismus zu unterstützen. Auf je einen Russen kommen zwölf bis vierzehn Nichtrussen in der UdSSR, in Osteuropa, Westeuropa, Nordamerika, im Mittleren und Fernen Osten ...

Keinem Eroberer ist je gelungen, über seine Kräfte hinaus zu wirken. Selbst wenn die modernen Waffen die Eroberung erleichtert haben, was noch zu beweisen ist, so nützen sie nicht viel nach der Schlacht, wenn das eroberte Gebiet sich als zu groß für die dauernde Besetzung durch das siegreiche Volk erweist.

Diese Schwierigkeiten bedeuten nicht, daß der sowjetische Expansionsdrang aufgehört habe. Aber die Strategen der UdSSR müssen mit dem Einsatz des bereits überbeanspruchten russischen Volkes vorsichtig sein. Eine Strategie der *over-extension* kann nicht zum Erfolg führen. Aus ihrer eigenen Geschichte sind die russischen Generale mit diesem Problem sehr vertraut.

Diese Bemerkungen beabsichtigen keineswegs, die ungeheure Gefahr, die dem Westen droht, zu verniedlichen. Die Gefahr wird sogar weiter wachsen und kann (aber muß nicht) zu einem Zusammenstoß führen. Aber auch die Entstehung neuer Konstellationen ist vorauszusehen.

Der Kreml mag sich strategisch verrechnen oder nicht; das westliche Interesse besteht nach wie vor darin, den Krieg verläßlich zu verhindern und der sowjetischen Dreifach-Strategie, die Subversion, manipulierte Wahlen und militärische Erpressung umfaßt, den Weg zu sperren. Die Verstärkung der westlichen Verteidigungskraft und die Wiederbelebung des westlichen Bündnisses sowie dessen Verkoppelung mit dem Fernen Osten sind die notwendigen Voraussetzungen der westlichen Sicherheit. Um diese Voraussetzungen zu schaffen, ist es erforderlich, daß das politische Denken des Westens sich schöpferisch verjüngt und eine Strategie entwickelt, die nicht von der Vergangenheit beherrscht wird, sondern in der dynamischen Wirklichkeit der Gegenwart eine erträgliche Zukunft vorzubereiten und zu sichern vermag.

Anmerkungen

[1] Vgl. Léon Gouré: War Survial in Soviet Strategy, USSR Civil Defense. University of Miami, Florida, Center for Advanced International Studies 1976.

[2] Vgl. INITIATIVE 5: Sprache und Herrschaft. Die umfunktionierten Wörter. Freiburg i. Br. 1975.

[3] Interkontinentale Ballistische Raketen.

[4] Vgl. INITIATIVE 13: Bereiten wir den falschen Frieden vor? Vom Gestaltwandel internationaler Konflikte. Freiburg i. Br. 1976.

EBERHARD WAGEMANN

Verteidigung als Dienst für unsere Demokratie

Für viele westliche Demokratien ist Verteidigung ein ärgerliches Thema. Seit 1949 ist man sich einig, daß zur konventionellen Verteidigung Mitteleuropas, gegenüber dem Schwerpunkt des sowjetischen Aufmarsches, etwa 50 Divisionen erforderlich sind. Tatsächlich sind wir aber über 30 Divisionen nicht hinausgekommen. Die gefährliche Lücke in der konventionellen Verteidigung konnte bis zum Ende der sechziger Jahre durch die amerikanische Kernwaffenüberlegenheit ausgeglichen werden – anfangs durch Androhung massiver Vergeltung, später im Rahmen der abgestuften Abschreckung.

Die Frage

Mit zunehmendem Gleichstand der nuklearen Arsenale schwand die Glaubwürdigkeit nuklearer Drohungen zum Ausgleich konventioneller Unterlegenheit. Heute wissen alle Staatsbürger in Westeuropa, daß die Anwendung nuklearer Waffen als Schutzobjekt tödlich gefährden und, infolge fehlenden Zivilschutzes, den Streitkräften die Motivation zur Verteidigung entziehen müßte. Unsere Politiker aber *könnten* wissen, daß eine ausreichende konventionelle Verteidigung und der Zivilschutz personell und finanziell für Westeuropa mit seinen 250 Millionen Menschen gegenüber der Sowjetunion mit ebenfalls 250 Millionen Menschen durchaus möglich und zumutbar ist. Denn die konventionelle Rüstung ist der einzige Weg, die Atomschwelle zu heben, den Ersteinsatz von Kernwaffen zu vermeiden und damit die Abschreckung wiederherzustellen, ohne den Frieden zu gefährden, da konventionell bewaffnete Streitkräfte einen atomar gerüsteten Nachbarn nicht bedrohen können.

Unsere Politiker sehen aber auch, daß dem Staatsbürger in den freiheitlichen Demokratien heute oft die Bereitschaft fehlt, seine Freiheit und seinen Wohlstand zu verteidigen. Konsumorientierung und politisches Wunschdenken verursachen ein immer gefährlicher werdendes Ungleichgewicht der militärischen Potentiale.

So drängt sich die Frage auf, ob die westlichen Demokratien gegenüber den totalitären Systemen ihre politische Unabhängigkeit aufrechterhalten und in Freiheit überleben können. Die Frage hatte sich schon einmal, im Jahre 1939, gestellt. Aber Rußland ist heute nicht mehr, wie Deutschland 1939, eine ausschließlich kontinentale Macht. Die Parität der Nuklearpotentiale in Verbindung mit der konventionellen Überlegenheit des Warschauer Paktes schließt eine spätere Korrektur von Anfangserfolgen des totalitären Angreifers als Teil einer realistischen Verteidigungsstrategie aus. Vorneverteidigung ist die einzig mögliche, den Frieden stabilisierende Folgerung.

Für die nähere und weitere Zukunft der Demokratien ist es wesentlich zu erkennen, ob Demokratie und Verteidigung strukturell Gegensätze sind, ob Verteidigung bloß eine Einschränkung und Belastung demokratischer Zielsetzungen bedeuten muß oder ob das außenpolitische Erfordernis auch für die innere Entwicklung der Demokratie eine positive Bedeutung haben kann.

Die westliche Demokratie wird von der freien Zustimmung ihrer Bürger getragen. Die Mehrzahl schätzt die Demokratie, weil sie ihr Vorteile bringt. Eine solche Nutznießerhaltung genügt aber nicht, um wirklicher Belastung standzuhalten.

Wachsende militärische Bedrohung bei Zerfall der politischen Solidarität im Inneren konfrontiert uns mit der Frage, ob es möglich ist, die Bedrohung von außen als Chance zur Konsolidierung im Inneren zu nutzen.

Zur Entwicklung der Demokratie und Wehrpflicht in Preußen

Die militärische Verteidigung im Zeitalter der Nationalstaaten wurde vom Staatsbürger im Rahmen der allgemeinen Wehrpflicht getragen. Diese für das 19. und 20. Jahrhundert in Europa typische Wehrform hat sich im Zeitalter der Französischen Revolution und der Napoleonischen Kriege aus politischen Notlagen entwickelt. In Frankreich verkündete 1793 Carnot die *levée en masse* zur Abwehr der österreichisch-preußischen Koalitionsarmee. In Preußen entwickelten später die „Reformer" zur Befreiung von französischer Fremdherrschaft in den Jahren 1808 bis 1814 eine neue Wehrverfassung als Teil einer politischen Reform, an deren Ende nach dem Versprechen des Königs von 1814 eine Verfassung gewährt werden sollte.

Welche Kräfte wirkten in dieser politischen Bewegung an der Wende des 18. zum 19. Jahrhundert? Im Laufe des 18. Jahrhunderts war das Bürgertum zu Wohlstand gelangt. Es hatte an Selbstbewußtsein gewonnen. Seiner wirtschaftlichen und fachlichen Leistung entsprach der Ausschluß von politischer Verantwortung im Staat des Absolutismus nicht mehr. Wie zuvor in den Niederlanden und England, so wurde auch in Frankreich die finanzielle Leistung des Bürgertums für den Staat zum Hebel, die Beteiligung an der politischen Macht durchzusetzen.

Der Unterhalt der Armee war im Staat der Hohenzollern das Motiv für den Ausbau der preußischen Verwaltung gewesen, die neben der österreichischen in Europa als vorbildlich galt. Das Heer war ein politisches Instrument des Königs. Söldner im Ausland anzuwerben erschien nach merkantilistischen Gesichtspunkten durchaus als wirtschaftlich sinnvoll. Den Bürger ging Politik nichts an, er hatte seiner beruflichen Arbeit nachzugehen, Steuern zu zahlen und „Ruhe zu halten".

Das Heer war nicht nur ein kostbares Instrument für die Verteidigung. Es war auch Garant der inneren Ordnung. Das stehende Heer war als Stütze königlicher Macht gegenüber den Ständen im absolutistischen Frankreich des 17. Jahrhunderts geschaffen worden. Es hatte auch in Preußen seit König Friedrich Wilhelm I. dazu gedient, die monarchische Souveränität nach innen gegenüber dem Adel und nach außen gegenüber den Nachbarn wie einen „rocher de bronze" zu stabilisieren. Es war dem König gelungen, den Adel durch Mitverantwortung und Privilegien, nicht zuletzt durch das Monopol, die Offiziersstellen im Heer zu besetzen, auf seine Seite zu ziehen. So war das Heer, als Instrument der politischen Herrschaft geschaffen, zum Hort der „alten Ordnung" geworden. Die Armee sollte nicht „integriert", sie sollte auch im Inneren – nicht nur gegen äußere Feinde – einsetzbar sein. Diesem politischen Zweck entsprach das „Innere Gefüge". Der Gehorsam der Mannschaften beruhte zum großen Teil auf der Angst vor grausamen Strafen bis hin zum Spießrutenlaufen. Die Angst vor dem Vorgesetzten sollte der Angst vor dem Feinde wenigstens die Waage halten, um die Desertion der teuren Söldner in Grenzen zu halten. Das Ansehen der durch Angst zum Dienst gepreßten Söldner war im Bürgertum naturgemäß so gering wie ihre Selbstachtung.

In Preußen stand der Bürger dem Staat und dem Heer unbeteiligt gegenüber. Als sich 1792 nach der Kanonade von Valmy die Koalitionsarmee wieder aus Frankreich zurückzog und den nachdrängenden französischen Revolutionstruppen das linke Rheinufer kampflos überließ, erkannten politisch weitsichtige Zeitgenossen, daß eine „neue Epoche der Weltgeschichte" (Goethe) begonnen habe. Die Schwäche des ancien régime war an der Schwäche seines Hauptinstrumentes, der Führung des Heeres, sichtbar geworden.

Scharnhorsts Abhandlung über „Die Entwicklung der allgemeinen Ursachen des Glücks der Franzosen in dem Revolutionskriege" beginnt mit dem Satz: „Die Quelle des Unglücks, welches die verbundenen Mächte in den französischen Revo-

lutionskriegen betroffen hat, muß tief in ihren inneren Verhältnissen und denen der französischen Nation verwebt sein"
(April 1806). Scharnhorst fordert in dieser Schrift, was er bereits Anfang der siebziger Jahre beim Grafen Wilhelm von
Schaumburg-Lippe, seinem weitschauenden militärischen
Lehrer und Erzieher, gelernt hatte – also lange vor der Französischen Revolution: „Nur dadurch, daß man die ganze Masse
des Volkes bewaffnet, erhält ein kleines (Land) eine Art von
Gleichgewicht der Macht in einem Defensivkriege gegen ein
größeres, welches einen Unterjochungskrieg führt und an-
greift."
Schon vor der preußischen Niederlage im Oktober 1806 war
also von Scharnhorst das militärische Reformkonzept formuliert, wie auch der Freiherr vom Stein 1797/98 bereits Preußens Erneuerung *aus einer großen Veränderung in den Grund-
sätzen und in den Menschen"* gefordert hatte.
Wirksam wurden diese Erkenntnisse über die Folgen mangeln-
der Identifizierung des Bürgers mit dem Staat aber erst, als die
Not der Niederlage und Besetzung dem Staat keinen anderen
Ausweg mehr ließ als die Reform.
In seiner Nassauer Denkschrift von 1807 beantwortet Stein die
Frage: „Wie kann der Gemeingeist wieder belebt werden?"
Stein knüpft an das Genossenschaftswesen der vorabsolutisti-
schen Zeit an, er bezieht sich aber auch auf die erzieherischen
Prinzipien Pestalozzis, wenn er Selbständigkeit, „Gemeingeist
und Bürgersinn" durch Selbstverwaltung wecken will. Der
Staat soll sich dort zurückziehen, wo er durch Mitarbeit und
Mitverantwortung der Bürger bei der Ordnung ihrer eigenen
Angelegenheiten ersetzt werden kann.
Steins politische Reform konnte nicht vollendet werden. Der
Aufhebung der Erbuntertänigkeit der Bauern (1807) und der
Einführung der Städteordnung (1808) folgte die beabsichtigte
Verfassung der ländlichen Kommunen, der Provinzialstände
und der Reichsstände nicht mehr. Auf mittlerer und oberer
politischen Ebene gelang ihm lediglich noch die Grundlegung
der Verwaltungsreform. Stein wurde Ende 1808 entlassen.
Bei der Beurteilung der Steinschen Reformen und ihrer Bedeu-
tung für den Geist der Demokratie in Deutschland liegt der

Vergleich mit Frankreich nahe. Dort hatte der Kampf um die Sicherung der Pariser Revolution gegenüber den Provinzen zu einer straff zentralistischen Verwaltungsgliederung in Departements geführt, die den natürlich gewachsenen Landesteilen ihre Selbständigkeit und die Möglichkeit zu regionaler Repräsentanz entzog. Die Entwicklung der Reform in Preußen verlief genau entgegengesetzt. Nicht erst seit dem Beginn des Zeitalters der Nationalstaaten hat Frankreich im Vergleich zu Deutschland den Staat auf dem Wege des Zentralismus zu stärken versucht. Nicht zufällig endete die Französische Revolution nach vier zentralistischen Verfassungen in der Diktatur eines absolutistischen Kaisertums, während die preußische Reform, nach der Kraftanstrengung der Befreiungskriege in die Opposition abgedrängt, in der Städteordnung und in der allgemeinen Wehrpflicht, also an der „Basis", weiterlebte.

Nach dem Grundsatz „alle Bewohner des Staates sind geborene Verteidiger desselben" wollten die preußischen Reformer eine höhere Motivation des Heeres schaffen, indem sie an das alte Prinzip des Aufgebotes anknüpften, das in den Landesdefensionen der absolutistischen Staaten nur noch ein Schattendasein geführt hatte.

„Alle freien Männer, soweit sie Waffen tragen können, sind Krieger ... die Versammlung der Krieger ist die politische Versammlung; ... wer nicht Krieger ist, hat keine Stelle in dem politischen Gemeinwesen" (Otto Hintze). Die politisch wie militärisch wirksame Solidargemeinschaft der Staatsbürger hat sich in der Schweizer Landgemeinde bis heute erhalten. Sie beruht auf dem demokratischen Grundsatz, daß Pflichten und Rechte nicht zu trennen und für alle Freien gleich sind. Nur wer im Kampf auch für die Folgen seiner Ratschläge eintritt, kann verantwortlich mitberaten. Diese demokratische Wehrordnung war auch bestimmend für die politische Ordnung in den Städten, deren „Luft den Bürger frei machte", weil er seine Freiheit selbst verteidigte. Sie bewährte sich im allgemeinen Zusammenbruch Preußens in der erfolgreichen Verteidigung Kolbergs durch Gneisenau und Nettelbeck: diese wurde zum Symbol erfolgreichen Widerstandes gegenüber den sonst unbesiegten Franzosen.

Durch Gewährung politischer Rechte und durch Inpflicht-
nahme das Interesse des Bürgers für die Wiederherstellung der
Freiheit seines Staates zu wecken und durch die Beteiligung an
der politischen Verantwortung die Menschenwürde des Bürgers anzusprechen war denn auch Zweck der Stein-Harden-
bergschen Reformen. Das Heer aus einem Instrument des ancien régime zu einem modernen, von Freiheitsenthusiasmus
erfüllten Bürgerheer zu wandeln war das Ziel der Heeresrefor-
men, an deren Ende eine nach Alter abgestufte allgemeine
Wehrpflicht stehen sollte. Mit der Landwehr und dem Land-
sturm umfaßte das Aufgebot alle männlichen waffenfähigen
Bürger ohne Ausnahme vom 15. bis zum 60. Lebensjahr. So
wollte es auch Boyen mit seinem Wehrgesetz von 1814.

Der Würde des Bürgers erwies man Respekt, indem man ihm
die freiwillige Meldung, die Selbsteinkleidung und Bewaffnung auf eigene Kosten zumutete. So diente er nicht so sehr
dem König, sondern der Souveränität des eigenen Volkes und
Staates – kraft eigener Entscheidung und im eigenen Interesse.
Jägerdetachements und Landwehr kleideten sich selbst ein, bewaffneten sich selbst und wählten ihre Führer selbst. Im Aufruf zur Bildung von Jägerdetachements bei Infanteriebatail-
lons heißt es, daß nur der einjährige aktive Dienst im Kriege
später im Frieden Zugang „zu irgendeiner Stelle, einer Würde,
einer Auszeichnung" eröffne. „Diejenigen, welche sich durch
Tapferkeit, Diensteifer und Patriotismus auszeichnen, sollen
auch in ihrer dereinstigen Civildienstlaufbahn vorzugsweise
berücksichtigt werden, soweit es ihre Qualifikation erlaubt."

Durch die Belohnung der Solidarität im Verteidigungsfall mit
Anerkennung auch im Frieden machte man damals aus unbe-
teiligten Wirtschaftsbürgern verantwortliche Staatsbürger.
Durch die Wehrpflicht wurde der Bürger zum Staatsbürger. Bin-
nen 5 Monaten traten 120 000 Mann der Landwehr den 120 000
Mann des Heeres (der „Linie") zur Seite.

Aber der allgemeinen Wehrpflicht folgte nicht die Verfassung
und das allgemeine und gleiche Wahlrecht. Der deutsche Ver-
fassungshistoriker Ernst Rudolf Huber schreibt:

„Wehrpflicht und Wahlrecht aber stehen in einem elementaren
Zusammenhang. Als Preußen in der Reformzeit die allgemeine

Wehrpflicht begründete, dem Volk das allgemeine Wahlrecht jedoch versagte, entstand in der Gesamtverfassung ein innerer Bruch ... Der in der Theorie so einleuchtende Satz vom unbedingten Vorrang der politischen vor der militärischen Ordnung führte in der Praxis in Preußen nach 1815 dazu, daß der zunächst im politischen Bereich errungene Sieg der Reaktion eine entsprechende Rückentwicklung auch im militärischen Bereich zwangsläufig nach sich zog. Das, was man den preußischen Militarismus zu nennen pflegt, beruhte im 19. Jahrhundert, der verfassungsgeschichtlichen Wurzel nach, nicht auf einem Sieg des militärischen Geistes über den zivilen Geist, sondern umgekehrt: auf einem Sieg der im zivilen Sektor erfolgreichen Restauration über die im militärischen Sektor vollzogene Reform."

Die Anziehungskraft der dem Staatsbürger wenigstens im militärischen Bereich angebotenen Beteiligung an der Führungsverantwortung war so stark, daß, nach Walter Görlitz' Feststellung der Verbürgerlichung des Offizierskorps die Militarisierung des Bürgertums entsprach. Das Ungleichgewicht zwischen der allgemeinen Wehrpflicht und dem Dreiklassenwahlrecht kennzeichnet die preußische Verfassung im 19. Jahrhundert. Es ist erst am Ende des Ersten Weltkrieges aufgehoben worden, als sich die Solidarität des Staatsbürgers im Dienste einer schlechten Politik verzehrt hatte.

Der ersten deutschen Demokratie wurde die Wehrpflicht von den Siegermächten versagt. Hitler nutzte sie sowohl, um die Identifizierung des Bürgers mit seinem Staat zu fördern als auch um die Freiheitsrechte wirksam einzuschränken.

Der Rückblick auf die Entwicklung der Demokratie läßt erkennen: Die Identifizierung des Bürgers mit seinem Staat beruht auf der Beteiligung an den öffentlichen Angelegenheiten durch Rechte und Pflichten. Pflichten sind unentbehrlich, weil sie die Chance geben, sich im Dienst für andere zu bewähren. Selbst auferlegte Bürgerpflichten motivieren dauerhafter, weil sie sich mit dem Allgemeininteresse besser decken als Untertanenpflichten.

Nach eineinhalb Jahrhunderten der Partizipation des Staatsbürgers vorwiegend durch militärische Pflichten sucht die Demokratie der Bundesrepublik, in einer an sich verständlichen Reaktion auf den Hitler-Staat, die Partizipation vorwiegend auf Rechte zu stützen. Die deshalb herrschende Anspruchshaltung überfordert nicht nur den Staat. Sie ersetzt die Identifizierung des Bürgers mit seinem Staat durch eine Distanz, die der Gleichgültigkeit des einstigen Untertanen gleichkommt.

Diese Anspruchshaltung dem Staat gegenüber entspricht der Haltung der liberalen und sozialdemokratischen Opposition gegenüber dem konservativen Obrigkeitsstaat im 19. Jahrhundert. Eben jene Parteien, die sich als fortschrittlich bezeichnen, haben ihr tradiertes Selbstverständnis noch immer nicht ihrer neuen Verantwortung für den Staat angepaßt. Die Demokratie lebt weder von der Ausbeutung des Bürgers durch den Staat noch von der des Staates durch den Bürger, sondern von der Identifizierung des Bürgers mit dem Staat und des Staates mit dem Bürger. Dafür aber kann, wie in der Zeit der Entstehung demokratischer Entwicklungen in Mitteleuropa, die politische Herausforderung zur Chance der Bewährung werden.

Psychopolitische Verteidigungsprobleme der Gegenwart

Die Wiedereinführung der Wehrpflicht im Rahmen eines deutschen Beitrages für integriert geführte Streitkräfte in der NATO gewann uns zwar ein Stück Souveränität zurück. Sie hat sich inzwischen auch als entscheidender Beitrag für die Verteidigung der Freiheit in Europa erwiesen, zweifelsfrei mit positiver Auswirkung auch im russischen Herrschaftsbereich Ostmitteleuropas. Gleichwohl waren Verteidigungsbeitrag und Wehrpflicht von Anbeginn bei uns einer starken, überwiegend emotionalen und moralisch argumentierenden Opposition ausgesetzt. Sie konnte sich mit Recht auf die Erkenntnis des Mißbrauchs staatsbürgerlicher Solidarität im Zweiten Weltkrieg stützen. Aber andere Absichten waren maßgeblich, wenn man es vermied, eindeutig die Verantwortung der *Politik* für diese Kriege herauszustellen. Trotz des nachweislich starken, jahrelang anhaltenden Widerstands einflußreicher Kreise des Heeres gegen Hitler wurde in dieser einseitigen „Vergangenheitsbewältigung" in erster Linie der Soldat verantwortlich gemacht und mit dem Vorwurf des „Militarismus" und des „unkritischen Gehorsams" belastet. Nicht der Kopf, sondern die Hand war schuldig, weil sie noch greifbar war.

Aber ist die heutige Distanzierung gegenüber der militärischen Verteidigung wirklich nur ein deutsches Problem? Haben wir sie nicht in anderen europäischen Demokratien, sogar nach deren Sieg im Ersten Weltkrieg bereits beobachten können: zum Beispiel in Frankreich und England?

Auch heute streben bürgerliche Demokratien allgemein in erster Linie nach persönlicher Sicherheit und Wohlstand. Militärische Bedrohung erscheint ihnen nach langer Friedenszeit so „unvernünftig" oder unwahrscheinlich, daß sie die ihnen unproduktiv erscheinenden Rüstungslasten vermindern und sich nicht mehr an der *tatsächlichen* Bedrohung orientieren, sondern umgekehrt die Darstellung der Bedrohung an dem Verteidigungsaufwand orientieren, den sie dafür glauben entbehren zu können. Dazu hilft ihnen heute auch ein verschwommenes Verständnis von politischer Sicherheit. Darunter wird dann gern vorzugsweise die „soziale" und wirtschaftliche Sicherheit verstanden, ohne die es angeblich keine Verteidigung und keine politische Unabhängigkeit geben könne.

Nun ist unbestritten, daß ein Land nicht nur militärisch bedroht werden kann. Gerade die sowjetrussische Kriegstheorie stellt bekanntlich, in Lenins Umkehr von Clausewitz' Primat der Politik über den Krieg, die gesamte Innen- und Außenpolitik der Weltrevolution unter die Gesichtspunkte einer zielstrebigen Strategie der Machterweiterung unter Einbeziehung *aller Mittel*. Ihre Sprache verwendet vorzugsweise militärische Ausdrücke für politische Vorgänge. Sie versteht Politik als unaufhörlichen Kampf, in dem Entspannung nur eine neue Expansion vorbereitet, bis zur Weltherrschaft des russischen Sozialismus.

Die Zusammenhänge von Innen- und Außenpolitik, Wirtschafts- und Sozialpolitik, Information, Desinformation und Propaganda zu erkennen ist für alle Staatsbürger wichtig. Die Einbettung des Verteidigungshaushalts in einen Gesamtaufwand für die politische Sicherheit erleichtert es, die Lasten für die militärische Verteidigung begrenzt zu halten, insbesondere wenn so willkommene Posten wie Sozialpolitik und Entwicklungspolitik ebenfalls als „sicherheitsrelevant" angesehen werden. Deren Relevanz soll hier nicht bestritten werden. Doch sollte man nicht übersehen, daß sich militärische Unterlegenheit nicht erst im Verteidigungsfall auswirkt, sondern bereits im Frieden. Mittel, die der eigenen Verteidigung entzogen werden, müssen dann als Subsidien dem militärisch überlegenen politischen Aggressor und dem Beschützer gezahlt werden.

Eine Reihe weiterer Probleme muß erwähnt werden. Da ist die Kostensteigerung des Rüstungsmaterials und die Steigerung der Personalkosten zu nennen, die mit der technischen Entwicklung einhergehen. Die Größe von Rüstungsprojekten im Bündnis hat nach Umfang der Beteiligung, nach Höhe des Kapitals und ihrer Dauer den Rahmen der Instrumente unserer nationalen jährlichen Haushaltskontrolle überschritten. Ohne den Inflationsfaktor rechnet man bei Flugzeugen mit einer Verdoppelung der Systemkosten in 15 Jahren, mit Inflationsfaktor in weniger als dem halben Zeitraum. Beim Flakpanzer Gepard stieg der Systempreis von 2,1 Millionen 1971 auf 4,13 Millionen 1978, verdoppelte sich also ebenfalls in 7 Jahren. Andere Systeme zeigen eine geringere Kostensteigerung. Die Endkosten zu berechnen und der Planung zugrunde zu legen ist im Haushalt nicht zulässig, um Kostenauftrieb zu vermeiden.

So ist es unlogisch (aber verständlich), wenn unabsehbar werdende Aufwendungen nicht nach dem Bedarf infolge militärischer Bedrohung beurteilt werden, sondern danach, was man dem Wähler (oder der eigenen Partei) glaubt zumuten zu können. Damit treten die langfristig, meist erst in der nächsten Wahlperiode sich auswirkenden Ausgaben in Konkurrenz zu Anforderungen, deren Nutzen schneller und sinnfälliger zu verdeutlichen ist.

Auch die Unvorstellbarkeit der Waffenwirkung erschwert die Beurteilung des Nutzens eines Systems. Unsere Sicherheit beruht zum großen Teil auf dem amerikanischen Kernwaffenschirm im Rahmen der abgestuften Abschreckung. Das Ausmaß der Bedrohung und Abschreckung im atomaren Bereich ist nicht mehr sinnvoll in ein Verteidigungskonzept einzuordnen. Verteidigung mit Kernwaffen in Mitteleuropa wäre keine vernünftige politische Planung mehr. Die Notwendigkeit von Rüstung kann man aber sehr viel weniger deutlich im Hinblick auf die Abschreckung erkennen als im akuten Verteidigungsfall.

Das Abschreckungskonzept als solches bedeutet schon eine Distanzierung von der Notwendigkeit nichtatomarer Verteidigung. Es ist von den Vereinigten Staaten seinerzeit auch als Ersatz für eine politisch undurchführbar erscheinende Verteidigung herkömmlicher Bewaffnung geschaffen worden. Die Abschreckung durch Kernwaffen war hinreichend, solange der Erstanwender für sich selbst keinen größeren Schaden befürchten mußte. Diese Situation ist nicht mehr gegeben. Infolge des nuklearen Gleichstandes ist die Erstanwendung mit einem hohen Risiko belastet: sie ist nur noch bei einer die Lebensinteressen der USA verletzenden Herausforderung als Androhung im Rahmen der Abschreckung sicher wirksam.

Eine zweite Form der Distanzierung von der Verteidigung bedeutet die Übertragung der Verantwortung für die militärische Verteidigung und Abschreckung auf das NATO-Bündnis. Eine moderne Rüstung ist für eine mittlere Macht nicht mehr bezahlbar. Aber die Haushalte, die die Beiträge zum Bündnis zu tragen haben, sind national geblieben. Die für den Haushalt verantwortlichen Regierungen und Parlamente haben so nur noch indirekt eine Verantwortung für die militärische Sicherheit, die durch ihren Beitrag für die Nation und das Bündnis geschaffen wird. Denn die Verantwortung für die gemeinsame Verteidigungsplanung liegt beim Bündnis.

Das bei den Mitgliedsländern relativ distanzierte Verhältnis zur nationalen Verteidigung – etwa im Vergleich zu den neutralen Ländern wie Schweden und der Schweiz – zeigt sich an der Vernachlässigung des Zivilschutzes, der in nationaler Verantwortung verblieben ist. Die westeuropäischen Parlamente machen ihre Regierungen nicht ernsthaft dafür verantwortlich, daß die als notwendig anerkannten Prozentsätze für die Zivilverteidigung unterbleiben. Sie alle sehen die Verteidigung der politischen Freiheit gegen Gewalt von außen nicht mehr als die erste Aufgabe des Staates an. Sie nehmen dadurch ihrem militärischen NATO-Beitrag zur Abschreckung jede Glaubwürdigkeit. Aber auch die NATO selbst glaubt merkwürdigerweise, die Auswirkungen fehlender Zivilverteidigung auf die Einsatzbereitschaft ihrer Soldaten und damit auf die Glaubwürdigkeit der Abschreckung vernachlässigen zu können.

Es gibt noch einen dritten Weg, sich von der Verteidigung zu distanzieren: die personelle Ausdünnung. Sie war als Motiv sicher schon bei der technischen Distanzierung durch das Kernwaffenkonzept wirksam. Sie wirkt aber auch durch die Verkürzung des Grundwehrdienstes unter ein für die Ausbildung und Einsatzbereitschaft noch vertretbares Maß, durch Unterbleiben von Reserve-Übungen, durch Verzicht auf die Wehrpflicht oder in Form des Verzichtes auf Präsenz zugunsten eines Aufmarsch- und Verstärkungskonzepts. Der Grund für die personelle Verdünnung ist der Wunsch der Parteien nach Entlastung ihrer Wähler. Sie kommt der Regierungspartei zugute und wird bezahlt mit militärischer Sicherheit.

Natürlich bestehen bei den Bündnispartnern unterschiedliche personelle Voraussetzungen. Es wäre unberechtigt, für die Verteidigung Mitteleuropas von den USA den gleichen personellen Beitrag zu verlangen wie von der Bundesrepublik. Der amerikanische Soldat in Mitteleuropa ist politisch wie militärisch unersetzbar. Aber er ist militärisch ungleich teurer als der in Übung gehaltene europäische Reservist. Die Verteidigung des Bündnisses außerhalb Mitteleuropas verlangt von uns, die USA in Mitteleuropa nicht höher als bisher zu belasten.

Die genannten Erscheinungen unterscheiden unsere heutige Verteidigungsaufgabe wesentlich von dem Vergleichszeitraum am Anfang des vorigen Jahrhunderts. Der Motor dieser Entwicklung ist die *Technik*. Sie vermehrt die Faktoren, welche die innere und äußere Sicherheit beeinflussen. Sie hebt die Waffenwirkung über das Maß des Vorstellbaren und Kalkulierbaren hinaus, verursacht ständige Kostensteigerungen, die ihrerseits nationale Möglichkeiten überschreiten und den Zusammenschluß und die Aufgabenverteilung im Bündnis erzwingen.

Die Entwicklung der Technik folgt zwangsläufig dem Fort-schritt der Naturwissenschaften. Sie kann weder aufgehalten noch rückgängig gemacht werden. Sie hat einen großen Vorteil mit sich gebracht: Die Unkalkulierbarkeit der Wirkung moder-ner Waffen (besonders auch in ihren psychischen Auswirkun-gen) zwingt die hochgerüsteten Bündnisse dazu, ihr gemeinsa-mes Interesse an der Erhaltung des nuklearen Friedens außer durch das Gleichgewicht der Kräfte auch durch Absprachen zu sichern, die politische Mißverständnisse verhindern und die Stabilität des militärischen Gleichgewichtes auf niedrigerer Ebene anstreben.

In den Befreiungskriegen galt es, das Leben für die Beseiti-gung unmittelbar empfundener ausländischer Fremdherr-schaft und Willkür einzusetzen. Der Staatsbürger im Zeitalter der Kernwaffen und ideologisch argumentierenden Bündnisse soll Mittel und Zeit aufwenden, um zu einem Gleichgewicht beizutragen, das den Frieden auf der Welt und die relative Un-abhängigkeit seines Lebens und seiner Bundesgenossen er-hält.

Der Spannungsbogen zwischen dem politischen Zweck und der eigenen Leistung hat sich außerordentlich gedehnt. Ihn zu erkennen bedarf es politischer Bildung durch die Medien, vor allem aber deutlicher und entschiedener Darstellung der Not-wendigkeit dieser Leistungen durch Regierung, Parlament und Parteien als verantwortliche Träger der politischen Willensbil-dung. Die letztlich durch die Technik verursachte Kompliziert-heit aller politischen Zusammenhänge kann nur dann vom Staatsbürger mit allen notwendigen Folgen anerkannt werden, wenn er über das allgemeine Interesse informiert und durch das Beispiel der Politiker seines Vertrauens geführt wird. Die Identifizierung des Bürgers mit seinem Staat kann nicht gegen oder ohne die verantwortliche Äußerung der Parteien und der Verbände erfolgen. Ihre Distanzierung vom Allgemeinwohl kann nicht länger hingenommen werden. Sie sollten daran ge-messen werden, wie weit sie ihre Gruppeninteressen gegen-über dem langfristigen Allgemeinwohl zurückstellen.

Schwierigkeiten der Bundesrepublik in Verteidigungsfragen

Mit den Auswirkungen der Technik auf die Verteidigungsmaß-
nahmen sehen sich auch die kommunistischen „Volksdemokratien" konfrontiert. Die besonderen Schwierigkeiten frei-
heitlich-rechtsstaatlicher Demokratien werden im Vergleich
mit ihnen sichtbar. Auch hier können nur einige Beobachtun-
gen angeführt werden, die für die einzelnen Staaten von unterschiedlicher Bedeutung sind. Israel und Dänemark, Österreich
und Schweden, die USA und die Bundesrepublik haben alle
eine spezifische Sicherheitslage und ein besonderes Verteidi-
gungsprofil.
Israel, in seiner staatlichen Existenz ständig bedroht, fällt am
meisten aus dem Rahmen. Es kann nicht in ein Bündnis ausweichen. Nationale Sicherheit ist das vorrangige politische
Ziel des Staates. Die nötigen Aufwendungen dafür werden mit
einer hohen Inflationsrate und starker personeller Belastung
bezahlt. Die Bedrohung ist für die Bevölkerung so offensichtlich, daß die politische Opposition sich nicht in Verteidigungsfragen profilieren kann. Die freiheitliche Demokratie zeigt
sich hier (wie auch in der Schweiz) der Lage gewachsen. Verteidigung ist also auch in der parlamentarischen Demokratie
in ausreichendem Umfang möglich, *wenn* das Freiheits- und
Sicherheitsbedürfnis deutlich angesprochen werden.
Allerdings akzeptiert die Bevölkerung die Notlage auch in Israel nur ungern. Bei vielen jungen Israeli ist das Gefühl der nationalen Verpflichtung gering. Sie erliegen der Versuchung der
Auswanderung, statt im Lande Wehrdienst zu leisten. Es heißt,
daß mehr junge Israeli auswandern als einwandern oder nach-
wachsen. Ist das richtig, so bedeutete dies einen Verzicht auf
die nationale Zukunft um des persönlichen Vorteils willen:
eine für moderne demokratische Gesellschaften kennzeichnende Versuchung.
In den meisten anderen westlichen Demokratien sind die Parteien versucht, an der Verteidigung zu sparen. Man richtet den
Aufwand nicht nach der Bedrohung, sondern bemüht sich be-
stenfalls, seinen Anteil am Haushalt zu fixieren. Die Beschrän-
kung des Verteidigungshaushalts auf das anderswo Entbehrli-

che hat Karl Feldmayr einmal mit dem Versuch verglichen, die Stärke einer Staumauer nicht nach dem Wasserdruck zu bemessen, sondern nach der augenblicklichen Kassenlage. Eine Steigerung unserer Verteidigungsausgaben, die dem zunehmenden russischen Rüstungsdruck entsprechen würde, wird von einflußreichen Politikern und Publizisten als „Wettrüsten" diffamiert.

Die politisch für die Abschreckung notwendige Steigerung um 3 Prozent, die sich die Regierungschefs im Mai 1978 in Washington anzustreben versprochen haben, nachdem die Wunschzahlen über die russische Rüstung nicht mehr zu halten waren, hat kaum ein NATO-Land erreicht. So hat das Rüstungsgleichgewicht, die Ausgewogenheit der Bedrohungspotentiale, die den Frieden oder besser den Waffenstillstand sichern sollen, besonders in Europa bedrohlich abgenommen.

Bei fortgesetztem Aufwand von 11–13 Prozent des Bruttosozialprodukts der UdSSR – das allerdings nur halb so hoch ist wie das amerikanische – und straffer Rüstungsplanung bei niedrigen Löhnen und militärischen Personalkosten in der Sowjetunion wächst der Unterschied im Rüstungsstand zu den Demokratien, die nur 2–5 Prozent (USA 7) für die Rüstung ausgeben. Genaue Vergleiche sind nicht möglich, da die UdSSR einen großen Teil ihrer Rüstungsaufwendungen unter anderen Haushaltstiteln versteckt.

Möglicherweise ist die absolute Höhe der Rüstungsaufwendungen in Ost und West gar nicht so unterschiedlich. Aber die nationale Struktur unserer Wirtschaftsverfassungen erschwerte bislang die Zusammenarbeit so sehr, daß im Ergebnis eine geringere Anzahl von Verteidigungsverbänden nicht mit überlegenen Waffen ausgerüstet werden konnte. Man könnte auch kritisch anmerken, daß unsere Soldaten heute noch nicht die Waffen haben, die sie auf Grund unserer finanziellen und technischen Leistungsfähigkeit haben könnten. Gerade auf dem Gebiet der Rüstung sind wirtschaftlichem und nationalem Gewinnstreben im Bündnis Grenzen zu ziehen, die politisch überwacht werden können. Auch zweckmäßige Arbeitsteilung zwischen den Bündnispartnern könnte die Effizienz der Rüstungsaufwendungen gewiß noch steigern.

Im Waffenexport hat die Bundesrepublik bisher Zurückhaltung geübt und dadurch höhere Serienpreise für die eigene Rüstung in Kauf genommen als die Verbündeten. Dadurch wurde die eigene Wirtschaft freigehalten vom Druck und Sog des Rüstungsexportmarktes. Die gegenwärtig geführte Diskussion hat jedoch die moralische Verurteilung des Waffenexports relativiert. Ohne amerikanische Waffenlieferungen nach Mitteleuropa hätte die Bundesrepublik kaum einen wirksamen Beitrag zur Sicherung von Frieden und Freiheit in den fünfziger und sechziger Jahre leisten können.

Auf die Bundesrepublik beschränkt scheint mir auch ein politisch begründeter, oft bloß gefühlsmäßiger Vorbehalt vieler Politiker gegenüber dem Soldaten zu sein. Man beruft sich zur Begründung – zu Unrecht! – auf das Verhalten des Generaloberst von Seeckt gegenüber der politischen Reichsleitung. Seeckt hatte die Reichswehr – im Einvernehmen mit der sozialdemokratisch geführten Reichsregierung – unpolitisch erzogen, weil sie nur so den Bestand des Reiches gegen den militanten Extremismus von rechts und von links schützen konnte. Die Reichswehr hat eben dies geleistet. Seeckt hat seine Vollmachten zurückgegeben, sobald der politische Auftrag erfüllt war.

Sonst gibt es als Beispiel für die Auflehnung des Militärs gegen den Primat der Politik in der deutschen Geschichte nur den Widerstand im Hitler-Staat und die Haltung des Hessischen Offizierskorps 1850 im Verfassungskonflikt mit dem Kurfürsten. Damals trat bekanntlich das gesamte Offizierskorps – es waren etwa 350 Offiziere – binnen 24 Stunden zurück, weil es sich weigerte, entsprechend den Befehlen von Kurfürst und Regierung bei der Außerkraftsetzung der Verfassung mitzuwirken. Diese Fälle von militärischem Ungehorsam werden heute als vorbildlich angesehen.

In Ausnahmefällen findet der grundsätzliche Gehorsam gegenüber dem Primat der Politik seine Grenze am Gesetz und Gewissen. Zu dieser Verantwortung im Gehorsam verpflichtet heute das Soldatengesetz (§ 11) den Soldaten ausdrücklich. Befehle, die offensichtlich eine Straftat fordern, dürfen nicht befolgt werden, gleichgültig wer sie gegeben hat.

Vorbehalte von Politikern gegenüber dem Militär mögen auch in den Strukturunterschieden begründet sein. Macht auf Zeit und Abruf vergleicht sich mit zwar nachgeordnetem, aber dauerndem Dienst. Bewaffnung und Organisationsgrad können dem Soldaten unter bestimmten Umständen Unabhängigkeit gegenüber den Erwartungen des Politikers verleihen.

Vergleichbare Vorbehalte gegenüber dem Militär, wie sie die Wehrgesetzgebung der Bundesrepublik beeinflußt haben, sind mir aus anderen westeuropäischen Ländern nicht bekannt. Dort wird die Loyalität des Soldaten gegenüber Staat und Verfassung als selbstverständlich unterstellt. Das Mißtrauen von Politikern gegenüber dem Soldaten ist also nicht typisch für Demokratien, sondern wohl eine deutsche Nachwirkung der Konfrontation von Liberalen und Sozialdemokraten mit dem Heer im Obrigkeitsstaat des vorigen Jahrhunderts. Damals gehorchte das Heer natürlich auch dem Primat der Politik, allerdings der Politik eines Monarchen, unter Zurückstellung eigener Reformbedürfnisse.

Wenn Bundespräsident Scheel in seiner Rede vor den Kommandeuren der Bundeswehr am 6. April 1978 forderte, „gerade der Bundeswehr müsse bewußt sein, welche verhängnisvolle Rolle das Militär in der Geschichte unseres Landes zuweilen gespielt hat", war er sich möglicherweise der Abhängigkeit des Militärs von der Politik in seiner Geschichtsbetrachtung nicht mehr bewußt.

In dieser mutigen und nachlesenswerten Ansprache „Über die sittlichen Grundlagen von Verteidigungsbereitschaft und demokratischem Bewußtsein" wies der damalige Bundespräsident unserer Demokratie eine Reihe von Verdrängungserscheinungen gegenüber Bundeswehr, Wehrpflicht und Verteidigungsaufgabe nach. Er macht deutlich, daß die Zurückhaltung gegenüber den Streitkräften bei uns dem Opportunismus in der Gesellschaft entspricht und nicht etwa mangelndem Integrationswillen der Soldaten: *„Man ist Antimilitarist, das klingt schön und fortschrittlich und hebt das Selbstgefühl."* Und weiter: *„Eine positive Beziehung zur Bundeswehr schädigt bei uns in manchen Berufen – das gilt auch für Politiker und Journalisten – das Sozialprestige."*

Man distanziert sich in der Bundesrepublik von den eigenen Soldaten, obwohl sie politisch für die Friedenssicherung eine besonders erfolgreiche (und in der Welt auch anerkannte) Rolle spielen. Bei uns beschränkt sich die Anerkennung dieses von allen Parteien gewünschten Dienstes auf rhetorische Pflichtübungen. Die Verhöhnung von Staat und Streitkräften aus Anlaß des fünfundzwanzigjährigen Bestehens der Bundeswehr beim feierlichen Gelöbnis in Bonn durch Politrocker wurde zum Symbol des geschwächten Verteidigungswillens unserer politischen Führung.

In anderen Demokratien ist eine sichtbare Identifizierung der Bevölkerung mit ihren Soldaten, die vor allem der Wehrpflichtigen bedarf, selbstverständlich; dies gilt sogar für Länder ohne Wehrpflicht. Die besondere Zurückhaltung der Deutschen muß wohl mit unserer verdrängten Geschichte zu tun haben. Sie ist für die Demokratie im allgemeinen durchaus untypisch. Demokratische Staatsbürger sollten eigentlich nicht vergessen, daß sie Parteien gewählt haben, die ihren Söhnen diese umfassendste staatsbürgerliche Pflicht auferlegt haben.

Eher schon kann man allgemein feststellen, daß freiheitliche Demokratien den Frieden für ein so hohes Gut halten, daß sie nicht immer erkennen, daß andere Systeme möglicherweise zu höheren Risiken bereit sind. Trotz der Erfahrung mit Hitler 1938/39 neigen sie zur „Appeasement"-Politik, welche die strukturbedingte Aggressivität des militanten Sozialismus nur ermutigen kann. Dieser vermag seinen erfolgreichen Weg der Machtausdehnung unter dem Vorwand der Sicherheit fortsetzen. Naiver Radikalpazifismus und abstrakte Gesinnungsethik setzen Verteidigungsvorbereitung mit Krieg, „Antimilitarismus"-Gesinnung mit Frieden gleich.

Die Wehrpflicht wird als Unbequemlichkeit vermieden oder zeitlich beschnitten. Innenpolitische Gesichtspunkte der Parteien oder Verbände drängen sich in den Vordergrund. In neutralen, durch kein Bündnis geschützten Demokratien wird die Verteidigung ernster genommen. Verteidigung hat eine höhere Priorität im Staat, aber auch im Sicherheitsbedürfnis des Bürgers und seiner Organisationen. Dies ist in freiheitlichen Demokratien der entscheidende Faktor. Das Bedürfnis hängt ab vom Bewußtsein, gefährdet zu sein, von dem Zeithorizont, innerhalb dessen in einer Demokratie politisch gedacht, gestritten und Verantwortung getragen wird, und schließlich auch von der politischen Reife einer Demokratie. Die Überwindung der pubertären Oppositionshaltung liberaler und sozialistischer Parteien gegenüber der außenpolitischen Verantwortung des Staates ist dringend geboten.

Je mehr der Staatsbürger in einer Demokratie sich mit seinem Staat und dessen Aufgabe identifiziert, um so sachlicher kann die innenpolitische Diskussion geführt werden. Und um so selbstverständlicher wird sich dann der Bürger zu seinen Streitkräften und der Aufgabe der Verteidigung bekennen. Von dieser Reife trennt uns offensichtlich noch viel.

Die militaristische Struktur der kommunistischen Staaten

In den kommunistischen Ländern spielt das Bedürfnis des Wählers und sein Urteil eine sehr viel geringere Rolle. Gleichwohl wird seit der Proklamierung des „Großen Vaterländischen Krieges" 1941 die Bedeutung der nationalen Motivation in allen sozialistischen Ländern hoch eingeschätzt. Hierbei spielen die Streitkräfte als Integrationfaktor eine wichtige Rolle.

Schon Lenin hatte ihre für die Macht im Staat ausschlaggebende Bedeutung erkannt. Der sozialistische Staat, die sozialistische Gesellschaft, in der Vorstellung Lenins ständig im Dienste der Weltrevolution, konnte auf die Organisation, wie sie die konsequente Hierarchie der Armee bot, nicht verzichten. Nach ihrem Muster wurden Staat, Partei und Gesellschaft weithin organisiert.

Die Neigung zu militärischer Organisation und Selbstdarstellung kennen wir auch vom Nationalsozialismus und Faschismus her. In Rotchina beobachten wir eine partielle Identität von Partei und Armee. Die Partei wurde dort in der Partisanenarmee Maos entscheidend geprägt.

Die Streitkräfte sind in totalitären Staaten als Organisationsmodell und Machtfaktor eine unentbehrliche „Säule" des Re-

gimes. In den „Volksdemokratien" wurden sie zur großen Er-
ziehungsschule der Nation auf die von der kommunistischen
Staatspartei vorgegebenen Ziele hin.

Die Gliederungen der Partei und der politischen Organisationen der Gesellschaft orientieren sich in der DDR von den
„jungen Pionieren" bis zu den „Kampfgruppen" am Modell
der Streitkräfte. Sie disziplinieren und integrieren ihre Mitglieder im Gedanken an patriotische Verteidigung und verpflich-
ten sie zum Dienst in der NVA, da die politische Motivierung
des Marxismus-Leninismus offensichtlich versagt.

Die Streitkräfte verkörpern nicht nur am deutlichsten den Organisationsgrad und Gehorsam, sondern auch das persönlich
ergebene Verhältnis des einzelnen zu Staat und Partei. Der
Bürger totalitärer Staaten wird auch in seinen Friedensaufga-
ben als „Soldat in Zivil" auf seine Einsatzverpflichtungen angesprochen. Auf jeder Zeitungsseite, in jeder Rundfunk- und
Fernsehsendung ist vom „Einsatz" die Rede. Die Freiheit der
Bürger beziehungsweise Arbeiter in diesen „Frontstaaten" besteht darin, das Soll freiwillig zu überschreiten.

Verteidigung ist für sozialistische Staaten daher nicht eine Last
wie für die Demokratie; sie ist unentbehrlich für den Fortbestand der in ihnen herrschenden Minderheitsregime. Kader-
parteien in totalitären Staaten können nur durch Bürokratien
und militärische Hierarchien herrschen. „Nur mit Gewalt nach
innen und außen kann das sowjetische System überleben",
diagnostiziert Milovan Djilas (Die Welt, 9. 10. 80). Nur die
Einsicht, daß ihre Herrschaft nicht mehr durch das militärische System aufrechtzuerhalten werden vermag, könnte zu
wirklicher Entspannungsbereitschaft führen. Solange aber offensichtlich Rüstungspolitik und sportliche Erfolge dazu dienen können, die Überlegenheit des eigenen Systems zu „beweisen", sind Einsicht und Entspannung kaum zu erwarten.

Dieser Herausforderung können die westlichen Demokratien
nicht ausweichen. Jeder Erfolg des totalitären Regimes infolge
westlicher Schwäche und illusorischer Entspannungspolitik
festigt jenes und verhindert eine wirkliche Entspannung. Wir
wissen das aus unserer eigenen Geschichte.

Folgerungen

In den machtpolitischen Wettstreit der Systeme, den Chruscht-
schow proklamiert hat, sind die Demokratien mit einem deutli-
chen Vorsprung in der Technik, Wirtschaft und Rüstung eingetreten. Der westliche Vorsprung hat sich auf dem Gebiet der
Rüstung inzwischen teilweise in Unterlegenheit verkehrt.
Dabei haben wir festgestellt, daß die militärischen Möglichkeiten der Demokratie in Europa im Vergleich zu denen des absolutistischen Staates erstarkt ist. In Notsituationen vermochte
sie personell und finanziell mehr für die militärische Verteidigung zu leisten. Nur die Demokratie bietet dem Bürger die
größtmögliche Gelegenheit, sich mit seinem Staat zu identifizieren.
Auch in der Gegenwart gibt es starke, widerstandsfähige Demokratien, in denen die Verteidigung von der Sensibilität des
Bürgers für militärische Gefahren getragen wird. Die Bedrohung Westeuropas durch die expansive russische Rüstungspolitik ist kaum geringer als die Israels durch von der Sowjetunion unterstützte arabische Staaten. Aber das Bewußtsein der
Gefahr wird verdrängt. In dieselbe Richtung wirkt die kurz-
sichtige Politik von Parteien und Verbänden, wenn sie die Steigerung und Sicherung des individuellen Wohlstandes als er-
stes und wichtigstes Ziel verfolgen.
Eine Politik, die der Bedrohung entspräche, müßte auf den
Vorrang der Gemeinschaftsaufgaben nicht nur hinweisen, sie
müßte ihn gegenüber Ressentiments, Gruppeninteressen und
Minderheitenanliegen auch durchsetzen. Die politische Führung einer Demokratie hat kein Mandat erhalten, das Gemeinwohl aus taktischen Gründen rigorosen Minderheiten anzupassen, die sich der Gesamtheit gegenüber nicht verantwortlich fühlen.
Die Behandlung des Bürgers in erster Linie als Konsument,
den man mit Versprechungen bestechen kann, ist eine obrig-
keitsstaatliche, undemokratische Demütigung. Sie muß
Gleichgültigkeit gegenüber der politischen Führung wecken
und Mißtrauen in die Motive der Parteien. Eine solche Politik
verstößt auch gegen den Artikel 1 des Grundgesetzes, das die

Menschenwürde für unantastbar erklärt. Den Bürger von vornherein für egoistisch und politisch verantwortungslos zu halten
ist ein Vergehen gegen seine Menschenwürde. Als verantwortungslos wird auch der Staatsbürger behandelt, dem man in
ängstlicher „Liberalität" gestattet, Mitbürger und Allgemeinwohl zu schädigen.

In der gegenwärtigen Situation zunehmender militärischer Bedrohung ist die Inanspruchnahme des Bürgers also nicht nur
außenpolitisch geboten. Sie entspricht auch der Würde und
dem Verantwortungsbedürfnis des Staatsbürgers.

Auf verwandte Krisenerscheinungen macht uns Heinz-Dietrich Ortlieb aufmerksam: „Wohlstand und Freiheit als individuelle Reichtums- und Gewinnmaximierung mißverstanden,
sind in doppeltem Sinne verderblich. Sie verderben die Bürger
und Antibürger ... und mit diesen dann Wohlstand und Freiheit selbst" (Die Welt, 31. 1. 1981). Beides erleben wir im Augenblick. Unser Leistungsdefizit ist nicht nur mit dem Öl im-
portiert; es ist auch das Ergebnis einer Politik, die durch Steigerung der Lohnkosten „die Belastungsfähigkeit der Wirtschaft erproben" wollte, statt in Mitverantwortung für die
Wirtschaft durch Investitionserleichterungen langfristig Kon-
kurrenzfähigkeit und damit Arbeitsplätze zu sichern. Nach einer langjährigen Politik der Wohlstands- und Konsumsteige-
rung erscheinen weder die Wähler noch die Jugend glücklich,
zufrieden und bereit, für diesen Staat, in dem sie gut leben, im
Ernstfall auch zu kämpfen.

Wenn die heutige Jugend in Freiheits- und Wohlstandssteige-
rung keinen Sinn sieht und nach Alternativen sucht, so strebt
sie nach Lebensinhalten jenseits von Bequemlichkeit und ma-
teriellem Wohlbefinden. Gegenüber militärischen Aufgaben
ist die Jugend nach zwei Weltkriegen skeptisch. Das ist gut,
denn es hilft uns, die Fehler der Vergangenheit nicht zu wie-
derholen. Es hilft uns, den Nationalismus durch verstärkte militärische Zusammenarbeit zu überwinden und die Rüstung
ausschließlich auf den möglichen Verteidigungsfall zu konzen-
trieren. Es sollte uns auch helfen, den Europa zukommenden
Beitrag in der NATO endlich zu leisten; die Zivilverteidigung
für unsere Bevölkerung endlich aufzubauen; unsere Reservi-

sten heranzuziehen und so in Übung zu halten, daß die Atomschwelle angehoben und die Glaubwürdigkeit der Abschreckung wieder hergestellt wird.

Aus Einsicht, nicht aus militärischer Begeisterung geleisteter Wehrdienst ist sittlich und politisch besonders überzeugend. Diesen Dienst leisten – bislang wenig gestützt durch die öffentliche Meinung und Publizistik, durch Erziehung, politische Bildung und politische Führung – unsere Wehrpflichtigen seit mehr als einem Vierteljahrhundert. Das persönliche Engagement der Jugend wäre noch höher bei ernsthafter politischer Bemühung um Wehrgerechtigkeit, mit der auch die Zivilverteidigung aufgebaut werden könnte.

Nur wenn militärische Erpressung dem Angreifer als mit hohem Risiko belastet erscheint, wird er sich zur Einsicht bequemen, daß Rüstung zur Ausdehnung der eigenen Herrschaft zwecklos ist.

Eine Politik der Friedenssicherung muß die Motive der konkurrierenden Mächte berücksichtigen. Es wird den regierenden Minderheiten der kommunistischen Staaten leichter fallen, Kompromisse einzugehen und ihren Völkern Freiheiten zu gewähren, wenn der Weg militaristischer Expansion in Zukunft ebensowenig Erfolg verspricht wie der ideologische Weg bisher.

Aber kann man bei uns in Zeiten wirtschaftlicher Rezession mehr Solidarität erwarten? Die Erfahrung lehrt: Not weckt Solidarität, so wie Überfluß Egoismus begünstigt. Wirtschaftliche Zwänge und zunehmende militärische Bedrohung könnten uns dazu verhelfen, die Primitivität des heute noch herrschenden hedonistischen Menschenbildes zu durchschauen. Wir hätten dann die Chance, wieder zu lernen, unsere Freiheit und Würde am Maßstab der Solidarität zu messen und damit die Lebensfähigkeit der Demokratie zu erweisen. Die Entwöhnung von der Konsumdroge wird hart sein. Aber vielleicht ist sie die beste Hoffnung unserer Demokratie, noch rechtzeitig zu den Quellen ihrer Kraft zurückzufinden, bevor sie in eine kaum aufhebbare Abhängigkeit gerät von Staaten, die solidarischer und disziplinierter als wir zu handeln vermögen.

GERD-KLAUS KALTENBRUNNER
Eliten zur Wahl

Multi vocati, pauci electi
Viele sind berufen, wenige auserwählt.

Matth 20,16 und 22,14.

Der Reiz des Themas *Elite* besteht zunächst einmal darin, daß es in hohem Maße tabuiert ist. Im Wörterbuch jener, für die die Demokratie ein religiöses Anliegen und Gleichheit ein dogmatischer Höchstwert ist, hat „elitär" ungefähr die negative Bedeutung, die früher einmal das Adjektiv „ordinär" gehabt hat. Da die Faschisten sich offen zum Elite-Gedanken bekannten, gilt nicht nur der Ausdruck, sondern auch die Sache selbst als anrüchig. Zum geflügelten Wort wurde nach dem Zweiten Weltkrieg und der Restauration der Demokratie in westdeutschen Intellektuellenkreisen die wohl auf Theodor W. Adorno zurückgehende Schelte „elitäre Arroganz". Elite ist somit ein hochbrisanter Begriff.
Wenn man sich an die ursprüngliche Bedeutung des Wortes hält, dann ist diese Aversion erstaunlich. Der französische Ausdruck *élite* kommt von *élire*, auswählen. Er bezeichnete einmal Waren höchster Qualität, sozusagen die crème oder „Blume" einer Gruppe von Gütern, später auch Personenkreise, die sich durch besondere Fähigkeiten auszeichnen, zum Beispiel „Elite-Truppen". Das französische Wort *élite* leitet sich ab von dem lateinischen *eligere*, das ebenfalls auswählen bedeutet; damit hängen zusammen *electio*, Auswahl, Wahl, und *electilis*, auserlesen. Wenn freilich ein Begriff in einer bestimmten Situation in solchem Maße

affektbeladen ist, hat es wenig Sinn, sich lange bei der Etymologie aufzuhalten. Man käme ja auch nicht weit, wenn man etwa den Bolschewismus, den Lenin in Rußland 1917 zum Siege geführt hat, allein vom russischen Wort für „Mehrheit" *(bol'šinstvo)* her erläutern oder über das Wesen des Faschismus sich durch Hinweis auf die von den altrömischen Liktoren getragenen Rutenbündel *(fasces)* belangvolle Aufschlüsse erwarten wollte.

Wer heute von Elite spricht, muß davon ausgehen, daß das Wort für viele eine Reizvokabel ist, und überdies berücksichtigen, daß sich bei ihrer Nennung, zum Teil unbewußt oder halbbewußt, nicht nur politische und sozialkritische Anklänge einstellen, sondern auch ethische, ästhetische und religiöse. Es gibt ja auch die Verheißung Jahwes an Abraham, er werde ihn zum Stammvater eines auserwählten Volkes machen, und dieser Gedanke der Auserwähltheit wird durch Moses erneuert: „Nicht weil ihr zahlreicher seid als die anderen Völker, hat euch der Herr begehrt, so daß er euch erkor, denn ihr seid das kleinste aller Völker, sondern weil der Herr euch liebt und den Schwur hält, den er euren Vätern geleistet hat" (Deut 7, 7–8). Das ist die metarationale Seite des Elite-Problems: Ein kleines Volk, nicht besser als andere, wird erwählt und hervorgehoben kraft der unergründlichen und unverfügbaren Liebe Gottes. Liebe erweist sich als elitäre Angelegenheit; sie zeichnet aus, adelt, privilegiert, bildet eine Elite, und nicht von ungefähr gilt sie ja auch in allen egalitären Utopien als ein systemwidriger Störfaktor, der ausgemerzt zu werden verdient.

Wie immer Elite auch definiert wird, hat sie allemal etwas mit qualifizierter Minderheit zu tun, und insofern eignet ihr ein aristokratischer Zug, der Charakter des Exklusiven. Hingegen ist im Begriff Elite nicht notwendig der des Privilegs enthalten. Ebensowenig ist Elite mit herrschender Klasse, Oberschicht oder Adel im ständisch-feudalen Sinn identisch. Die Begriffe hängen zwar zusammen, sie überschneiden sich (zumindest im Hinblick auf bestimmte geschichtliche Epochen), doch sind sie nicht deckungsgleich. Es gibt Eliten, die nicht zur herrschenden Klasse zählen, und Adelige sowie Oberschichten, denen der elitäre Charakter abgeht.

Komplex ist auch das Verhältnis zwischen Elite und Klasse. Bisweilen stellt eine Elite die Spitze einer Klasse dar; es kommt aber auch vor, daß sie sich aus zwei oder mehr Klassen rekrutiert; und manchmal mag auch eine Klasse insgesamt als Elite angesehen werden. Es gibt formelle und informelle Eliten; solche, deren Rechte und Pflichten gesetzlich definiert sind, und solche, bei denen dies nicht der Fall ist. In manche Eliten gelangt man durch Erbfolge oder durch Ernennung von oben, in andere durch Kooption oder Wahl von unten. Andere Eliten bilden sich durch das individuelle Charisma eines überragenden Individuums, eines jener „maßgebenden Menschen", von denen Karl Jaspers spricht.

Die geschichtliche Rolle solcher charismatischer Individuen ist kaum zu überschätzen. Ihr Erscheinen vermag den Lauf der Geschichte in völlig neue Bahnen zu zwingen. Von ihnen geht eine inspirierende Wirkung aus, die auch nach Jahrtausenden nicht erschöpft ist. Sie schaffen neue Loyalitäten, indem sie alte sprengen oder verflüssigen. Ihre appellierende Kraft wirkt auch dann noch, wenn von ihren Worten und Weisungen nur Bruchstücke erhalten sind und ihre geschichtliche Gestalt sich im Dämmerlicht der Legende verliert, wie bei Laotse, Buddha, Heraklit und Empedokles. Von ihnen gilt, was Rilke über einen antiken Torso sagt: „...da ist keine Stelle, die dich nicht sieht. Du mußt dein Leben ändern."

Wer von Elite und Elite-Bildung spricht, kommt nicht darum herum, auch über Gleichheit und Ungleichheit der Menschen sprechen zu müssen. Die Tatsache der Ungleichheit ist so alt wie das Menschengeschlecht selbst. Es hat noch nie eine völlig egalitäre Gesellschaft gegeben. Bereits in den primitivsten Kulturen, die noch keine Klassenbildung aufweisen, findet sich Ungleichheit, nicht nur biologisch bedingte, wie die zwischen den Geschlechtern und Altersstufen, sondern auch soziale – wenngleich die Formen und der Grad der sozialen Ungleichheit sich erheblich voneinander unterscheiden. Jede Gesellschaft muß mit individueller Ungleichheit unter ihren Mitgliedern rechnen, welche teils genetisch, teils durch die Umwelt bedingt ist. Und schon in den schweifenden Horden der niederen Wildbeuter gibt es Führerschaft, Unterschiede des Prestiges und Ansätze zu sozialer Schichtung. Von Natur aus gibt es keine Gleichheit; diese ist eine soziale Hervorbringung, beschränkt auf bestimmte Bereiche, oder eine ideologische Fiktion. Und immer wieder geht aus Gleichheit neue Ungleichheit hervor. Differenzierung gehört zu den durchgehenden Zügen der sozialen Evolution. Jede Differenzierung führt aber zu einem Gefälle von Macht, Autorität, Wissen, Prestige und anderen Qualitäten. Differenzierung bildet Eliten. Und je differenzierter eine Gesellschaft ist, desto mehr ist sie, schon rein funktional, auf Eliten angewiesen.

Anti-elitäre Ideologien sind entweder Ausdruck sozialanthropologischer Ignoranz, oder es verbirgt sich dahinter der Wille einer "Gegen-Aristokratie", eine etablierte Elite zu schwächen, um sich dann an ihre Stelle zu setzen. Diesen Sachverhalt hat bereits vor Pareto, dem Schöpfer einer allgemeinen Theorie vom Kreislauf der Eliten, mit dem ihm eigenen psychologischen Scharfblick Nietzsche erkannt. Die "Prunkworte" Freiheit, Gleichheit und Gerechtigkeit sind (wenigstens der Möglichkeit nach) Masken des Willens zur Macht auf seinem Weg nach oben: "In der Metamorphose des ‚Willens zur Macht' seitens derer, denen sie fehlt", sind vier Stufen zu unterscheiden. "Auf der ersten verlangt man ‚Gerechtigkeit' von seiten derer, welche die Macht haben. Auf der zweiten sagt man ‚Freiheit', das heißt, man will ‚loskommen' von denen, welche die Macht haben. Auf der dritten sagt man ‚gleiche Rechte', das heißt, man will, solange man noch nicht das Übergewicht hat, auch die Mitbewerber hindern, in der Macht zu wachsen." Auf der vierten Stufe schließlich will man "die Macht allein" – unter Ausschluß aller andern. Die Geschichte des Aufstiegs der Bourgeoisie und ihres Kampfes gegen den Feudalismus bestätigt Nietzsches zynisch klingende These ebenso wie der Machtzuwachs der Arbeiterbewegung, insbesondere der Gewerkschaften, seit dem 19. Jahrhundert. Ein Blick auf Großbritannien zeigt, daß dort die Gewerkschaften längst den Rang einer Macht-Elite erlangt haben, die imstande ist, alle anderen Eliten, unternehmerische wie politische, zu lähmen, und die erheblich dazu beigetragen hat, daß diese einstige Weltmacht heute wirtschaftlich dahinsiecht. Auch hinter dem Schleier radikal-demokratischer und emanzipatorischer Forderungen, mit denen progressive Intellektuelle in den sechziger Jahren hervorgetreten sind, vollzog sich der Aufstieg (und zum Teil bereits die Machtübernahme) neuer Eliten, worauf Arnold Gehlen, Thomas Molnar und Helmut Schelsky eindringlich hingewiesen haben. Der

amerikanische Autor Kevin Phillips spricht von einer „Mediac-
racy". Zwei Eliten kämpfen um die Macht. Auf der einen Seite
stehen die Experten und Fachspezialisten, die Führungskräfte in
Handel, Gewerbe, Industrie und Bürokratie; auf der anderen befinden sich die Meinungsträger und Moralisten, die nicht im Pro-
duktionsprozeß stehen, sondern diesen „hinterfragen", wobei ihnen zugute kommt, daß sie von der Verantwortung für die Folgen
ihres kritischen Tuns dispensiert sind.

Dieses Gegeneinander von Eliten ist kein Novum in der
Geschichte, wie die Rivalitäten zwischen Priestertum und König-
tum sowohl im alten Ägypten als auch im abendländischen Mittel-
alter beweisen. Hierher gehört auch der bis in die Frühzeit der
Menschheitsgeschichte zurückreichende Dualismus von *rex* und
dux. Es handelt sich dabei um zwei grundsätzlich verschiedene
Arten von Autorität, die nur ausnahmsweise von einer Person oder
Klasse wahrgenommen werden: *dux* ist der mitreißende, anspor-
nende und kollektive Aktionen organisierende Führer; *rex* hingegen ist der schiedsrichterlich-maßvolle Regler und Schlichter von
Mißhelligkeiten und Reibungen, wie sie in jeder Gesellschaft auftre-
ten. Der eine feuert an, begeistert und inspiriert; der andere mäßigt,
bewahrt und koordiniert. Bertrand de Jouvenel (Über Souveränität, dt. 1963, S. 60 f.) illustriert diese beiden Pole sozialer Elite,
indem er an zwei Bilder erinnert. Auf dem einen wirft sich Bona-
parte an der Spitze seiner Soldaten, die er mit seiner eigenen Gier
nach Ruhm und Ehre angesteckt hatte, an der Brücke von Arcole
dem Feind entgegen; das andere zeigt König Ludwig den Heiligen,
wie er, unter der Eiche von Vincennes sitzend, Rechtsstreitigkeiten
schlichtet und Bittgesuche prüft.

Eliten gibt es in allen Sozialsystemen. Die Geschichte der Völker
und Staaten ist die Geschichte ihrer Eliten. „Alle Akte sozialer
Schöpfung sind das Werk entweder individueller Schöpfer oder
schöpferischer Minderheiten." Dieser Satz faßt eines der zentralen
Stücke von Toynbees Geschichtsphilosophie zusammen. Eliten
sind es, die die Herausforderungen eines Zeitalters und Milieus
annehmen, sich ihnen gegenüber bewähren und als Antwort darauf
Entscheidungen fällen, die die große Masse der Bevölkerung mit-
reißen. Wieder stoßen wir hier auf den in diesem Zusammenhang
wohl kaum zu vermeidenden Begriff „Charisma". Solange diese

Minderheiten schöpferisch wirken, entbinden sie neue soziale Kräfte. Sie wirken auf zwei Wegen, durch zündenden persönlichen Kontakt und auf gleichsam kapillarische Weise, indem sie an eine Fähigkeit appellieren, die allen Menschen eigentümlich ist: die der Nachahmung.

Jedes Gesellschaftsgefüge und jede Kulturepoche wird von Eliten geprägt. Doch sosehr in der Geschichte andauernd Neues entsteht, so wenig läßt sich übersehen, daß Altes und Uraltes, wenngleich oft verdrängt, gewissermaßen in ökologischen Nischen überwinternd oder seiner ursprünglichen Bestimmung entfremdet, noch lange nachwirkt. Das meist in hämischem Tonfall vorgebrachte Wort vom Ewig-Gestrigen hat auch einen tieferen Sinn. In diesem Zusammenhang hat auch das Phänomen der „Pseudomorphose" ihren Platz. Oswald Spengler hat diesen Begriff aus der Mineralogie in die Geschichtsmorphologie eingeführt (vgl. Der Untergang des Abendlandes, ungekürzte Sonderausg., 1973, S. 784). In der Gesteinskunde versteht man darunter chemische Prozesse, in deren Verlauf die ursprüngliche Substanz eines Kristalls durch eine neue ersetzt wird. Das neue Mineral kann nicht in der ihm eigentümlichen Form kristallisieren, sondern füllt die Hohlform eines anderen aus. Es entsteht ein „falscher" Kristall, dessen innere Struktur dem äußeren Bau widerspricht, eine Gesteinsart in der Erscheinungsweise einer fremden. So spricht man zum Beispiel von einem Calcit pseudomorph nach Bergkristall: die äußere Form täuscht einen Bergkristall vor, die Substanz ist jedoch die des Calcits. Ähnliche Erscheinungen können wir auch in der Geschichte der Eliten beobachten, insbesondere in der europäischen Geschichte. Im Idealfall schaffen sich neue Eliten neue Institutionen. Doch sehr oft muß sich das spontan aufbrechende Potential alter Institutionen bedienen. Neuer Wein muß in alte Schläuche gefüllt werden. Gelegentlich kommt aber auch der umgekehrte Vorgang vor: alter Wein wird in neue Schläuche gegossen, und treffend bemerkt Hans Freyer (Theorie des gegenwärtigen Zeitalters, 1955, S. 240), daß darin „zum guten Teil das Geheimnis der Geschichte" liege.

Was nun die Situation in den nicht-totalitären Ländern der westlichen Welt anbelangt, so sind wir hier mit den Paradoxien geschichtlichen Erbes in besonders hohem Maße konfrontiert. Sie

bietet den Anblick eines Moränenendes, wo elitäre Formationen
aus den verschiedensten Zeitaltern neben- und übereinander gela-
gert sind. Auch Revolutionen von geradezu apokalyptischen Ausmaßen gelang es nur, die älteren Schichten und Einrichtungen zu
überlagern, zu schwächen oder „umzufunktionieren", nicht aber
total zu beseitigen. Immer waren es, trotz tiefgreifender Wandlun-
gen, gemessen an den radikal-egalitären Utopien der extremen
Linken, „unvollendete" Revolutionen (vgl. Ernst Nolte: Deutschland und der Kalte Krieg, 1974, S. 85 ff.). Das gilt sowohl für die
Umwälzungen von 1789–1794 und 1848 wie auch für die von 1918
und 1945–1948. So finden wir auch heute noch, obwohl er alle
Standesvorrechte verloren hat, den Adel, und er spielt auch dort,
wo es kein *House of Lords* mehr gibt, wenn schon keine politische,
so doch eine gesellschaftliche Rolle, vor allem in Österreich, Bay-
ern, Westfalen, Frankreich, Italien und Spanien. Die hierarchisch
organisierte römisch-katholische Kirche besitzt in ihrem Kardi-
nalskollegium eine internationale Elite, die das diplomatische Pro-
tokoll den Prinzen regierender Häuser gleichstellt. In den Amts-
und Behördeneliten leben noch Reste des landesfürstlichen Absolutismus weiter. Hinzu kommen die militärischen Eliten, in denen,
von der Sache her notwendig, Reste des alten Dienst- und Pflicht-
ethos weiterleben, auch wenn dies den Ideologen der totalen
Demokratisierung zuwider ist. Es gibt die Eliten der Leistungsin-
telligenz, die als Technokraten, Macher oder Fachidioten be-
schimpften Experten und Führungskräfte in allen Zweigen der
Wirtschaft, unter denen sich viele „Aufsteiger" befinden, die
Manager, Meister und Facharbeiter, die Führer der Verbände, insbesondere die der Gewerkschaften, ferner die Ärzte, Ingenieure
und sonstigen freien Berufe. Sogar in den Parlamenten findet sich
immer noch, quer durch alle Parteien, ein Kreis von Politikern,
den man, auch wenn man strenge Maßstäbe anlegt, als politische
Elite ansprechen kann.
Es gibt also, ungeachtet aller egalitär-demokratischer Tendenzen,
nach wie vor Gruppen, denen man, wenn man sich nur von roman-
tisch-idealistischen Vorstellungen freimacht, die Elite-Eigenschaft
kaum absprechen kann. Elite hatte von jeher mit Romantik weit
weniger zu tun als der chiliastische Traum von einer klassen- und
herrschaftslosen Gesellschaft der Freien und Gleichen, als der

Drang nach Entdifferenzierung, der zutiefst reaktionär ist. Als *Ideologie* ist die Demokratie gewiß anti-elitär, vor allem in ihrer rousseauistisch-jakobinischen Form. Doch in der *Praxis* läuft eine funktionierende Demokratie auf eine „gewählte Polyarchie" oder, noch deutlicher, auf eine „Polyarchie gewählter Eliten" (Giovanni Sartori) hinaus, das heißt: Demokratie ist ein politisches System, in dem konkurrierende Eliten sich regelmäßig zur Wahl stellen, wobei die Mehrheit entscheidet. Dies gilt freilich nur für die politischen Eliten, also die Inhaber staatlicher Führungspositionen, und nichts deutet darauf hin, daß das Volk ein grundsätzlich anderes System wünscht. Da aber die Demokratie um des Volkes willen da ist, nicht aber das Volk um der Demokratie willen, ist gegen eine demokratisch legitimierte Eliten-Herrschaft um so weniger einzuwenden, als die Alternative doch nur die durch keinen öffentlichen Wettbewerb gemilderte Despotie einer einzigen Minderheit, welche die Mehrheit manipuliert, bilden könnte. Das Volk ist in der Regel durchaus damit einverstanden, von Eliten regiert zu werden, auch in der Demokratie, sofern man es nur einigermaßen anständig regiert und sonst in Ruhe läßt. Das Problem liegt freilich darin, ob und auf welche Weise eine als Wahlpolyarchie verstandene Demokratie imstande ist, die zu ihrem Funktionieren unentbehrlichen Eliten immer wieder heranzubilden *und* trotz ihres Pluralismus jenen geistig-politisch-moralischen Konsens zu erreichen, ohne den das bittere Wort von Charles Maurras sich als richtig erwies: „Die Demokratie ist das Vergessen." Für diesen Gemeinschaftsgeist können weder Funktions-Eliten, so tüchtig sie in ihrem jeweiligen Bereich auch sein mögen, noch protestlerisch gereizte Eliten von ideologiesüchtigen Emanzipatres gutstehen, sondern nur personale Eliten, die jene aristokratische Haltung verkörpern, die John F. Kennedy in seiner Inaugurationsrede 1961 in die Worte zusammengefaßt hat: „Fragt nicht, was euer Land für euch tun kann – fragt, was ihr für euer Land tun könnt."

HEINZ-DIETRICH ORTLIEB

Klassenkampf der Generationen

oder
Wie Wohlstand eine Gesellschaft verdirbt

Um zu verstehen, weshalb ausgerechnet in den modernen Wohlstandsgesellschaften, die, verglichen mit allen anderen Gesellschaften in Geschichte und Gegenwart schon so etwas wie „klassenlose Gesellschaften" sind, eine neue Form von Klassenkampf aller gegen alle entsteht, müssen wir uns gewisse menschliche Eigentümlichkeiten vergegenwärtigen. Wir Menschen sind durchaus nicht immer distanziert rational handelnde Wesen; vielmehr neigen wir dazu, meist in vereinfachenden gegensätzlichen und mit emotionalen Wertungen behafteten Bildern zu denken. Die emotionale Aufladung unserer Vorstellungen, d. h. unser Vorprogrammiertsein, stammt für den einzelnen und seinen Jahrgang in erster Linie aus dem, was wir persönlich unter Leiden und Freuden – häufig schon in frühester Kindheit – erlebt haben. Von dem, was wir im Laufe des Lebens aus zweiter Hand vom Hörensagen oder aus einstudiertem Wissen kennen, lassen wir meist nur das gelten, was das Sieb unserer Voreingenommenheiten passieren konnte. Daraus erklärt sich, daß die historische Erfahrung oder zunehmende Kenntnisse über den Menschen, über die wir bereits verfügen könnten, sich als weitgehend nutzlos erweisen, weil sie für einen haltbaren Fortschritt in Wirtschaft und Gesellschaft aus irrationalen Gründen nicht angewadt werden. Das macht auch die unterschiedliche Reaktion von verschiedenen Generationen auf gleiche Situationen verständlich.

Jahrgänge, die als Kinder den Ersten Weltkrieg, als Erwachsene die Nazizeit und den Zweiten Weltkrieg erlebt haben, verfügen über eine ganz andere Erlebniswelt, leben auf einer ganz anderen Realitätsebene als ihre Kinder und Enkelkinder, die nichts als Wohlstand gekannt haben. Reine Wohlstandskinder aber werden besonders leicht zu verschiedenen logischen Kurzschlüssen verführt:

a) Da die Entwicklung des Wohlstandes mit dem Abbau traditionalen und autoritären Verhaltens verbunden war, glaubt man, Tradition und Autorität wären beliebig abbaubar.

b) Da der Wohlstand für jeden mehr oder weniger größere Unabhängigkeit gebracht hat, verwechselt man nicht selten Ursache und Wirkung und glaubt, daß mehr Freiheit und Gleichheit auch ohne weiteres mehr Wohlstand brächten oder doch etwas, was man heute verquollen mit „mehr Lebensqualität" umschreibt.

c) Und schließlich, weil mehr Wohlstand heute auch solchen Menschen zufällt, die immer weniger leisten, erkennt man immer weniger den Zusammenhang zwischen Leistungsbereitschaft und -fähigkeit der einzelnen einerseits und der Effizienz der Gesellschaft insgesamt andererseits.

Die wachsende Abneigung gegen jede Art von Unbequemlichkeiten führt dann dazu, daß unser System immer unbeweglicher wird und sich unsere Wirtschaft und Gesellschaft immer schwerer an veränderte Existenzbedingungen anzupassen vermögen.

José Ortega y Gasset zielte wohl ebenfalls auf die unterschiedlichen Wirklichkeitsebenen der Generationen, als er schrieb: „Die Generation ist mit der Struktur des menschlichen Lebens in einem bestimmten Augenblick identisch. Man kann nicht versuchen zu erfahren, was wirklich in diesem oder jenem Zeitpunkt geschah, wenn man nicht vorher feststellt, welcher Generation dieses geschah, d. h., innerhalb welcher Formen menschlicher Existenz es sich ereignete. Ein und dasselbe Ereignis, das zwei verschiedenen Generationen zustößt, stellt eine ganz verschiedene vitale und deshalb historische Tatsache dar" (Das Wesen gesellschaftlicher Krisen. In: Signale unserer Zeit, Stuttgart – Salzburg o.J.).

Nun ist es sicher nicht bloß das „Nichts-als-Wohlstandserlebnis" der jüngeren Generation gewesen, welches die heute vorherrschenden problematisch einseitigen Wirklichkeitsvorstellungen geprägt hat. Sicherlich noch bedeutsamer war die Reaktion der älteren Generation auf den wachsenden Wohlstand. Der bekannte amerikanische Diplomat und Historiker G. F. Kennan hat aus Anlaß der Jugendrevolte in den USA einmal geschrieben: Der junge Intellektuelle von heute „ist das getreue, aber – wie der Schatten an der Wand – ins Überdimensionale gesteigerte Abbild der Verwirrungen und Schwächen seiner Eltern, Lehrer, Arbeitgeber, Meinungsmacher und politischen Führer" (Rebellen ohne Programm, Stuttgart 1968).

Jede Generation hat als Teenager oder Twen ihre Entwicklungs- und Anpassungsprobleme. Besonders bei Intellektuellen kann es dabei leicht zu Entwicklungsneurosen kommen. Das gilt besonders für hochdifferenzierte Gesellschaften, in denen während einer langen (vielleicht unnötig langen) Ausbildungszeit das Umwelterlebnis fast ausschließlich aus zweiter Hand stammt. Junge Menschen reifen aber vor allem dadurch, daß sie selbst praktische Verantwortung tragen und sich dabei an Vorbildern orientieren können. Die gemeinsame Überwindung von Notsituationen bindet die Menschen aneinander, zwingt die Eltern, erkennbares Vorbild zu geben, und die Kinder, in Gestalt von Verzicht und Leistung an der Situationsbewältigung teilzunehmen. Vom Wohlstand absorbierte Eltern verhalten sich anders.

Je weniger sie selbst noch Vorbild sein können oder sich um die Entwicklungsprobleme ihrer Kinder kümmern mögen, desto mehr pflegen sie aus bösem Gewissen diese viel zu früh, übertrieben und ohne Gegenleistung an ihrem Wohlstand zu beteiligen. Noch schlimmer ist es, wenn Eltern aus einer Überbewertung der Jugend und aus einer Mißdeutung von Selbstverwirklichung am liebsten selbst noch Teenager sein und keinerlei Verantwortung tragen möchten. Und selbst wer von den Eltern noch seine Pflichten ernst nimmt, kann am schlechten Beispiel der Umwelt mit seinen Kindern Schiffbruch erleiden. Diese Gefahr muß sich unvermeidlich vergrößern, wenn junge Menschen schon mit 18 Jahren für mündig erklärt werden, *ohne* daß sie damit auch schon alle Verantwortung für sich selbst übernehmen müssen und können, und wenn Gesetz-

gebung und Rechtsprechung die Eltern sogar zwingen, unverant-
wortliches Handeln der Kinder zu finanzieren.

Gleichzeitig finden junge Menschen bei ihren Eltern und Lehrern
heute immer weniger eine zeitgemäße Orientierungshilfe; sei es,
daß man in Schule und Elternhaus dem verwirrenden Wandlungs-
tempo der Umwelt selbst nicht mehr zu folgen vermag; sei es, daß
man unter nachhaltig wirksamen Zeiterlebnissen, etwa der eigenen
nazistischen oder antinazistischen Vergangenheit, für vieles blind
oder scheelsehend geworden ist – was unbefangenen jungen Menschen auffallen muß. (Übrigens nach dem Ausbruch der Jugend-
und Intellektuellenrevolte unter den von ihr angerichteten Verwirrungen noch mehr als je zuvor.)

So mußten Schule und Elternhaus schnell die Autorität verlieren,
die der junge Mensch zum Erwachsenwerden heute mehr denn je
braucht. Er benötigt sie, um mit den so verwirrend vielfältigen und
widerspruchsvollen Erscheinungen, in denen er die Umwelt überwiegend aus zweiter Hand erlebt, fertig zu werden. Die emotional
bestimmten Vereinfachungen, zu denen er dann seine Zuflucht
nimmt, müssen unvermeidlich mehr von kritisch abwertender als
von anerkennender oder überhöhender Natur sein.

Auf diese Weise ist in der Jugend ein kontaktarmer, aber gleichzeitig kontakthungriger Typus vorherrschend geworden, der –
egozentrisch, geltungsbedürftig und verwöhnt – nie gefordert worden war. Er hat zu seinem Playboy-Dasein ein ambivalentes, wenn
nicht gar feindliches Verhältnis, kann sich jedoch ohne emotionalisierende Anlässe nur schwer zu Aktivitäten aufraffen. Es ist leicht
zu begreifen, daß dieser Typ – sei es in der Ausbildung oder in
der Berufstätigkeit – systematische Arbeit und disziplinierte
Pflichterfüllung, die bald zur Routine werden, ablehnt und sich nur
dann zu Anstrengungen aufzuschwingen bereit ist, wenn es um die
emotionalisierende Kritik oder Umwälzung des Bestehenden
durch besondere Aktionen geht.

Dieser Typus stellt zwar nur eine Minderheit dar, doch mußte er
schon darum tonangebend werden, weil die fehlerhafte Reaktion
des Establishments, wie der älteren Generation überhaupt, auf die
Jugendrevolte die Berechtigung der rebellischen Haltung zu bestätigen schien.

Die Motive für die hilflose Verwirrtheit in der Reaktion der älteren

Generation sind vielfältig. Motivationen sind fast immer komplexer Natur. Hier seien nur die wichtigsten erwähnt. Da sind zunächst die „sentimentalen Alten" zu nennen, die in Erinnerung an die eigene vermeintlich goldene Jugend Familienkonflikte um jeden Preis vermeiden wollen und die Kinder idealisieren. Sie halten Unverdorbenheit und an hohen Idealen sich orientierende Einsatzfreudigkeit für selbstverständliche Eigenschaften junger Leute. Jedoch: selbst der Nationalsozialismus hätte ohne ehrenhafte Motive und dementsprechende Opferbereitschaft vieler seiner jungen Anhänger nichts in der Weltgeschichte bewegen können. Und weil er so großes Unheil anrichtete, sind wir heute in billiger Schwarzweißmalerei bereit, seine Anhänger schlechthin als Bösewichte anzusehen. Den umgekehrten Fehlschluß machen viele im Hinblick auf unsere heutigen Revoluzzer. Weil deren Motive für höchst ehrenwert gehalten werden, glaubt trotz der Erfahrungen mit dem Terrorismus immer noch mancher, daß auch ihre Aktionen zu einem positiven Ende führen müssen.

Mit jenem sentimentalen Wunschdenken der Alten verbindet sich paradoxerweise häufig der zeitgemäße Glaube an die Wunderwirkung sozialer Disharmonien und Konflikte. Am gefährlichsten erweisen sich aber jene Opportunisten, die für ihren Verband und ihre persönliche Karriere Vorteile erhoffen, wenn sie den intellektuellen Wortführern eines angeblichen Progressivismus zustimmen. Dazu gehören viele Politiker und Pastoren, aber auch andere Verbandsheilige, deren Hauptsorge darin besteht, nicht für geistig rückständig gehalten zu werden.

Der Hauptfehler, der bisher bei der Reaktion auf die antiautoritären und pseudorevolutionären Aktionen gemacht worden ist, besteht aber darin, daß die Begründung dieser Aktion bis heute viel zu oft ernst genommen und nicht in erster Linie als *Vorwand* für etwas ganz anderes erkannt wurde. Von Anfang an hätte auffallen müssen, daß sich hier eine Pseudorevolution von fast ausschließlich aus Intellektuellen bestehenden Kreisen zu Worte meldete, deren Anklagen nicht eigentlich die soziale Lage der breiten Massen, sondern die seelischen Nöte der Intellektuellen selbst zum Gegenstand hatten. Mit anderen Worten: das Gesellschaftsbild, das dieser „Revolution" zugrunde lag, entsprang ausschließlich der persönlichen Erlebniswelt ihrer Wortführer, die mit ihrer eigenen

„papiernen" Existenz nicht fertig wurden. Es fand die beste Reso-
nanz bei Jugendlichen, die, allzu alleingelassen, „wie herrenlos
herumlaufende Hunde" (Schumpeter) nach neuer Orientierung
und neuen Autoritäten suchten, um nun die eigenen vorgefaßten
Meinungen nicht widerlegt, sondern bestätigt und begründet zu
bekommen. Damit kam mit der aus Erlebnisunterschieden stam-
menden Verschärfung der Generationsgegensätze auch die
Gegensätzlichkeit psychologischer Typen in unserem Gesellschaftsleben verstärkt zur Wirkung.

Schon immer ist die Gegensätzlichkeit des spekulativen Ideologen
zum empirisch urteilenden Pragmatiker oder des Gesinnungsethi-
kers zum Verantwortungsethiker in allen Gruppen mehr oder weniger von Bedeutung gewesen. Nun sind Gesinnungsethiker und
Ideologen eher eine Jugenderscheinung, Pragmatiker und Verantwortungsethiker hingegen mehr unter älteren Menschen zu finden.
Beide Typen können entarten: der Ideologe zum neurotischen
Gesinnungsfanatiker, der Pragmatiker zum korrupten Opportunisten. Im Gesellschaftsleben pflegt die eine Entartung die andere
provokatorisch zu fördern. Ganz schlimm wird es, wenn der
Opportunist entdeckt, daß er im Pelz des fanatischen Ideologen
am besten reüssiert, wie wir es im letzten Jahrzehnt häufig genug
erlebt haben.

So war es wohl unvermeidlich, daß der korrumpierenden Wirkung
des Wohlstandes die Jugendrevolte folgte und daß anarchistisch
und nihilistisch gesonnene Intellektuelle diese Revolte dazu be-
nutzen konnten, ihre geistigen Führungs- und politischen Herr-
schaftsansprüche mit Hilfe des „Lautverstärkers" Jugend zur Geltung zu bringen. Dabei gelang es ihnen, einen Teil der jungen
Jahrgänge in ihrer Rebellionsphase zu fixieren und ihnen das moralische Alibi für terroristische Handlungen zu liefern. Waren der
Wunsch, sich an der eigenen Familie zu rächen, und die Abneigung
gegen die Langeweile eines spießbürgerlichen Lebens stark genug,
reichten physischer Mut und Belastbarkeit aus, um an einem aben-
teuerlichen Leben des Jagens und Gejagtwerdens Gefallen zu finden. Und war erst einmal der Rubikon der ersten schweren Untat
überschritten, dann ließ der Terrorist nicht mehr lange auf sich
warten. Er bedurfte der Rechtfertigung durch seine Mentoren um
so dringender, je weniger für ihn eine Umkehr noch möglich war.

Ob nun geistiger Wegbereiter oder Praktiker des Terrors, für solche ideologischen Adepten der Macht, die meist über eine Proselyten machende Palawer-Intelligenz verfügen, erweist sich Wahrheit nicht aus dem gelungenen Werk und der Bestätigung durch praktischen Erfolg, sondern schon daraus, daß sie in der theoretischen Diskussion die Überlegenen sind. In die sich dabei ergebende Gefahr, die Wirklichkeit falsch zu interpretieren, geraten besonders „jugendliche" Gemüter *aller* Altersklassen, die über zu geringe oder einseitige Erfahrungen verfügen – vor allem, wenn sie sich einreden, gerade ihnen, der „frei schwebenden Intelligenz", gebühre es, eine bessere Welt zu schaffen. So wird bei ihnen ein Sendungsbewußtsein gefördert, das sie nicht veranlaßt, sich der schwierigen Faßbarkeit der modernen Welt bewußt, nun mit Intensität und Ausdauer Wissen und Erfahrung zu sammeln und mit Bedacht an jenes mühevolle Vorhaben zu gehen, sondern sie glauben macht, noch in den vagesten Vorstellungen befangen, sofort mit Aktionen beginnen zu müssen.

Diese Leute, bei denen die Entwicklungsneurose sich zur Charakterneurose festigt, von denen also viele in eine pubertäre Dauerphase geraten, projizieren ihre persönlichen Schwierigkeiten in die Gesellschaft, um sich wegen ihrer eigenen Neurose vor sich und der Welt zu rechtfertigen und aus dem daraus gewonnenen missionarischen Auftrag die bisher so sehr vermißte Selbstbestätigung erlangen zu können. Die Unvermeidlichkeiten und Unzulänglichkeiten der Welt werden dann von ihnen meist als Krankheiten ausschließlich unserer Gesellschaft mißdeutet; ihre eigenen Neigungen preisen sie hingegen als eine neue Form der Gesundheit an und machen sie nicht selten sogar zum Leitbild des sozialen Fortschritts.

Nicht der gesunde, kontaktfähige, sich konstruktiv-kritisch für seine Mitmenschen einsetzende, um sachliche Information, Wahrhaftigkeit und Kooperation bemühte Mensch, der seine soziale Funktion in erster Linie an dem Platz sucht und erfüllt, wo er beruflich steht und persönliche Verantwortung trägt, sondern das sich selbst krankmachende Individuum, das sich der Gesellschaft und seinem Nächsten verweigert, ist die Figur, für die zunehmend anerkennende Beachtung verlangt wird.

Da dieses Ansinnen mit dem Hinweis begründet wird, die gesellschaftlichen Verhältnisse seien an allem schuld, ist Asozialität stets „entschuldigt". Das erlaubt aber Gruppen und Individuen einen umweltfeindlichen Rückzug auf sich selbst, der die beklagten Verhältnisse häufig selbst verursacht, immer verschlimmert und ihre Besserung auf jeden Fall unmöglich macht.

Auch die neomarxistische Wiedergeburt alter Klassenkampftheorien hat nichts mit einer angeblichen Wirklichkeitsnähe oder rationalen Überzeugungskraft zu tun. Sie erhält vielmehr Auftrieb aus ihrer auf Wunschdenken ausgerichteten irrationalen Anziehungskraft, die solche Ideologien heute auf die gleichgestimmte Haltung vieler junger und älterer Intellektueller auszuüben vermögen. Die totale Pauschalablehnung der „bürgerlichen Gesellschaft", die Behauptung, daß dieses System seinen Leistungsbeitrag erfüllt habe und daß man nun unter Beseitigung des Privateigentums und der Leistungsverpflichtung für den einzelnen an die Verteilung der Früchte gehen könnte, daß die Zeit der Selbstbestimmung aller durch alle gekommen sei, die Überzeugung, daß dies wissenschaftlich beweisbar sei, wenn auch nicht durch eine Wissenschaft, wie sie die bürgerliche Gesellschaft verstehe, sondern eben durch eine marxistische – dies alles entspricht nicht nur pubertären Emanzipationsansprüchen junger Menschen. Es weckt auch unrealistische Freiheits- und Bequemlichkeitsvorstellungen sowie den Neid immer anspruchsvollerer Wohlstandsbürger. Als neues „Opium des Volkes" ist eine solche Gesinnung überaus geeignet, von linksintellektuellen Verführern machtpolitisch mißbraucht zu werden.

So entwickelt sich eine steigende Tendenz zur Libertinage und Permissivität. Sie bringt immer mehr eine lebenswichtige Grunderkenntnis zum Verschwinden, die für *alle* Gesellschaften gilt: daß nämlich den Ansprüchen, welche die einzelnen Mitglieder einer Gesellschaft auf Freiheit, Gleichheit, Wohlstand und auf „Glück durch Genußmaximierung" erheben, nicht auf Kosten der Erfüllung ihrer gesellschaftlichen Funktionen stattgegeben werden darf. Das heißt, daß die *Rechte* des einzelnen nicht von seinen *Pflichten* losgelöst werden dürfen.

Man ist dann auch nicht mehr fähig zu erkennen, daß es für die dauerhafte Existenz einer Gesellschaft weniger gefährlich ist, wenn diejenigen, die ihre Funktionen erfüllen, mehr erhalten, als ihnen vielleicht zustände, als wenn diejenigen, die nichts oder fast nichts leisten wollen und können oder sogar das Funktionieren und den Zusammenhalt des ganzen zu unterminieren suchen, keinerlei Einbuße erleiden dürfen. Geht diese Einsicht verloren, so muß der gesellschaftliche Fortschritt in Rückschritt umschlagen, weil dann an die Stelle der Ausbeutung von oben die Vorherrschaft des Neides von unten und die Ausbeutung aller durch alle und vor allem die Ausbeutung der Leistungsfähigen und -willigen durch die Leistungsunfähigen und -unwilligen tritt.

Über die Autoren

FRIEDRICH AUGUST VON HAYEK, geboren am 8. Mai 1899 in Wien, war von 1927 bis 1931 Direktor des Österreichischen Instituts für Konjunkturforschung, 1931 wurde er an die renommierte London School of Economics and Political Science berufen. 1950 nahm er seine Lehrtätigkeit an der Universität Chicago auf, dann in Freiburg im Breisgau. Von 1970 bis 1976 wirkte er an der Universität Salzburg. 1974 erhielt Friedrich August von Hayek den Nobelpreis für Wirtschaftswissenschaften.

HENNING JÄDE, geboren 1948 in Hof (Saale). Studium der Rechtswissenschaften in Erlangen und München, daneben journalistische Tätigkeit. Zweites juristisches Staatsexamen 1979. Seit Januar 1980 in der Bayerischen Inneren Staatsverwaltung. Seit 1979 nebenamtliche Lehrtätigkeit an der Bayerischen Verwaltungsschule.

GERD-KLAUS KALTENBRUNNER, geboren 1939, seit 1962 in der Bundesrepublik lebend, gilt aufgrund seiner Sammelwerke und Bücher („Rekonstruktion des Konservatismus", „Der schwierige Konservatismus", „Europa – seine geistigen Quellen in Porträts") als führender neo-konservativer Philosoph des deutschen Sprachraums. 1973 gründete er das Taschenbuch-Magazin Herderbücherei INITIATIVE, deren Herausgeber er bis heute ist.

HERMANN LÜBBE, geboren 1926 in Aurich (Ostfriesland), ist seit 1971 Ordentlicher Professor für Philosophie und politische Theorie an der

Universität Zürich. Er lehrte zuvor an der Universität Erlangen, Hamburg, Münster, Bochum und Bielefeld und war von 1967 bis 1970 Staatssekretär für das Hochschulwesen in Nordrhein-Westfalen. Mitglied der Akademie für Wissenschaften und Literatur in Mainz (seit 1974), Präsident der Allgemeinen Gesellschaft für Philosophie in Deutschland (seit 1975).

DIETRICH MURSWIK geboren 1948 in Hamburg. Studium der Rechtswissenschaften in Erlangen, Marburg und Heidelberg. Promotion zum Dr. jur. 1978. Wissenschaftlicher Mitarbeiter an der Universität Saarbrücken.

HEINZGEORG NEUMANN, geboren 1915 in Berlin, Studien der Rechts- und Staatswissenschaften in Wien und München. Zunächst juristischer Verwaltungsbeamter im Reichsdienst, nach dem Zweiten Weltkrieg in der Bayerischen Inneren und Allgemeinen Staatsverwaltung. Später an Auslandsmissionen in Italien, Portugal und Argentinien tätig, zuletzt Botschaftsrat erster Klasse an der Botschaft in Buenos Aires. Seit 1973 im einstweiligen Ruhestand. Mitarbeiter des Instituts für Demoskopie in Allensbach.

HEINZ DIETRICH ORTLIEB, geboren 1910, war bis zu seiner Emeritierung Ordinarius für Volkswirtschaftslehre an der Universität Hamburg und Direktor des HWWA-Instituts für Wirtschaftsforschung in Hamburg. Seit 1931 Mitglied der SPD. Zu seinen besonderen Forschungsgebieten zählen: Wirtschaftspolitik, Wirtschaftspädagogik, Probleme der Entwicklungsländer und Bildungspolitik.

STEPHAN T. POSSONY, geboren 1913 in Wien. Seit 1961 Senior Fellow bei der „Hoover Institution for War, Revolution, and Peace" an der Stanford-University. Vorher Professor für Internationale Politik an der Georgetown-University, Washington, D. C. und Gastprofessor an den Universitäten Köln und Taipei.

GÜNTER SCHMÖLDERS, geboren 1903 in Berlin. Lehrtätigkeit an den Universitäten Berlin, Breslau und Köln als Professor für Finanzwissenschaften. 1957 Gründung der Forschungsstelle für empirische Sozialökonomik, um sich in ihrem Rahmen ganz der „sozialökonomischen Verhaltensforschung" zu widmen. Seit 1959 ordentliches Mitglied der Akademie der Wissenschaften und der Literatur. 1965/66 Rektor der Universität Köln. 1968 verlieh ihm die Universität Innsbruck die Ehrendoktorwürde.

GEORG SZCZESNY, geboren 1918 in Sallewen (Ostpreußen), studierte Philosophie, Literaturwissenschaft und Publizistik an den Universitäten Königsberg, Berlin und München. 1947 bis 1962 Leiter des Nachtstudios, dann des Sonderprogramms im Bayerischen Rundfunk. 1963 bis 1969 Leiter des Szczesny-Verlages in München.

EBERHARD WAGEMANN, geboren 1918 in Göttingen. Berufsoffizier seit 1939. Im Zweiten Weltkrieg Zugführer, Kompanieführer und Bataillonskommandeur bei Infanterie und Panzertruppen. Nach dem Krieg Studium der Germanistik, Geschichte und evangelischen Theologie in Göttingen. Seit 1956 Berufsoffizier, abwechselnd tätig als Kommandeur und im Bundesministerium der Verteidigung, Bereich innere Führung und Ausbildung. 1977 als Kommandeur der Führungsakademie der Bundeswehr in Hamburg pensioniert.

GÜNTER ZEHM, geboren 1934 in Crimmitschau (Sachsen), studierte Philosophie und Kunstgeschichte in Leipzig und Jena, Assistent von Ernst Bloch. 1957 verhaftet und wegen „Boykotthetze" zu vier Jahren Zuchthaus verurteilt. 1961 Flucht in den Westen. Wiederaufnahme des Studiums an der Universität Frankfurt, Promotion bei Theodor W. Adorno, Carlo Schmid und Harald Keller 1963. Seit 1964 Mitglied der Redaktion der Tageszeitung „Die Welt".

50 Bände

> **Herderbücherei**
> **INITIATIVE**

Eine publizistische Enzyklopädie
nach Themen und Titel

Recht, Staat und Politik

Rückblick auf die Demokratie
Gibt es Alternativen?
Warum werden die demokratischen Institutionen immer unfähiger, mit den komplexen Problemen unserer Zeit fertigzuwerden? (Nr. 20, DM 9,90).

Auf dem Weg zum Richterstaat
Die Folgen politischer Impotenz
Wird angesichts der Entscheidungsschwäche unserer Politiker der Richter zur Schlüsselfigur der modernen Demokratie? (Nr. 33, DM 10,90).

Lob des Kleinstaates
Vom Sinn überschaubarer Lebensräume
„Grenzen des Wachstums" – das gilt auch für den Staat. Zeichnet sich eine Wiedergeburt des Regionalismus ab? Liegen hier neue Chancen für eine Einigung Europas? (Nr. 32, DM 10,90).

Der Apparatschik
Die Inflation der Bürokratie in Ost und West
Die zunehmende Bürokratisierung hat die Gestalt des Funktionärs hervorgebracht. Noch können wir der Entwicklung zu einer total verwalteten Welt Grenzen setzen. (Nr. 12, DM 9,90).

Kapitulation des Bürgers
Vom Nutzen und Nachteil der versorgten Gesellschaft
Schleichend vollzieht sich der Wandel vom Rechtsstaat zum allzuständigen Wohlfahrtsstaat. Doch kann man seinen Versprechungen vertrauen? (Nr. 16, DM 9,90)

Schmarotzer breiten sich aus
Parasitismus als Lebensform
Immer mehr Menschen leben auf Kosten anderer – Parasitismus als
soziale Erscheinung, die viele Formen hat. (Nr. 43, DM 11,90).

Der überforderte schwache Staat
Sind wir noch regierbar?
Je mehr Belange der Staat an sich reißt, je mehr er sich in alle Lebens-
bereiche einmischt, desto leistungsunfähiger und krisenanfälliger wird
er. (Nr. 7, DM 8,90).

Die Macht der Meinungsmacher
Das Recht zu informieren und informiert zu werden
Sollte man nicht statt Pressefreiheit Freiheit von der Presse fordern?
Diese und andere aktuelle Probleme werden vor dem Hintergrund der
neuen Massenmedien diskutiert. (Nr. 11, DM 9,90).

Diagnosen unserer Zeit

Die elternlose Generation
Schlüsselkinder-Bürgerkriegskinder-Niemandskinder
Eine umfassende Auseinandersetzung mit dem Generationenkonflikt.
(Nr. 27, DM 10,90).

Nestwärme in erkalteter Gesellschaft
Ashrams, Kommunen, Kibbuzim
Über die Suche nach neuen Formen menschlichen Zusammenlebens.
Gibt es eine Alternative zur herkömmlichen Familie? (Nr. 37, DM
11,90).

Rechtfertigung der Elite
Wider die Anmaßungen der Prominenz
Ein Aufruf gegen die Nivellierung. Auch Demokratien brauchen Eli-
ten. (Nr. 29, DM 10,90).

Wiederkehr der Wölfe
Die Progression des Terrors
Über die Hintergründe und ideologischen Wurzeln des internationa-
len Terrorismus. (Nr. 24, DM 10,90).

Verweiblichung als Schicksal?
Verwirrung im Rollenspiel der Geschlechter
Eine faire Antwort auf die Herausforderung des Feminismus. (Nr. 23,
DM 10,90).

Nationale und internationale Probleme

Absurdes Welttheater
Das Ärgernis UNO
Mißstände und doppelte Moral der UNO und anderer internationaler
Organisationen werden beim Namen genannt. (Nr. 42, DM 11,90).

Der Soldat
Dienst und Herrschaft der Streitkräfte
Den nebulosen Zerrbildern von Soldatentum und Armee wird eine rea-
listische Bestandsaufnahme der Rolle des modernen Militärs in Krieg
und Frieden entgegengesetzt. (Nr. 44, DM 11,90).

Was ist deutsch?
Die Unvermeidlichkeit, eine Nation zu sein
Dieser Band ist ein Manifest. Er fordert die Deutschen zu nationaler
Selbstanerkennung auf. (Nr. 39, DM 11,90).

Illusionen der Brüderlichkeit
Die Unfähigkeit, einen Feind zu haben
Aus falschverstandener Liberalität spricht man nicht gerne von der
politischen Notwendigkeit, zwischen Freund und Feind zu unterscheiden. Doch kein Gemeinwesen kann überleben, wenn es sich nicht eindeutig von seinen Feinden abgrenzt. (Nr. 34, DM 10,90).

Europa – Weltmacht oder Kolonie
Wider nationalen Kleinmut und Egoismus
Wenn Europa nicht zum Vorfeld raumfremder Supermächte werden
soll, dann muß es selber entschlossen die Rolle einer Großmacht übernehmen. (Nr. 25, DM 10,90).

Das Elend der Christdemokraten
Ortsbestimmung der politischen Mitte
Es geht in diesem Band nicht nur um die CDU/CSU, sondern um die
Rolle der C-Parteien in gesamteuropäischer Perspektive. (Nr. 21, DM
10,90).

Die Strategie der Feigheit
Wie lange wird der Westen noch frei sein?
Was ist das für ein Staat, der keinen Ernstfall kennt? (Nr. 17, DM
9,90).

Bereiten wir den falschen Frieden vor?
Vom Gestaltwandel internationaler Konflikte
Während die „Friedensbewegung" wie gebannt auf die Gefahr eines
Atomkrieges starrt, hat sich unterhalb der nuklearen Schwelle eine
Fülle neuer und überaus bedrohlicher Konfliktformen entwickelt: der
Weltbürgerkrieg. (Nr. 13, DM 9,90).

Radikale Touristen
Pilger aus dem Westen – Verbannte aus dem Osten
Berichte über Illusionen und Enttäuschungen progressiver Intellektu-
eller von 1917 bis heute. (Nr. 4, DM 8,90).

Klassenkampf und Bildungsreform
Die neue Konfessionsschule
Soll durch staatliches Schulmonopol, ideologisch gesteuerte Erzie-
hungspolitik und Mißbrauch des Lehrers eine Generation von lebens-
unfähigen Halbgebildeten herangezogen werden? (Nr. 2, DM 8,90).

Wirtschaft und Wirtschaftspolitik

Was gehört mir?
Vom Nutzen und Nachteil des Eigentums
Gegenüber den „Besitzenden" fühlt sich heute jeder im Recht. Die
Phrase „Eigentum ist Diebstahl" vermittelt auch noch dem Tauge-
nichts ein gutes Gewissen, wenn wieder einmal „umverteilt" werden
soll. Was aber ist Eigentum wirklich? (Nr. 51, DM 12,90, November
1982).

Kapitalismus
Nutzen und Moral
Der „Kapitalismus" ist ein sehr erfolgreiches Wirtschaftssystem. Den-
noch erscheint er auch denen, die von ihm profitieren, als häßliches
Monster. Warum? (Nr. 47, DM 11,90).

Auf der Suche nach einer neuen Vollbeschäftigung
Die Mutation der Arbeit
Langfristig ist das Beschäftigungsproblem nur zu lösen, wenn wir un-
seren vorsintflutlichen Arbeitsbegriff aufgeben. (Nr. 30, DM 10,90).

Inflation ohne Ende
Wer verliert, wer gewinnt?
Inflation ist mehr als eine wirtschaftliche Krise – ein Sozialverbrechen
von säkularen Ausmaßen! (Nr. 18, DM 9,90).

Der standhafte Selbständige
Nachhut der freien Marktwirtschaft
Nicht die „Multis" sondern die klein- und mittelständischen Unternehmer sind die Grundlage einer funktionierenden Marktwirtschaft. Freiheitliche Demokratie und Mut zu ökonomischem Risiko gehören zusammen. (Nr. 28, DM 10,90).

Kultur und Geschichte

Die Zukunft der Vergangenheit
Lebendige Geschichte – klagende Historiker
Prominente Historiker bekennen sich zum Bildungs- und Lebenswert geschichtlicher Kenntnisse. Ein Plädoyer für historisches Bewußtsein! (Nr. 8, DM 8,90).

Adieu, ihr Städte!
Die Sehnsucht nach einer wohnlicheren Welt
Die Stadt als faszinierendes Ideal und als gefräßiger Moloch, als Ursprung der Zivilisation und als Vorstufe zur Barbarei. Landflucht-Stadtflucht im Wandel der Zeit. (Nr. 19, DM 9,90).

Der innere Zensor
Neue und alte Tabus in unserer Gesellschaft
Es gilt als fein, gegen Vorurteile und Tabus zu kämpfen. Doch vielfach ist Aufklärung und Emanzipation die nicht durchschaute Grundlage neuer Zwänge. (Nr. 22, DM 10,90).

Unser Epigonen-Schicksal
Nichts Neues unter der Sonne?
Eine kritische Abrechnung mit der vorgeblichen Originalität moderner Kunst, Philosophie und Politik. (Nr. 35, DM 10,90).

Noch gibt es Dichter
Außenseiter im Literaturbetrieb
Die Poesie ist nicht umzubringen! Das ist die provozierende These dieses Bandes, in dem namhafte Literaturkenner, Lyriker und Essayisten zu Wort kommen. (Nr. 31, DM 10,90).

Was ist reaktionär?
Zur Dialektik von Fortschritt und Rückschritt
Eine kühne Demontage des überlieferten Rechts-Links-Schemas! Gibt es reaktionäre Progressive und progressive Reaktionäre? (Nr. 14, DM 9,90).

Bilderflut und Bildverlust
Für eine Kultur des Schauens
Das Bild als Kunstwerk. Signal, Plakat, Blickfang und Vision, als Lokkung und Bedrohung. (Nr. 46, DM 11,90).

Grundlagen und Herausforderungen unserer Existenz

Die Gehäuse des Menschen
Selbstverwirklichung im Spannungsfeld der großen Institutionen
Beiträge zu einer realistischen Anthropologie. Arnold Gehlen und Konrad Lorenz wissen über den Menschen besser Bescheid als Rousseau! (Nr. 9, DM 9,90).

Grund zum Feiern
Abschaffung und Wiederkehr der Feste
Vom Geburtstag bis zum Staatsfeiertag, von den Freuden privater Geselligkeit bis zum öffentlichen Kult wird die Vielfalt menschlichen Feierns erkundet. (Nr. 45, DM 11,90).

Macht der Masken
Des Menschen Lust an Theater und Verwandlung
Zum ursprünglichen Menschen gehört die Freude an Maske und Verkleidung. Er will er selbst sein – und dennoch immer wieder auch ein ganz anderer. (Nr. 48, DM 11,90).

Rhythmen des Lebens
Das kosmische Gesetz von Polarität und Wiederkehr
Als Lebewesen ist der Mensch unaufhebbar in kosmische Zusammenhänge eingebunden, denen er auch dann nicht entrinnt, wenn er sich zum souveränen Herrn der Natur aufspielt. (Nr. 52, DM 12,90, Februar 1983).

Sprache und Herrschaft
Die umfunktionierten Wörter
Jeder politischen Umwälzung geht eine Revolution auf dem Gebiet der Sprache voraus. Neue Formeln, neue Benennungen, raffinierte Sinnverdrehungen bewirken oft mehr als offene Machtergreifungen. (Nr. 5, DM 8,90).

Überleben und Ethik
Die Notwendigkeit, bescheiden zu werden
Essays, Entwürfe, Analysen mit dem Ziel: Besinnung auf unsere
Pflichten gegenüber der Erde. (Nr. 10, DM 9,90).

Philosophie und Religion

Plädoyer für die Vernunft
Signale einer Tendenzwende
Der programmatische Eröffnungsband der INITIATIVE, eine unver-
ändert aktuelle Kritik des modernen Irrationalismus. (Nr. 1, DM 8,90).

Wir sind Evolution
Die kopernikanische Wende der Biologie
Darwin und seine Nachfolger haben unser Selbstverständnis entschei-
dend geprägt. Was ergibt sich daraus für Philosophie, Politik und das
Menschenbild der Religion? (Nr. 40, DM 11,90).

Tragik der Abtrünnigen
Verräter, Ketzer, Deserteure
Zeit- und Weltgeschichte, betrachtet aus dem Blickwinkel der Abtrün-
nigen, Außenseiter und Dissidenten. (Nr. 38, DM 11,90).

Die Pillen-Pest
Selbstvergiftung aus Angst vor dem Schmerz?
Der Medikamenten-Boom ist auch die Folge einer falschen Philosophie, eines verkehrten Denkens über Gesundheit, Krankheit und Leiden. (Nr. 26, DM 10,90).

Zur Emanzipation verurteilt
Der Preis unserer Mündigkeit
Treten neue Hörigkeiten an die Stelle der Zwänge, von denen wir uns
befreit haben? (Nr. 6, DM 8,90).

Die Herausforderung der Konservativen
Absage an Illusionen
Konservatismus ist mehr als Hängen am Alten oder Veralteten. Er ist
eine politische Philosophie, deren Wert heute einsichtiger ist als noch
vor zehn Jahren. (Nr. 3, DM 8,90).

Was sagen die Propheten?
Die Botschaft des Gottes und das Wissen der Prognostiker
Angesichts einer neuen Welle von Heilslehren und Zukunftsvisionen
ist es notwendig, die religiöse Urgestalt neu zu entdecken. (Nr. 50, DM
11,90).

Das Geschäft der Tröster
Hoffnung zum halben Preis
Menschliche Hoffnungsfähigkeit wird schamlos mißbraucht und per-
vertiert – von Politikern, Priestern, Ideologen, Utopisten. Zugleich
eine grundlegende Auseinandersetzung mit Ernst Bloch. (Nr. 36, DM
11,90).

Antichristliche Konservative
Religionskritik von rechts
Das längst fällige Buch über die außerchristliche Spielart des europäi-
schen Konservatismus. Eine Auseinandersetzung mit Nietzsche, Sorel,
Klages, d'Annunzio und der Frage, wie konservativ das Christentum
überhaupt sein kann. (Nr. 49, DM 11,90).

Die Suche nach dem anderen Zustand
Die Wiederkehr der Mystik
Mystik ist mehr als Weltflucht oder Feigheit vor der Wirklichkeit. Eine
kenntnisreiche Hinführung zur „Neuen Innerlichkeit". (Nr. 15, DM
9,90).

Wissende, Verschwiegene, Eingeweihte
Hinführung zur Esoterik
Hier wird nicht über Esoterik geschwätzt, sondern im anspruchsvollen
Sinne des Wortes esoterisch gedacht und meditiert. Die Geheimlehren
und mystischen Überlieferungen der Weltreligionen in neuer Sicht.
(Nr. 42, DM 11,90).

---

*Alle hier vorgestellten Bände sind beim Verlag noch lieferbar, jede gute
Buchhandlung kann einen Band, den sie nicht vorrätig haben sollte, be-
sorgen. Man kann die Herderbücherei INITIATIVE aber auch im Abon-
nement beziehen, wie eine Quartalszeitschrift. Dann spart man nicht nur
Zeit, sondern auch Geld. Abonnenten ist ein Preisvorteil von DM 2,– je
Band garantiert.*
*Wer das Taschenbuch-Magazin nicht nur lesen, sondern auch mit dem
Herausgeber Gerd-Klaus Kaltenbrunner in Verbindung kommen will,
kann sich dem Freundeskreis der INITIATIVE anschließen. Zweimal im
Jahr erhält er dann kostenlos und ohne sonstige Verpflichtung einen
„Werkstattbericht". Zur Anmeldung genügt eine Postkarte an den Ta-
schenbuchdienst im Verlag Herder, Hermann-Herder-Straße 4, D–7800
Freiburg.*

Was muß anders werden? Was entzieht sich dem Wandel? Wo stehen wir heute? Wo finden wir Orientierung über den Tag hinaus?
Die überkommenen Formeln sind brüchig und schal geworden. Solange wir sie benützen, bleiben wir im Teufelskreis der Ratlosigkeit verstrickt. Wir müssen gründlicher fragen, um zur Wirklichkeit vorzudringen. Diese Aufgabe stellt sich die Herderbücherei INITIATIVE seit dem ersten Band, der 1974 erschienen ist. Mehr als fünfhundert Autoren zeigen in 50 Bänden, daß nur unkonventionelles und furchtloses Denken zu Einsichten führt, die etwas taugen.

Initiator dieses geistespolitischen Forums ist GERD-KLAUS KALTEN-BRUNNER. Als Herausgeber bestimmt er seit dem ersten Band den Kurs des Taschenbuch-Magazins: unabhängig von Parteien, Interessenverbänden und ideologischen Quartieren, allein der großen europäischen Überlieferung und dem kritischen Denken verpflichtet. (Biographie S.177)

PRESSESTIMMEN

Kaltenbrunners Essays gehören zum Luzidesten dessen, was die Herderbücherei zu bieten hat. Sie formt die Reihe zu einer Publikationsfolge von prägnanter geistespolitischer – eben neokonservativer – Fasson.
                                                                    Die Zeit, Hamburg

In der INITIATIVE kommen jeweils, und zwar „postwendend", Autoren zu Wort, die nicht einfach nachbilden oder auswalzen, was die Massenmedien „über Nacht" produzieren, sondern die aus schöpferischer Sicht, getragen von Fachkenntnissen, wirklich etwas zu sagen haben ... Daß jeder einzelne Band mit einem sehr brauchbaren und weiterführenden Apparat ausgestattet ist, sei besonders hervorgehoben.
                                                                        Die Presse, Wien

Wer den Namen Gerd-Klaus Kaltenbrunner mit neuen Gedanken zur Herausbildung und Entwicklung eines aufgeklärten Konservatismus verbindet, dessen maßgeblicher deutschsprachiger Theoretiker er ohne Zweifel ist, hat das von Kaltenbrunner besorgte Taschenbuchmagazin INITIATIVE im Sinn.   *St. Galler Tagblatt*

Gerd-Klaus Kaltenbrunner formte die INITIATIVE, welche die einzige formierte geistige Widerstandsbewegung des gesamten deutschen Sprachraums darstellt.
                                                    Rheinischer Merkur, Bonn-Bad Godesberg

Die INITIATIVE ist ganz wesentlich das Werk eines einzigen Menschen, eines einzelgängerischen Essayisten und Schriftstellers, der diese Reihe (nach seinen eigenen Worten) als „eine Art von Privat-Universität" auffaßt. Man könnte sie auch einen alternativen Lieferanten von Lebenssinn nennen. Alternativ wozu? Zu den heute vorherrschenden Positionen. Denn Gerd-Klaus Kaltenbrunner, der Herausgeber der INITIATIVE, gilt als bedeutsamer Theoretiker des modernen europäischen Konservatismus.   *Frankfurter Allgemeine*

Die Herderbücherei INITIATIVE bietet ein Programm gegen Indoktrination und Passivität, entwickelt brauchbare Alternativen für eine Gesellschaft im Wandel, liefert Argumente für eine demokratische Mitte, wendet sich an alle, die unbeirrt festhalten am wertkritischen Denken, vernünftiger Diskussion und geistiger Freiheit.
                                                                    Bayerischer Rundfunk

Angriffslust
und treffsichere Prognosen

Im September erscheint der Band 50 der Herder-Initiative unter dem beziehungsreichen Titel „Was sagen die Propheten?" Beziehungsreich deshalb, weil sich die „Initiative" im Laufe ihres achtjährigen Bestehens wiederholt durch treffsichere Prognosen auszeichnete und als Seismograph erwies, der gesellschaftliche Entwicklungen häufig genug antizipierte: Themen wie „Unregierbarkeit", „Parasitismus", „Strategie der Feigheit" oder „Falscher Pazifismus" hat dieses Taschenbuch-Magazin zur Sprache gebracht, lange bevor sie von den Massenmedien aufgegriffen und zu Schlagworten gestempelt wurden.

Fünfzig Bände: Das bedeutet – insgesamt betrachtet – ein enzyklopädisches Opus von essayistischer Brillanz. Band für Band widmet sich einem umfassenden Thema, das von führenden Publizisten in Einzelbeiträgen diskutiert und von Gerd-Klaus Kaltenbrunner, dem Herausgeber der Reihe, in einem einleitenden Essay erörtert wird. Der thematische Bogen ist weit gespannt; er reicht von der Geldwirtschaft bis zur Sexualität, von der Esoterik bis zur Naturwissenschaft, von der Biologie und Pädagogik bis zur Literatur und Philosophie, vom Staat bis hin zu gesellschaftlichen Mikrokosmen, von der Arbeit bis zum Feiern, vom Richtertum über Apparatschiks bis zum Soldaten, vom Frieden bis hin zum Kampf. Jeden Band bereichern ausführliche Dokumentationen und eine weiterführende Bibliographie.

Was 1974 mit „Signalen zur Tendenzwende" begann, ist mittlerweile eine publizistische Institution geworden. Geschaffen wurde die „Initiative" vom Herausgeber, „damit jene sich vernehmbar machen können, für die Europa mehr als ein ökonomisches Kartell, Freiheit mehr als emanzipatorische Wut und Konservatismus mehr als steriles Trauern um vergangene Zeiten ist". Der Österreicher Kaltenbrunner, Jahrgang 1939, brillanter Essayist und angriffslustiger Publizist, Verfasser mehrerer Bücher über Konservatismus und des Werkes „Europa" (drei Bände), repräsentiert den Typus des hochgerüsteten intellektuellen Einzelkämpfers. Seine Rüstung: Stupende universale Bildung, geschliffener Stil, differenzierende Rationalität am Zügel von Ethos und Humanitas sowie couragierter Mut.

Aufgrund seines publizistischen Engagements avancierte Kaltenbrunner schnell zum Wortführer eines aufgeklärten Konservatismus. Die Reihe insgesamt gilt als Organ konservativer Intelligenz, ihr Herausgeber als ein konservativer Theoretiker. Solche Klassifikation aber stiftet Mißverständnisse. Denn: Kaltenbrunners Auffassung von Konservatismus hat wenig mit dem zu tun, was im landläufigen Sinn als konservativ angesehen wird. Kaltenbrunner, der im Zeichen der Vernunft streitet, steht weder links noch rechts; als Kämpfernatur aber reizt es ihn, sich für verlorene, ja anrüchige – sprich: „konservative" – Positionen einzusetzen. So sind auch die „Initiative"-Bände in ihrer Thematik alles andere als „konservativ", ihre Inhalte alles andere denn Geistesgüter der „Konservativen". Da ist die Schreibe von Klassenkampf, Emanzipation, Bürokratiekritik, Elend der Christdemokraten, Zensur und Tabus, Verweiblichung und Feminismus oder vom Kapitalismus. Vieles, das von links kommt, wird keineswegs zurückgewiesen; es wird vielmehr versucht, die Kehrseite der Medaille zu beleuchten, das heißt: Die möglichen Folgelasten und ungewollten Konsequenzen mancher an sich nobler Bestrebungen sichtbar zu machen.

Band 50 ist ein Jubiläumsband. Ein Jubiläum ist allemal Rückblick und Ausblick zugleich. Der dies schreibt, verbindet mit seinem Rückblick den Wunsch, daß die „Initiative", die nicht mit dem Lautsprechereffekt der tonangebenden Publizistik liebäugelt, ein noch größeres Leserpublikum finden möge, und daß der „heroische Trotz", mit dem Gerd-Klaus Kaltenbrunner ficht, auch beim Leser Kampfgeist entfache und die Energien zum Handeln, zum Wagen und Suchen mobilisiere.   *Manfred Schlapp*